我国大型体育场馆服务功能融合研究

王钊 ◎ 著

人民体育出版社

图书在版编目（CIP）数据

我国大型体育场馆服务功能融合研究 / 王钊著. --北京：人民体育出版社，2024
　　ISBN 978-7-5009-6370-7

Ⅰ.①我… Ⅱ.①王… Ⅲ.①体育场—商业服务—研究 Ⅳ.①G818

中国国家版本馆CIP数据核字（2023）第207784号

＊
人 民 体 育 出 版 社 出 版 发 行
北 京 建 宏 印 刷 有 限 公 司 印 刷
新　华　书　店　经　销
＊
710×1000　16开本　14印张　243千字
2024年5月第1版　2024年5月第1次印刷
＊
ISBN 978-7-5009-6370-7
定价：69.00元

社址：北京市东城区体育馆路8号（天坛公园东门）
电话：67151482（发行部）　　邮编：100061
传真：67151483　　　　　　　邮购：67118491
网址：www.psphpress.com

（购买本社图书，如遇有缺损页可与邮购部联系）

前 言

大型体育场馆是发展体育事业和体育产业的重要载体，也是现代城市生活的重要展示平台。竞赛表演、体育培训和健身休闲等体育服务需要依靠大型体育场馆设施实现其服务功能，文化演艺、会议会展、教育培训等相关服务也越来越依赖通过大型体育场馆设施拓展其内容。在新的历史时期，大型体育场馆运营作为现代服务业的重要组成部分，对拉动内需、扩大服务性消费及转变经济发展方式、加快经济结构调整和保障国民经济持续健康稳定发展具有积极的促进作用。长期以来，由于功能单一，我国大型体育场馆普遍存在服务弱化、效率低下和闲置率高等问题。

党的十八大以来，我国以供给侧结构性改革为主线，提出了一系列推动传统产业改造提升、壮大战略性新兴产业和促进现代服务业提质增效等的具体措施，其中产业融合发展成为推动产业结构升级、价值链攀升的必由之路，这也为破解我国大型体育场馆功能单一、闲置率高的问题提供了新的思路。2013年10月，国家体育总局、国家发展和改革委员会、公安部、财政部、国土资源部、住房和城乡建设部、国家税务总局、国家工商总局联合印发《关于加强大型体育场馆运营管理改革创新 提高公共服务水平的意见》，明确提出了"实现大型体育场馆规划建设更加科学，功能设计更加合理，运营能力明显加强，使用效率大幅提高，发展活力不断增强，公共体育服务水平显著提升"的发展目标。作为我国首个从国家层面确定的场馆运营政策文件，该文件中明确提出要充分发挥大型体育场馆主体功能，延伸配套服务，打造特色鲜明、功能多元的体育服务综合体等具体措施。这就要求大型体育场馆在运营过程中，通过强化体育服务与其他服务的融合发展，培育新的服务内容，衍生新的市场需求，激发场馆新的运营活力。综合来看，加快推动大型体育场馆服务功能融合是破解体育场馆运营难题的迫切需要，也是顺应国际国内体育产业发展新趋势的现实需要，更是我国大型体育场馆运营管理转型升级的战略选择。

在这一背景下，本书以问题为导向，紧紧抓住新时代我国大型体育场馆服务功能的新变化、新要求、新挑战，运用文献资料法、问卷调查法、专家访谈法、实地考察法、数理统计法和案例分析法，依托产业融合、产业边界、产业价值链等理论基础，围绕我国大型体育场馆服务功能融合进行理论与实证研究，并重点探讨了以下问题：一是制约我国大型体育场馆服务功能的因素问题；二是我国大型体育场馆服务功能的历史变迁问题；三是我国大型体育场馆服务功能融合的理论框架问题；四是我国大型体育场馆服务功能融合的结构模型问题；五是我国大型体育场馆服务功能融合的实现方式问题。

本书在全面调查 2017 年 39 家大型体育场馆运营情况的基础上，提出我国大型体育场馆运营服务存在功能单一、闲置严重、效益低下、融合程度低等现实问题，进而指出规划选址、建筑设计、结构布局、功能定位、运营主体性质是制约我国大型体育场馆服务功能融合的五大因素。

本书系统梳理了我国大型体育场馆服务功能的历史变迁，将其划分为中华人民共和国成立初期的功能单一阶段、转型时期的功能多元阶段、新时期的功能融合阶段，并从服务对象、服务方式、服务模式 3 个方面分析了我国大型体育场馆服务功能的阶段性特征。

本书立足于服务业产业特征的视角，从内容特性、供给特性与市场特性 3 个方面探讨了大型体育场馆服务功能融合的内在机理。在此基础上，借助产业边界、产业融合等理论基础，指出产业边界模糊化是大型体育场馆服务功能融合的理论基础，建筑设施是大型体育场馆服务功能融合的物质基础，服务创新是大型体育场馆服务功能融合的演进基础，从而较为系统地构建了大型体育场馆服务功能融合的理论框架。

本书根据国内大型体育场馆服务功能的实际情况，借助 39 名大型体育场馆馆长和 17 名场馆领域专家的群体力量，运用因子分析、聚类分析等统计方法，构建了大型体育场馆服务功能融合的结构模型，指出我国大型体育场馆服务功能融合在内容结构上可以分为体育服务功能、相关服务功能和配套服务功能三大模块，进而通过实证研究提出我国大型体育场馆服务功能融合方式主要包括互补型融合、延伸型融合、渗透型融合等，并认为大型体育场馆服务功能融合是指以大型体育场馆设施为基础，以体育服务功能为核心，融合文化、教育、会议、会展、配套等多元服务功能于一体，满足城市居民生活需求，与城市空间和城市功能产生互动联系的价值创造和实现过程。

本书依托产业价值链理论，通过对大型体育场馆服务功能产业价值的纵向解构，指出我国大型体育场馆服务功能的实现可分解为物质链和服务链；通过对大型体育场馆服务功能产业价值的横向解构，指出物质链的横向价值传递可以分解为发起、立项、投资、规划、设计、建造、移交、运营等主要环节，服务链横向价值传递可分解为场馆服务功能识别、服务功能定位、功能内容布局、服务资源引进、服务内容运营、服务内容营销、服务需求满足等关键环节，最终创新构建了我国大型体育场馆服务功能融合实现的过程图。为从源头上保障大型体育场馆服务功能融合的实现，本书在国内公共基础设施建设运营一体化实践经验的基础上，创新构建了大型体育场馆EBO（Engineer-Build-Operation，策动-建造-运营）一体化技术路径，从根本上避免大型体育场馆物质链、服务链纵向脱节，横向衔接不紧密的情况。

本书在理论上为促进我国大型体育场馆服务功能融合提供了支撑和依据，在实践上对破解我国大型体育场馆功能单一、闲置严重问题有较好的指导作用。相关成果已应用于佛山市南海区体育中心建设、佛山市顺德区德胜体育中心建设和深圳市体育中心改造的实践中，并取得了较好的效果。

本书的主要成果来源于作者的博士论文，从选题研究与设计、数据采集与分析、内容修改与完善上均得到谭建湘教授悉心指导和帮助，对此表示衷心的感谢。同时，感谢上海体育学院黄海燕教授、华中师范大学陈元欣教授、首都体育学院霍建新教授、广州体育学院吕树庭教授、广州体育学院周良君教授、美国ROSSETTI体育建筑设计公司王光新、北京万馆体育文化产业责任有限公司韩立峰、天河体育中心黄丽仪等对本书的帮助。最后，感谢广州体育学院对本书出版的大力支持！感谢人民体育出版社的各位编辑对本书出版的指导和帮助！

由于受到数据资料获取渠道、个人研究能力、时间限制等因素的制约，本书难免存在不足和疏漏之处，敬请广大读者批评和指正。同时，也希望本书的出版对体育场馆运营管理领域的研究者、实践者有所帮助。

王　钊

2023年10月

目 录

第一章 绪论 … 1

第一节 研究的背景、目的、价值及意义 … 1
一、研究背景 … 1
二、研究目的 … 5
三、研究的理论价值和实践意义 … 6

第二节 研究综述 … 7
一、产业融合理论 … 7
二、服务及服务业融合 … 15
三、大型体育场馆研究 … 23
四、产业价值链 … 30
五、现有文献的简要评述 … 36

第三节 研究的对象、思路、框架与方法 … 38
一、研究对象 … 38
二、研究思路 … 38
三、研究框架 … 40
四、研究方法 … 41

第四节 创新与不足 … 43
一、创新之处 … 43
二、不足之处 … 43

第二章 我国大型体育场馆服务功能存在的问题、制约因素与时代要求 … 45

第一节 我国大型体育场馆服务功能存在的问题 … 45
一、大型体育场馆服务功能单一 … 45
二、大型体育场馆闲置严重 … 47
三、大型体育场馆经济效益低下 … 48
四、大型体育场馆服务功能融合程度低 … 51
五、大型体育场馆服务具有片面性 … 52

第二节 制约我国大型体育场馆服务功能融合的因素 57
　　一、场馆建筑设计 58
　　二、场馆规划选址 59
　　三、场馆结构布局 62
　　四、场馆功能定位 63
　　五、场馆运营主体性质 65
第三节 我国大型体育场馆服务功能融合的时代要求 66
　　一、经济发展推动服务功能融合 66
　　二、需求升级拉动服务功能融合 68
　　三、技术创新促进服务功能融合 70
　　四、产业政策引导服务功能融合 71

第三章 我国大型体育场馆服务功能的变迁及特征 74

第一节 中华人民共和国成立初期我国大型体育场馆服务功能及服务特征 75
　　一、中华人民共和国成立初期满足单一体育功能 75
　　二、我国大型体育场馆初期阶段的服务特征 78
第二节 转型时期我国大型体育场馆的服务功能及服务特征 80
　　一、转型时期满足多元服务功能 80
　　二、我国大型体育场馆转型阶段的服务特征 82
第三节 新时期我国大型体育场馆的服务功能及服务特征 90
　　一、新时期满足服务功能融合要求 90
　　二、新时期我国大型体育场馆的服务特征 91

第四章 我国大型体育场馆服务功能融合的基本理论 99

第一节 大型体育场馆服务功能的基本内容 99
　　一、体育服务功能的基本内容 100
　　二、其他服务功能的基本内容 105
第二节 大型体育场馆服务功能融合的内在机理 111
　　一、服务业的产业特征 111
　　二、大型体育场馆服务功能的产业特征 113
　　三、大型体育场馆服务的产业特征与服务功能融合 116
第三节 大型体育场馆服务功能融合的理论框架 119

一、产业边界模糊化是大型体育场馆服务功能融合的理论基础……119
　　二、服务创新是大型体育场馆服务功能融合的演进基础……122
　　三、建筑设施是大型体育场馆服务功能融合的物质基础……124
　　四、大型体育场馆服务功能融合理论框架的构建……125

第五章　我国大型体育场馆服务功能融合的模型及内涵……128

第一节　大型体育场馆服务功能融合的方式……128
　　一、大型体育场馆服务功能互补型融合……128
　　二、大型体育场馆服务功能延伸型融合……129
　　三、大型体育场馆服务功能渗透型融合……130

第二节　大型体育场馆服务功能融合的结构模型……131
　　一、大型体育场馆服务功能融合结构模型构建的原则……131
　　二、大型体育场馆服务功能融合内容结构模型的构建……132
　　三、大型体育场馆服务功能融合的强度结构模型……139

第三节　大型体育场馆服务功能融合的内涵、实证研究与影响……144
　　一、大型体育场馆服务功能融合的内涵……144
　　二、大型体育场馆服务功能融合的实证研究……146
　　三、大型体育场馆服务功能融合的影响……150

第六章　我国大型体育场馆服务功能融合的实现……167

第一节　大型体育场馆服务功能融合的实现过程……167
　　一、大型体育场馆服务功能的产业价值链解构过程……167
　　二、大型体育场馆服务功能融合的产业价值链演进过程……171
　　三、大型体育场馆服务功能融合的产业价值链重构过程……177

第二节　大型体育场馆服务功能融合实现的技术路径……179
　　一、影响大型体育场馆服务功能融合实现的技术性原因……179
　　二、大型体育场馆服务功能融合技术路径的优化方向……183
　　三、大型体育场馆服务功能融合实现的技术路径构建……187

第三节　大型体育场馆服务功能融合实现的保障措施……194
　　一、强化大型体育场馆服务功能融合的政策保障……194
　　二、明确大型体育场馆服务功能融合的方向保障……195
　　三、创新大型体育场馆服务功能融合的运行机制保障……196
　　四、丰富大型体育场馆服务功能融合的内容保障……196

五、优化大型体育场馆服务功能融合的资金保障 ………………… 197
　　六、完善大型体育场馆服务功能融合的人才保障 ………………… 197

第七章　研究结论与展望 …………………………………………… 199
　第一节　研究结论 …………………………………………………… 199
　第二节　研究展望 …………………………………………………… 201

参考文献 ………………………………………………………………… 203

第一章

绪　　论

第一节　研究的背景、目的、价值及意义

一、研究背景

（一）服务功能融合是实现经济高质量发展的必然路径

经济是国家发展的根本，也是国家兴旺的基础，经济强则国家强。当前，中国特色社会主义迈入新时代，我国经济发展也进入了新时代。党的十八大以来，党中央、国务院在准确把握我国经济社会发展阶段和发展规律的基础上，做出了我国经济发展进入新常态、已由高速增长阶段转向高质量发展阶段的重大判断。2012年11月8日，中国共产党第十八次全国代表大会上明确提出"确保到2020年实现全面建成小康社会宏伟目标"，强调"以经济建设为中心是兴国之要，发展仍是解决我国所有问题的关键"，并要求"把推动发展的立足点转到提高质量和效益上来，着力激发各类市场主体发展新活力，着力增强创新驱动发展新动力，着力构建现代产业发展新体系，着力培育开放型经济发展新优势，使经济发展更多依靠内需特别是消费需求拉动，更多依靠现代服务业和战略性新兴产业带动"[①]。2008年金融危机以来，我国出台了一系列宏观调控政策，维持了经济高速发展，但也产生了供需关系结构性失衡的问题，一方面产能过剩成为制约我国经济转型发展的突出问题；另一方面国内服务供给端与服务需求端在结构上存在不协调、不配套、高质量产品相对不足等问题，形成了结构性矛盾。2015年11月，习近平总书记

---

① 胡锦涛. 党的十八大工作报告[EB/OL]. （2017-05-04）[2023-08-20]. http://www.qziedu.cn/djgz/lrxx/2017-05-04/ 6965.html.

在中央财政领导小组会议中提出"供给侧结构性改革",从供给端着手,通过解放生产力、提升竞争力促进经济发展,创造新的经济增长点。供给侧结构性改革的根本目的是增强微观主体活力,提升产业链水平,提高供给质量,满足需要,使供给能力更好地满足人民日益增长的物质文化需要,有效缓解人民群众对美好生活的向往与高质量的服务、产品供给不足的矛盾。

党的十九大报告中指出,我国经济已由高速增长阶段转向高质量发展阶段,正处在转变发展方式、优化经济结构、转换增长动力的攻关期。要通过技术进步、改善管理,提高全要素生产率,推动经济发展质量升级、效率提升、动力增强。高质量发展,就是能够很好地满足人民日益增长的美好生活需要的发展。当前,我国经济增长形成消费拉动、服务业主导的新格局。国家统计局公布的数据显示,从2015年开始,第三产业已成为对GDP(Gross Domestic Product,国内生产总值)贡献最大的产业,其贡献度达到53.0%。2017年,国家发展和改革委员会(以下简称国家发改委)印发《服务业创新发展大纲(2017—2025年)》,明确提出"坚持创新驱动、融合发展"为基本原则之一,"推动服务业内部细分行业生产要素优化配置和服务系统集成,创新服务供给,拓展增值空间,支持服务业多业态融合发展"[①]。2019年,国家发改委、市场监管总局联合印发了《国家发展改革委 市场监管总局关于新时代服务业高质量发展的指导意见》,提出"创新驱动、跨界融合"的基本原则,要求"以大型服务平台为基础,以大数据和信息技术为支撑,推动生产、服务、消费深度融合"。

经济高质量发展的基本内涵之一是促进现有产业的新旧动能接续转换,在产业价值链上实现横向升级、纵向升级和整合创新。从发展方式上看,经济高质量发展就是既要通过资源要素投入的增加带动经济增长,又要优化资源要素配置,实现品质明显提升。服务功能融合既能实现资源要素的丰富,又能实现服务产品的提档升级,通过质量变革、效率变革、动力变革,成为实现经济高质量发展的必要路径。从根本目的上看,经济高质量发展就是坚持以满足群众需要为中心的发展。新时期,我国社会主要矛盾发生重大变化,群众对现代生活的需要呈现出多层、多样、多面的发展特征,是否有利于解决新时代社会主要矛盾是判断是否

---

① 国家发改委. 服务业创新发展大纲(2017—2025年)[Z]. 北京:国家发改委,2017.

为经济高质量发展的根本标准。群众对教育、医疗、养老、文化、体育、娱乐等生活性服务消费需求的快速发展，将进一步激发服务供给主体的活力，使社会经济由服务生产要素驱动转为创新驱动。通过服务融合创新促进资源配置的优化，使服务供给主体的功能由单纯的某一服务功能转变为多功能融合发展，通过高效率、高效益的生产方式，为全社会持续而公平地提供高质量的产品和服务。

（二）服务功能融合是大型体育场馆供给侧结构性改革的必然要求

体育场馆是体育事业赖以生存和发展的基础设施，是竞技体育、群众体育和体育产业发展的重要物质保障，是构建体育公共服务体系、满足人民群众日益增长的体育文化需求的主要载体和物质基础。体育场馆主要承载了大众健身休闲、体育竞赛表演、体育人才培训等诸多社会功能，对保障和改善民生、满足人民群众多元化的体育需求、提高体育事业发展水平发挥了重要的基础作用。在新的历史时期，体育场馆作为现代服务业的重要组成部分，对拉动内需、扩大服务性消费及转变经济发展方式、加快经济结构调整和保障国民经济持续健康稳定发展具有积极的促进作用。国家体育总局公布的 2023 年全国体育场地统计调查数据显示，我国各类体育场地有 459.27 万个，体育场地面积为 40.71 亿平方米，全国人均体育场地面积达 2.89 平方米。2008 年 6 月 18 日，国家统计局、国家体育总局联合印发了《体育及相关产业分类（试行）》，该试行办法以我国现阶段体育产业发展状况和发展方向为依据，国民经济行业分类为基础，以活动的同质性和体育自身特征为原则，根据体育及相关产业的概念和活动范围，将体育场馆管理活动纳入体育及相关产业，使"体育场馆的经营管理活动"正式成为国民经济行业分类主要指标，确定了体育场馆在国民经济活动中的产业门类的地位。

大型体育场馆由于投资额度高、占地面积大、运营成本高、社会影响力大，往往成为社会和学术界重点关注的对象。但长期以来，我国大型体育场馆存在服务功能单一、服务效率低下、服务方式粗放等突出问题，与群众日益增长的多元化消费需求形成鲜明的结构性矛盾。国外的相关经验为我国大型体育场馆服务供给侧结构性改革提供了很好的借鉴，如纽约麦迪逊花园广场、洛杉矶斯坦普斯中心、李维斯体育场等场馆，都将体育服务功能与文化、休闲、娱乐、健康、旅游、商业配套等服务功能融合发展，并与城市发展相融合，从而产生良好的综合效益。服务功能融合已成为国外大型体育场馆创新发展的主要方式。反观我国大型体育场馆，绝大部分是为举办大型体育赛事而兴建的，场馆的设计只考虑举办大型体育赛事、运动会的需求，而忽略了赛后综合开发的实际需要，不具备服务功能融合的物质基础。在后期运营过程中，这些体育场馆的服务内容单一，服务方式封闭，服务手段粗放，服务机制僵化，服务效率低下，体育服务与相关服务之间不能形成良性互动，不能实现服务高质量发展。

从国内产业结构升级的角度来看，技术的创新、服务业的发展和政策的鼓励，为大型体育场馆服务融合提供了较好的融合环境。当前我国经济进入转型关键期，在经济"新常态"和大力推进供给侧结构性改革的背景下，尤其需要深化大型体育场馆服务供给侧改革，加快产业结构的调整，拓展体育产业服务链，扩大与其他产业融合发展的新兴市场，促进居民的体育和文化消费，拉动内需和扩大就业。竞赛表演、体育培训和健身休闲等体育服务需要依靠大型体育场馆来实现其服务功能，大型演艺、文化艺术、会议会展、旅游观光等服务功能也越来越依赖大型体育场馆来拓展其市场，大型体育场馆服务功能融合趋势将愈发明显。

（三）服务功能融合是大型体育场馆转型升级高质量发展的方向

产业融合是产业提高生产率和竞争力的一种发展模式和产业组织形式，在促进企业服务结构升级、完善产业价值链和推动区域经济融合发展方面有重要的作用。2008年北京奥林匹克运动会（以下简称奥运会）成功举办以来，我国的体育设施水平不断跃升，经济结构调整取得标志性成果，服务业的重要性逐步提升，体育产业成为拉动消费、实现美好生活愿望的重要产业，特别是一系列国内外重大赛事的相继举办，使各地掀起了一股大型体育场馆建设新潮。然而大型体育场馆建设通常是为大型赛事服务的，服务功能和服务对象相对单一。此外，因为前期规划设计没有考虑服务功能融合发展的需求，特别是存在场馆选址不合理、区域发展不协调等突出问题，所以大型体育场馆成为政府的沉重负担。

服务功能融合是推动大型体育场馆转型升级高质量发展的主要方向。对于场馆服务供给而言，服务功能融合是解决场馆服务效率不高、内容单一的根本方法，可以拓展服务供给的内容与空间，有利于形成大型体育场馆运营管理的新动能；对于消费需求而言，服务功能融合能使场馆服务更好地满足人民日益增长的对美好生活的需要，满足群众对现代城市生活的多元需求。

近年来，国家相继出台有关政策，鼓励、引导各地大型体育场馆通过运营管理改革和加大对外开放力度等措施，进一步盘活场馆存量资源，着力破解大型体育场馆运营管理难题。2012年4月，国家体育总局、教育部等5部委联合印发《关于规范全国大型综合性体育运动会申办和筹办工作意见的通知》，明确指出"确需新建的场馆设施要与当地经济社会发展和城市总体规划相结合"。2013年，国家体育总局等8部委印发《关于加强大型体育场馆运营管理改革创新 提高公共服务水平的意见》，再次提出"鼓励有条件的地区试行场馆建设、管理和运营一体化运营模式，实现最佳运营效益"，通过"积极发展体育旅游、体育会展、体育休闲、文化演艺等业态，在不改变公共体育场馆性质的前提下，打造特色鲜明、功能多元的体育服务综合体和体育产业集群"等措施拓宽服务领域。2014年，国务院印发《国务院关于加快发展体育产业促进体育消费的若干意见》，再次强调"增强大型体育场馆复合经营能力，拓展服务领域，延伸配套服务，实现最佳运营效益"，"以体育设施为载体，打造城市体育服务综合体，推动体育与住宅、休闲、商业综合开发"。为破解我国大型体育场馆功能单一的问题，推动体育场馆服务功能转型升级，2018年国家体育总局办公厅印发《关于在全国开展公共体育场馆"改造功能、改革机制"试点工作的通知》，明确要求通过改造功能，激发体育场馆活力，提高运营效能。国家相继颁布一系列的政策，旨在通过拓宽大型体育场馆的服务领域、融合服务功能，促使大型体育场馆转型升级，实现高质量发展。

二、研究目的

（一）促进大型体育场馆服务功能高质量转型升级

针对我国大型体育场馆普遍存在功能单一的问题，作者结合国家体育产业政策提出的大型体育场馆服务功能融合的要求与当前国内大型体育场馆服务面临的新变化，立足于产业经济学的视角，运用产业融合理论，构建我国大型体育场馆服务功能融合发展的学理依据，促进大型体育场馆高质量转型升级。

（二）破解国内大型体育场馆服务功能融合的瓶颈问题

针对大型体育场馆服务功能融合过程中的功能结构关系、融合方式、实现过程、技术路径等瓶颈性问题，作者运用产业经济学的相关理论，结合我国大型体育场馆运营管理现状，从理论上对上述问题进行揭示。

三、研究的理论价值和实践意义

体育产业融合发展是体育产业研究的前沿性课题，大型体育场馆是体育产业融合发展的重要载体和实现平台，在我国经济由高速增长向高质量增长转型的关键阶段，大型体育场馆服务功能也面临提档升级的迫切需求。新时期，我国大型体育场馆服务功能融合是伴随新的经济发展阶段而出现的一种模式或范例，是推进大型体育场馆服务高质量发展的重要途径。因此，本书具有较高的理论价值和较强的实践意义。

（一）理论价值

1. 进一步丰富产业融合理论在体育领域的应用

立足产业经济学视角，依托产业融合理论，同时融合产业价值链理论、产业边界理论等理论基础，重点围绕我国大型体育场馆服务功能融合这一核心问题，结合我国政府对新时代大型体育场馆服务功能转型升级的任务要求，以我国大型体育场馆存在的问题为导向，对我国大型体育场馆服务功能融合的社会要求、基本理论、结构模型、实现过程进行理论与实证研究，形成我国大型体育场馆服务功能融合的学理依据，进一步丰富产业融合理论在体育领域的应用。

2. 对大型体育场馆服务功能融合的政策要求进行理论解答

国务院印发的《国务院关于加快发展体育产业促进体育消费的若干意见》中明确提出体育场馆要实现服务功能融合发展。国家体育总局也于2018年颁布"两改"政策，提出了大型体育场馆功能改造升级的要求。本书运用产业融合等相关理论，借助问卷调查、专家访谈等研究方法，针对我国大型体育场馆存在的问题，梳理场馆服务功能变化的历程，剖析服务功能融合的理论基础，提出服务功能融合的基本内容，构建服务功能融合的结构模型，形成服务功能融合的技术路径，形成了较为系统的我国大型体育场馆服务功能融合理论体系，同时对国家政策的要求进行理论解答。

(二)实践意义

1. 将研究成果应用于"两改"政策的制定

为加快推动我国大型体育场馆服务功能融合发展、提高服务效率和服务效益，国家体育总局于2018年将大型体育场馆功能改造列入重点督办项目，力图破解国内大型体育场馆功能单一的桎梏。本书的有关成果被国家体育总局体育经济司采纳，并运用到《进一步落实"关于在全国开展公共体育场馆'改造功能、改革机制'试点工作的通知"的意见》的制定中。

2. 指导我国大型体育场馆服务功能转型升级实践

本书对我国大型体育场馆服务功能转型升级，激发场馆活力，提升服务效能有一定推动作用，相关成果被应用到深圳市体育中心改造、南海体育中心建设和徐州市湖北路体育中心综合体改造等实践工作中，逐步帮助我国大型体育场馆更好地实现服务功能融合发展。

第二节 研究综述

一、产业融合理论

产业融合已成为促进产业升级与创新发展的重要方式，并广泛地应用于国民经济和社会生产的各领域。21世纪以来，产业融合受到越来越多的学者关注。截止2023年，通过中国知网文献资料库，用"产业融合"篇名进行搜索，共计搜索到9162篇文献，其中期刊文献有近6600篇，博士论文有74篇。从文献发表年限分析（2006—2015年）中发现，绝大多数文献发表于2000年以后，从2006年开始相关研究文献数量明显增长（图1-1），这说明我国对产业融合的研究在近些年才有所突破，而其中与体育学科有关的研究只有113篇。根据本书的需要，主要对产业融合的内涵、产业融合的过程、产业融合的方式等领域进行文献梳理。

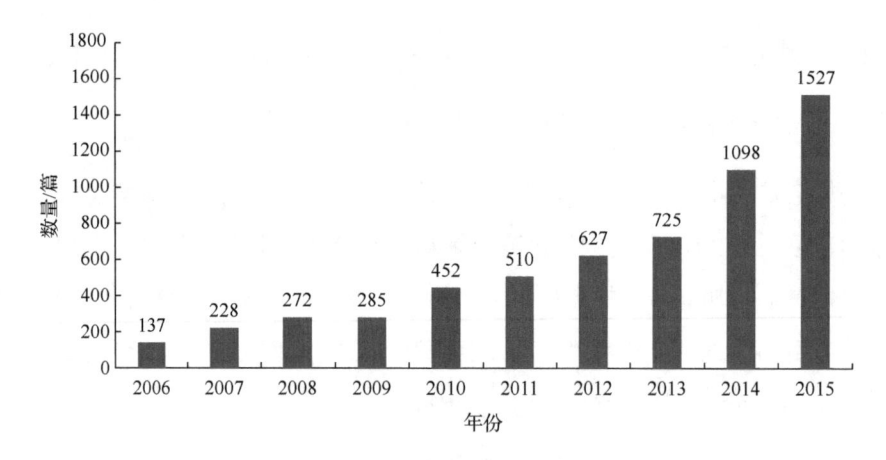

图 1-1　"产业融合"文献数量发展趋势（2006—2015 年）

（一）产业融合的内涵

对于什么是产业融合，国内外学者至今没有形成统一的定义，他们尝试从不同角度去解释其内涵，具体可以从技术角度、产品角度、市场角度、产业角度等不同视野归纳、解释产业融合的内涵。

1. 技术角度

产业融合思想最早是从技术融合的角度形成的，美国学者罗森伯格（Rosenberg）在美国机械业演化的过程中发现，19 世纪中期的机械设备业形成了独立的、专门化的过程与技术，他认为将这种技术扩散应用于不同功能、性质的产业，并使该类制造业独立化的过程称为技术融合（Technological Convergence）。源于早期计算机、通信、广播电视信息技术发展的需要，人们对产业融合的认识逐步加深。20 世纪 70 年代末期，麻省理工学院（Massachusetts Institute of Technology，MIT）媒体实验室的创始人通过对信息技术演进的观察，用 3 个重叠的圆圈来形象地描述电子计算机、印刷和广播业三者间的技术融合，并指出这 3 个产业的交叉处将是成长最快、创新最多的领域[1]。李美云认为，产业融合是对原有技术的升级，是将新技术用于产业发展的过程[2]。Athreye 和

---

[1] 张功让，陈敏姝. 产业融合理论研究综述[J]. 中国城市经济，2011（1）：67-68.
[2] 李美云. 国外产业融合研究新进展[J]. 外国经济与管理，2005（12）：12-20.

Keeble 认为，所谓产业融合是指不同产业之间分享、应用共同的知识及技术的扩散过程[①]。有学者则认为，产业融合是通过数字技术的应用，将原本分开的文本、声音、影像等媒体合并成一个产品的过程[②]。此外，还有国外学者试图从技术的角度解释产业融合。

国内对产业融合的研究相对较晚，直到 20 世纪 90 年代中期，因为信息化发展的需要，开始在通信、计算机领域从技术角度形成对产业融合的初步研究，国内最早关注产业融合的学者绝大部分是信息技术的专家。复生认为，计算机与通信技术的融合将成为改变社会的动力[③]。1994 年，时任邮电部科学技术委员会主任的宋直元认为计算机与通信的渗透和融合，对我国信息化平台建设有重要的促进作用，并将带来巨大的经济效益和社会效益[④]。此外，还有很多学者从技术角度定义产业融合。

2. 产品角度

产业是由生产同类属性产品的企业集合形成的，有部分学者尝试从产品层面定义产业融合。美国学者 Yoffie 认为，产业融合是在数字时代，半导体、计算机、通信和其他形式的电子产品将汇聚成重叠的产业[⑤]。有学者以笔记本计算机的市场演变说明产品融合是产业融合的基础，通过产品融合实现多元化。还有学者将产业融合分为替代性融合与互补性融合，认为多个产品（服务）互补性融合可以形成大型的综合平台或系统，从而达到提高生产率、缩减消费成本、提高消费便利性和丰富产品（服务）内容的目的。国内学者张磊在其专著《产业融合与互联网管制》中认为，产业融合的本质是专用平台的产品、非专用平台的产品、高宽带要求与低宽带要求 4 个象限之间发生转换形成的产品融合体系[⑥]。郦军[⑦]、姜林琳[⑧]、

---

① ATHREYE S, KEEBLE D. Technological convergence, globalization and ownership in the UK computer industry[J]. Technovation, 2000, 20(5): 227-245.
② 郁明华，陈抗. 国外产业融合理论研究的新进展[J]. 现代管理科学, 2006（2）: 36-38.
③ 复生. 计算机与通信技术的融合——改变社会的动力[J]. 高技术通讯, 1992, 2（1）: 6.
④ 宋直元. 谈谈通信和计算机技术的融合[J]. 计算机与通信, 1994（1）: 5-6.
⑤ YOFFIE D B. Competing in the age of digital convergence[J]. California management review, 1996, 38(4): 31-53.
⑥ 张磊. 产业融合与互联网管制[M]. 上海: 上海财经大学出版社, 2001.
⑦ 郦军. 以产品融合拉动天翼发展[J]. 通信企业管理, 2009（8）: 22-23.
⑧ 姜林琳. 浅析产品融合在通信领域中的应用[J]. 牡丹江大学学报, 2011, 20（5）: 142-143.

刘航等[1]学者都从产品层面解释了产业融合，但仅仅局限于工业产品、信息产品、电子产品领域的融合。

3. 市场角度

Lind[2]在信息技术、电信、媒体等行业的管理实践中发现，产业融合就是将原本分离的市场合并，使产业之间的进入壁垒消除。有学者进一步认为，由于技术变化率的提高和广泛的放松管制，电信、计算机和娱乐等市场逐步融合，从而促进产业融合的形成。国内学者周振华认为，在产业融合中，随着产品的替代性和互补性大大增强，原有市场边界会发生转移，融合形成新的市场[3]。肖赞军认为，电信、广播电视和出版业的融合将形成"大传媒市场"，传媒业的纵向市场结构日渐裂变为横向市场结构[4]。

4. 产业角度

21世纪以后，更多学者尝试从产业层面定义产业融合。部分学者从产业边界或产业关系的角度定义产业融合。国内学者马健较早地从产业发展角度提出产业融合是"由于技术进步和放松管制，发生在产业边界和交叉处的技术融合，改变了原有产业产品的特征和市场需求，导致产业的企业之间竞争合作关系发生改变，从而导致产业界限的模糊化甚至重划产业界限"[5]。周振华认为，产业融合是从产业分立中演变过来的，是产业边界固化走向产业边界模糊化的过程[6]。厉无畏和王振认为，产业融合即不同产业间或同一产业内的不同行业通过相互交叉与相互渗透，最终融为一体并逐步形成新产业的动态发展过程[7]。李美云认为，产业融合是指以前各自独立、性质迥异的两个或多个产业出现边界的消弭或模糊化的过

---

[1] 刘航，何铭鑫，聂仕麟. 基于模块化技术的复杂产品融合设计方案研究——以斯特林发动机为例[J]. 管理工程师, 2017, 22 (6): 28-31.

[2] LIND J. Convergence: History of term usage and lessons for firm strategies[R]. Stockholm: Center for Information and Communications Research, 2004.

[3] 周振华. 产业融合中的市场结构及其行为方式分析[J]. 中国工业经济, 2004 (2): 11-18.

[4] 肖赞军. 产业融合进程中传媒业市场结构的嬗变[J]. 新闻大学, 2009 (3): 102-107.

[5] 马健. 产业融合理论研究评述[J]. 经济学动态, 2002 (5): 78-81.

[6] 周振华. 信息化与产业融合[M]. 上海: 上海三联书店, 上海人民出版社, 2003.

[7] 厉无畏, 王振. 中国产业发展前沿问题[M]. 上海: 上海人民出版社, 2003.

程[1]。龚雪对产业融合对零售产业演化的机理和融合方式进行研究，提出在产业融合的趋势下，由于各种驱动力的作用，零售业突破其产业边界，与跟其关联程度较高的产业通过交叉、渗透、延伸、重组等方式进行互动融合，以形成新的零售组织和零售业态、产生新的零售功能为标志，形成零售业融合发展的格局[2]。

也有部分学者从产业创新的角度定义产业融合。于刃刚等将产业融合逐步拓展，认为技术创新、企业跨产业并购、政府放松经济性规制、组建战略联盟是产业融合产生的原因[3]。陈柳钦和叶民英提出，技术创新在不同产业之间的形成，使不同产业形成了共同的技术基础，并使不同产业间的技术边界趋于模糊，最终导致产业融合的产生，"产业融合的实质是建立在技术进步基础上的产业创新"[4]。

上述国内外学者从技术、产品、市场、产业的不同角度尝试对产业融合的概念进行界定，他们对产业融合的定义和侧重面也存在一定的区别。但是，综合来看，他们普遍认同产业融合是随着产业分工和技术创新而产生的一种新的经济活动现象，并且随着经济社会的不断发展，产业融合研究的范围日益拓展。早期对产业融合的定义主要是从狭隘的技术层面来解释的，多数学者从信息化发展和技术融合的角度进行定义。进入21世纪，产业融合对产业发展的影响越来越大，从最开始的技术融合逐步发展到产品融合，再提升至产业融合，这说明产业融合的应用范围日益扩大、作用日益明显。从本质上看，技术融合是诱发产业融合的主要因素，但是技术融合不能等同于产业融合，从技术融合的层面定义产业融合有一定的局限性。产业融合更多反映第一、第二、第三产业之间或者产业内部各行业之间的融合现象，产品融合是产业融合的微观表现形态，随着产业融合应用的不断深化和服务业的快速发展，产业融合理论将进一步丰富。

（二）产业融合的过程

从现有文献来看，对于产业融合的形成过程，学者们主要从产业演化、价值链等视角进行理论探讨。

---

[1] 李美云. 服务业的产业融合与发展[M]. 北京：经济科学出版社，2007.
[2] 龚雪. 产业融合背景下零售业演化与创新研究[D]. 成都：西南财经大学，2014.
[3] 于刃刚，李玉红，麻卫华，等. 产业融合论[M]. 北京：人民出版社，2006.
[4] 陈柳钦，叶民英. 技术创新和技术融合是产业融合的催化剂[J]. 湖湘论坛，2007（6）：40-42.

从产业演化角度来看，产业融合是产业演化过程中的一个重要过程，是产业主体通过微观层面的经济活动进行交互作用的结果，是市场主体和组织共同演化的过程。Stieglitz 运用演化经济学和产业生命周期理论构造了一个关于产业融合类型与产业动态演化的理论框架，他的研究以近 20 年掌上计算机的市场演化为例。20 世纪 90 年代初期，计算机、电子消费和电信行业的互补技术融合促进了新的市场融合，使初创企业可以快速占领市场，使信息产业快速发展；随着竞争的加剧，新兴的电信标准和技术（如 3G）促使无线电信、掌上计算机和在线服务行业的互补产品相互融合，成为信息产业发展的主要动力。他进一步认为，产业融合是包含 3 个具体阶段的动态化过程，第一阶段，在不相关的产业或相对独立的产业之间，由技术创新、政策环境等外部因素激发形成产业融合；第二阶段，在产业边界、市场结构和企业战略方面的变化推动了产业融合；第三阶段，根据市场发展需要和消费者需要，在市场、技术方面具有相关性的产业开始融合，并形成相对稳定的产业[1]。李美云的研究表明，不同类型的产业融合导致产业创新体系的转变，从而推动产业演化逐步向前发展[2]。韩顺法和李向民从产业融合与 3 次产业演变的角度，提出在产业融合背景下 3 次产业的划分已趋于模糊，可在原有产业划分基础上构建新型现代化产业体系。新型现代化产业体系按照产业内部存在的精神、物质、服务和生态生产 4 种价值生成关系，演化为 4 种现代产业类型，并形成相互适应与协调的可持续发展的经济再生产模式[3]。

从价值链的角度来看，Evans 和 Wurster 认为，产业融合是新技术使价值链物理组成部分的关系的打破，并重新配置[4]。Wirtz 通过对媒体和通信市场融合现象研究，认为时代华纳（Time Warner）和国际电话电报公司（International Telephone and Telegraph Corporation，AT&T）等信息和通信公司正在向新的领域推进，并分解和解构其原有的价值链，以整合网络化多媒体服务系统，实现产业融合[5]。Hacklin

---

[1] STIEGLITZ N. Industry dynamics and types of market convergence[R]. Copenhagen: Elsinore, 2002.
[2] 李美云. 服务业的产业融合与发展[M]. 北京：经济科学出版社，2007.
[3] 韩顺法，李向民. 基于产业融合的产业类型演变及划分研究[J]. 中国工业经济，2009（12）：66-75.
[4] EVANS P B, WURSTER T S. Strategy and the new economics of information[J]. Harvard business review, 1997, 75(5): 70-83.
[5] WIRTZ B W. Reconfiguring of value chains in converging media and communications markets[J]. Long Range Planning, 2001, 34(4): 489-506.

等在研究工业动态和技术变化的最新趋势过程中,认为产业融合现象意味着对现有价值链的解构,改变产业(行业)边界,创造新的竞争空间[①]。国内学者宋怡茹等认为,产业融合使产业之间原有的价值链发生解构、重组,价值创造方式和增值能力也将发生改变,并从传统产业与传统产业、传统产业与新兴产业、新兴产业与新兴产业的互动融合角度比较分析3种融合方式价值链的变化[②]。此外,国内学者徐福英和刘涛[③]、李美云[④]等也认为产业融合是价值链解构和重构的过程。

综合国内外学者的研究观点来看,产业融合是一个动态的过程,可以促进产业演化和产业创新,因此大型体育场馆服务功能融合也可以看成是传统场馆服务创新升级的重要方式,并且现有研究表明,市场需求驱动相关产业之间的融合,能形成相对稳定的产业。可以认为,在大型体育场馆内,体育服务功能与相关服务功能的融合可以较好地形成稳定的服务体系。产业融合主要是通过价值链的解构与重构实现的,这为进一步深入分析我国大型体育场馆服务功能融合提供了较好的理论框架与思路。

(三)产业融合的方式

国内外学者从产业层面对产业融合的方式进行有益的探讨,Greenstein 和 Khanna 较早提出产业融合可分为两种方式:一种是基于两种产业技术边界的相互替代形成的替代性融合,另一种是基于两种技术结合后的使用功效大于各自单独使用的功效形成的互补性融合。Malhotra 认为,产业融合的方式主要包括功能融合(Functional Convergence)和机构融合(Institutional Convergence)两个维度,产品之间可以相互替代或互补时即形成功能融合,而生产企业认为两个产业或产

---

① HACKLIN F, ADAMSSON N, MARXT C, MORELL M. Design for convergence: managing technological partnerships and competencies across and within industries[C]// Engineers Australia. International Conference on Engineering Design. Melbourne: Engineers Australia, 2005.
② 宋怡茹,魏龙,潘安. 价值链重构与核心价值区转移研究——产业融合方式与效果的比较[J]. 科学学研究, 2017, 35(8): 1179-1187.
③ 徐福英,刘涛. 产业融合视域下乡村旅游产品创新路径:价值链的解构与重构[J]. 社会科学家, 2018(4): 106-111.
④ 李美云. 基于价值链重构的制造业和服务业间产业融合研究[J]. 广东工业大学学报(社会科学版), 2011, 11(5): 34-40.

品之间存在产业关联时即形成机构融合①。他根据融合程度的高低,将其分为3种方式:一是功能与机构完全高度融合,这类融合方式可能包括替代性和互补性,或者两者有其一。例如,银行业可以从事保险业务,而保险业也可以从事银行业务。二是需求驱动产业的融合,需求方的功能高度融合,供给机构方的功能低度融合,主要以替代性融合为主。三是供给驱动的融合方式,需求方的功能融合程度低或没有融合,但供给方的功能高度融合。Stieglitz认为,产业融合主要是由技术融合或产品融合形成的替代、互补,可以分为技术互补型融合、技术替代型融合、产品互补型融合和产品替代型融合②。

国内学者也就产业融合的方式进行了探讨。国内学者周振华较早地提出产业融合的方式,他从技术、业务、市场等边界融合角度出发,提出产业融合的类型可以分为替代型融合、互补型融合和结合型融合3种类型,其中替代型融合是指具有相同特征或功能的产品之间形成的替代型整合;互补型融合是指具有互补性的产品在同一标准下的高度兼容整合;结合型融合是指原本相互独立的产品通过同一功能渗透完全结为一体的产品整合③。马健以计算机、通信和有线电视网络融合为研究对象,提出产业融合可分为完全融合、部分融合和虚假融合3种方式,完全融合是指原来的两个或多个产业完全重叠;部分融合是指新产业与原产业同时具有替代和互补的关系,是产业融合主要的方式;虚假融合是指产业融合发生在产业边界内部,而不是边界处,融合的产品没有替代原有的市场需求或创造更大的市场④。李美云在前人的基础上提出,产业融合是作为产业主体的企业或组织之间的融合,基于此,产业融合可分为产品替代型融合、互补型融合和混合型融合⑤。

现有研究从不同的角度对产业融合的方式进行探讨,有的从边界融合的角度将产业融合的方式分为替代型融合、互补型融合和结合型融合;有的从融合的程度出发将产业融合分为完全融合、部分融合和虚假融合;还有的国外学者将两者结合,对产业融合的方式进行划分。但综合前人研究来看,产业融合方式的划分

---

① MALHOTRA A. Firm strategy in converging industries: An investigation of U S commercial bank responses to U S commercial-investment banking convergence[D]. Maryland: Maryland University, 2001.
② STIEGLITZ N. Industry dynamics and types of market convergence[R]. Copenhagen: Elsinore, 2002.
③ 周振华. 论信息化中的产业融合类型[J]. 上海经济研究, 2004(2): 11-17.
④ 马健. 产业融合识别的理论探讨[J]. 社会科学辑刊, 2005(3): 86-89.
⑤ 李美云. 服务业的产业融合与发展[M]. 北京: 经济科学出版社, 2007.

基本建立在产业间的替代关系、互补关系和延伸关系上。

综上所述，专家学者从不同角度出发，对产业融合的内涵、过程和方式进行有益的探索，普遍认为内部技术创新和外部政策刺激是产业融合的主要动力来源。产业融合已经突破原有技术融合的局限，在跨行业间实现了技术、管理、企业、业务、市场全方位融合。与发达国家相比，我国产业融合的理论与实践研究起步较晚，特别是服务业内部融合研究不足。

二、服务及服务业融合

（一）服务

服务涉及社会生活中的方方面面，是使用的高频词，但由于服务更多以非实物形态出现，并且应用范围十分广泛，所以难有一个大家都认可的明确定义。随着时代的发展，"服务"不断被赋予新的含义，《辞海》中对"服务"的解释有3类[1]：一是从社会学角度解释为"为集体或为别人工作"；二是从活动的角度解释为"是不以实物形式而以提供活劳动的形式满足他人某种需要的活动"；三是从产业角度解释为"服务是包括为生产和为生活服务的各个部门，都属于第三产业"。可见目前服务的内涵具有多重属性。

萨伊（Say）在《政治经济学概论》中提出"无形产品（服务）是人类劳动的成果，又是资本的产物"[2]，他认同服务的商品价值和经济属性，西方经济核算中把产品分为有形和无形就是基于这个观点。国内学者庄丽娟从经济学角度评析了古典经济学出现以来对服务的定义，并归纳为从统计学、现象描述和特征描述3个范畴进行解析[3]。蔺雷和吴贵生在《服务创新》一书中总结了国内外学者对服务定义的研究，并归纳为从过程、内在特征和与实物商品的对比3个角度进行定义[4]。孟旭和张树青研究认为，经济学家主要从将服务等同于劳务、将服务等同于服务接受者自身或其物品的变化、将服务作用导致服务接受者或其所有物产生变化的

---

[1] 夏征农. 辞海：1999年版缩印本[M]. 上海：上海辞书出版社，2002.
[2] 萨伊. 政治经济学概论[M]. 陈福生，陈振骅，译. 北京：商务印书馆，1963.
[3] 庄丽娟. 服务定义的研究线索和理论界定[J]. 中国流通经济，2004，18（9）：41-44.
[4] 蔺雷，吴贵生. 服务创新[M]. 2版. 北京：清华大学出版社，2007.

功效、将服务等同于使用价值发挥效用 4 个角度进行研究①。通过参考前人对服务定义的研究，近年来学者从不同角度定义服务，并且归纳为多个层次，这在客观上反映了服务具有多个层面的含义。有学者将国内外学者对服务的定义划分为"活动说、过程说、成果说" 3 个类别，认为"服务"与"服务活动""服务过程"不能混为一谈，"成果说"虽然强调了服务的成果属性，但没有揭示成果的本质，从实践来看，服务往往是与产品并列使用的，因此认为服务主要是指"非实物形态的产品"。本书认同该观点，并从下面 4 个层次解释服务的本质。

1. 服务功能

国内对服务功能的研究最早源于李西兴对博物馆服务功能的研究，他从博物馆的基本属性、服务用途和服务业务 3 个维度，综合提出博物馆具有"教育、游览、科学研究" 3 类服务功能②。杨增明从部门经济的角度出发，立足于商品的使用价值和交换价值，认为贸易中心具有调节社会供求的基本服务功能③。高钰玲运用产业价值链理论，对农民专业合作社的基本功能属性进行研究，提出四大服务功能，对其服务功能的需求、服务功能的供给、服务功能的实现程度进行理论与实证探讨④。目前，国内学者就生态服务功能、政府服务功能、教育服务功能、健康服务功能、信息服务功能等展开研究。从现有文献中可以看出，服务功能有以下特征：第一，源于事物的基本功能属性；第二，以服务社会为主，体现社会的基本需求；第三，可以形成以服务业为主要特征的相关内容，如教育培训服务、健康养生服务、竞争表演服务等。

2. 服务价值

从服务产生的根源上来看服务的本质，其作为一种在供给者与消费者之间消费的"成果"或"产品"，首先要有一定的价值，即服务的属性和功能与人类需要之间存在一种效用、效益或效应关系。马克思（Marx）提出，对于提供这些服务

---

① 孟旭，张树青. 关于服务定义研究视角的探讨[J]. 商业时代，2009（15）：17-18.
② 李西兴. 试论博物馆的服务功能[J]. 中国博物馆，1985（1）：8-17.
③ 杨增明. 因地制宜 注重实效 逐步完善贸易中心的服务功能[J]. 经济纵横，1986（10）：47-49.
④ 高钰玲. 农民专业合作社服务功能：理论与实证研究[D]. 杭州：浙江大学，2014.

的生产者来说，服务就是商品。服务有一定的使用价值和交换价值[①]。他虽然没有专门研究服务的有关理论，但批判性地提出服务是具有价值的，价值是服务的内在属性。1960年，美国市场营销协会（American Marketing Association，AMA）提出，服务为"用于出售或同产品连在一起进行出售的活动、利益或满足感"[②]，这说明服务具有满足人们某种利益或满足感的功效或属性，是服务价值属性的表现形式。Hill在其论文中提出，服务是指"某一经济单位的个人或物品状况的变化"[③]，他对服务的生产与服务产品进行区分。从服务的形成过程来看，首先存在创造价值的过程或活动，其次产生了具有价值属性的结果。这为本研究提供了思路。根据产业融合的理论，大型体育场馆服务功能融合是体育服务与相关服务的产业价值链传递的相关环节产生关联，并重构形成新的产业价值链的实现过程。

3. 服务产品

因为服务具有一定的价值，能够满足人们的需求或具有某种功能，所以在需求方与供给方交易过程中，服务成为服务产品。特别是在第二次世界大战以后，西方国家市场经济迅猛发展，马克思主义逐步成熟，服务逐步成为社会生产体系中重要的类别，西方学者对服务的定义从价值层面上升至产品层面。《企鹅经济学词典》一书中，将服务定义为"生产时就被消费的消费品或生产品"。瑞典经济学家Gummesson认为，服务是"不具有实物形态的产品"，并进一步指出"服务经济是一种面向客户、面向公民、价值提升的产品表达"[④]。在我国市场经济体制建立初期，国内第三产业经济学专家李江帆也提出服务是"非实物形态的劳动成果"，并形成了服务产品理论。产品在某种程度上就是被市场接受、被人们使用和消费的东西。从这个意义上看，消费需求的叠加和升级，要求大型体育场馆形成服务功能融合的多元内容体系。

---

① 马克思，恩格斯. 马克思恩格斯全集[M]. 中共中央马克思、恩格斯、列宁、斯大林著作编译局，译. 北京：人民出版社，1979.
② 张润彤，朱晓敏. 服务科学概论[M]. 2版. 北京：电子工业出版社，2015.
③ HILL T P. On goods and services[J]. The review of income and wealth, 1977, 23(4): 315-338.
④ GUMMESSON E. Service management: An evaluation and the future[J]. International journal of service industry management, 1994, 5(1): 77-96.

4. 服务业

早期西方经济学家从产业组织理论出发将产业的概念定义为生产同质产品或服务企业的集合，位于宏观经济与微观经济之间。对于宏观经济而言，产业是国民经济划分的类别；对于微观经济而言，产业是具有同质性单个企业的集合。甚至有的学者认为，在完全垄断市场中，产业就是"技术上和经济上可以替代的产品群"[1]。从产业层面可以看到，生产服务产品的企业的集合成为某类服务行业，服务行业的集合形成国民经济的类别之一。因此，Fisher 在《安全与进步的冲突中》中首次提出"第三产业"概念，并进一步说明"大量的资本和劳动力，不断融入旅游、娱乐、个人服务、文化等领域"[2]。随后有学者进一步发展了他的观点，从历史实证的角度提出经济增长模型，将农业和工业之外的产业归纳为服务产业。从这个层面看，大型体育场馆服务融合主要是服务业内部的融合，体育服务与相关服务之间形成互补、渗透的产业关系，形成模块化的生产并逐步产生融合现象。

陶纪明在前人研究的基础上，认为服务业在非实物性、非生产性、不可储存性、即时性等经济学特征的基础上，还具有供求双方共同参与、满足消费者特定需求、效用事后检验、服务边界动态性等内涵特征，其中个性化需求满足是服务业区别于其他商品经济形式的主要特征[3]。李美云提出，服务业可分为消费者私人服务业、生产者服务业、分配性服务业和社会服务业[4]。根据世界上的产业分类方法，服务业属于第三产业范畴。1985年发布的《国务院办公厅转发国家统计局关于建立第三产业统计的报告的通知》中明确提出，第三产业可以分为4个层次，分别是流通部门、为生产和生活服务的部门、为提高科学文化水平和居民素质服务的部门和为社会公共需要服务的部门。其中体育部门被列入第三产业，促成我国体育界出现体育产业的提法。1997年，党的十五大报告中首次提出了"现代服务业"一词。在2000年中央经济工作会议中提出"既要改造和提高传统服务业，又要发展旅游、信息、会计、咨询、法律服务等新兴服务业"，随后国内学者开展对现代服务业概念的研究。刘志彪等结合中央经济工作会议的文件，认为现代服

---

[1] 杨蕙馨. 产业组织理论[M]. 北京：经济科学出版社，2007.
[2] FISHER A G B. The clash of progress and security[M]. London: Macmillan, 1935.
[3] 陶纪明. 服务业的内涵及其经济学特征分析[J]. 社会科学，2007（1）：21-28.
[4] 李美云. 服务业的产业融合与发展[M]. 北京：经济科学出版社，2007.

务业是伴随现代科学发展而形成的[1]。刘有章和肖腊珍认为，现代服务业是指依托现代信息技术和现代管理理念而发展起来的、为社会提供高质量生活服务和生产服务的国民经济新兴领域[2]。朱晓青和林萍认为，现代服务业具有高技术性、知识性、新兴性三大基本属性[3]。王志明等在借鉴国际产业划分标准的基础上，将现代服务业划分为基础服务、生产和市场服务、个人消费服务（包括教育、医疗保健、住宿、餐饮、文化娱乐、旅游、房地产、商品零售等）和公共服务四大类[4]。徐国祥和常宁从统计的角度，将现代服务业分为物流与速递业，信息传输、计算机服务和软件业，电子商务，金融保险业，房地产业，租赁和商务服务业，科学研究，远程教育八大类[5]。夏青在前人的研究基础上认为，现代服务业具有现代性、高新技术性、知识密集性和高关联性特征[6]。

（二）服务业融合

随着产业结构的升级和服务业的快速发展，技术融合引发的制造业之间的融合逐步深入服务业融合的领域。以"服务业融合"为篇名，通过中国知网搜索发现，国内对服务业融合的研究最早开始于2004年，陈宪和黄建锋在探讨服务业发展的历史过程中，分析和验证了服务业与制造业之间的良性互动关系，两者之间逐步形成融合发展态势[7]。2005年，北京市发改委专门组织召开了北京现代制造业和现代服务业融合与发展研讨会，提出通过推动第二、第三产业之间的融合，优化和调整北京市产业结构[8]。由于产业融合理论逐步被应用到区域产业结构调整的实践工作中，服务业与农业、制造业之间的融合成为国内学者研究的重点，如李美云、陆小成、杨仁发、刘纯彬、贺正楚、吴艳、蒋佳林、陈一鸣等学者，都对服务业与制造业之间的融合展开研究。

---

[1] 刘志彪，周勤，欧阳良钻. 南京市发展现代服务产业的研究[J]. 南京社会科学，2001（S2）：29-36.
[2] 刘有章，肖腊珍. 湖北现代服务业的发展现状及对策研究[J]. 中南财经政法大学学报，2004（3）：33-38.
[3] 朱晓青，林萍. 北京现代服务业的界定与发展研究[J]. 北京行政学院学报，2004（4）：41-46.
[4] 王志明，张斌，方名山. 现代服务业的内涵界定与分类[J]. 上海商业，2009（6）：6-10.
[5] 徐国祥，常宁. 现代服务业统计标准的设计[J]. 统计研究，2004（12）：10-12.
[6] 夏青. 现代服务业演化机制与效应研究[D]. 徐州：中国矿业大学，2010.
[7] 陈宪，黄建锋. 分工、互动与融合：服务业与制造业关系演进的实证研究[J]. 中国软科学，2004（10）：65-71，76.
[8] 毕博. 打造融合发展新格局——北京现代制造业和现代服务业融合与发展研讨会侧记[J]. 投资北京，2005（7）：32-33.

大型体育场馆服务融合更多的是体育、文化、娱乐、教育等服务业内部的融合，因此，就服务业内部融合或服务行业之间融合，在中国知网查询文献发现，国内最先开始研究服务业内部融合的文献出现在2007年。钟若愚研究认为，深圳现代服务业的发展面临结构升级的挑战，应推动服务行业间的融合发展，加快发展教育、医疗、养老和社区服务业，打造集购物、娱乐、休闲、生活为一体的区域性消费中心[①]。王波基于我国人口老龄化趋势，提出将服务业围绕养老服务融合发展，使其成为推动区域经济社会发展的重要手段之一[②]。马健等的研究表明，产业融合不仅推动了生产服务性部门的外部化，还扩大了生产性服务业市场，对生产性服务业的结构改善有积极推动作用[③]。刘徐方提出，现代服务业融合分为跨产业融合、内部融合两类，他从产业、企业、产品3个层面分析现代服务业融合的效应，认为现代服务业融合是指"在激烈的市场竞争中，由于科技创新和放松管制，现代服务业内部及边界和交叉处打破原来的产业界限，使之相互介入、相互渗透，从而改变了原有产品的特征和市场需求，形成一种新型的竞争与合作关系，最终实现现代服务业之间产品、业务与市场的全面融合"[④]。随着服务业内部融合逐步深入各具体的服务行业，肖建中提出"特色主导、文化联动、纵横一体和多属融合"是浙江省现代农业与服务业融合发展的主要模式，他认为农业服务与物流服务、信息服务、休闲旅游、科技创新等具有较强的融合性[⑤]。周刚和王翔[⑥]就文化创意服务与现代服务融合路径进行理论分析。周鲁和薛茹[⑦]就农业与现代服务业融合路径展开理论探讨。谭分全[⑧]就体育产业与养老服务业融合模式与实现的路径进行探讨。

现有服务业融合研究主要从服务业跨产业融合与服务业内部融合两个方面着手，随着产业结构优化和服务业快速发展，研究的成果也逐步增加，并由对服务业与第一、第二产业融合的研究逐步过渡为对服务业内部融合的研究。现有研究从服务业融合的背景、类型、机理、机制和融合路径等方面进行了有益探索，部

---

① 钟若愚．产业融合：深圳服务业发展的现实路径选择[J]．深圳大学学报（人文社会科学版），2007（1）：33-37．
② 王波．养老模式与现代服务业的融合[J]．工会理论研究（上海工会管理干部学院学报），2007（6）：36-38．
③ 马健，葛扬，吴福象．产业融合推进上海市生产性服务业发展研究[J]．现代管理科学，2009（6）：5-6．
④ 刘徐方．现代服务业融合研究[D]．北京：首都经济贸易大学，2010．
⑤ 肖建中．现代农业与服务业融合发展研究——基于浙江实践分析[D]．武汉：华中农业大学，2012．
⑥ 周刚，王翔．文化创意产业与现代服务业融合途径研究[J]．现代物业（中旬刊），2013，12（4）：150-151．
⑦ 周鲁，薛茹．天津市农业产业化与服务业融合发展的路径分析[J]．天津经济，2014（11）：60-63．
⑧ 谭分全．体育产业与养老服务业融合模式与推进路径研究[J]．体育科技，2016，37（2）：103-104，106．

分研究还就服务业融合对区域的效益进行理论分析，并提出了具有一定应用性的建议和对策，为本研究的开展提供了较好的思路启发与理论借鉴。从前人研究文献来看，对服务业融合的研究较多集中在服务业与制造业、农业的融合路径的宏观研究，对服务业内部的研究较少，对大型场馆服务融合的研究暂时较为缺乏，主要原因在于以体育服务为代表的现代服务业在中国的发展时间比较短，体育场馆服务融合成为新的发展方向不久，要准确地把握中观、微观体育服务，大型体育场馆服务融合发展的规律有一定的难度，但这也为本研究的开展提供了一个新的方向。

（三）体育产业融合

关于体育产业融合的理论研究是近几年才开始的，产业融合理论在体育领域的拓展和应用也才刚刚起步。

从国外体育产业融合研究趋势中发现，其体育产业融合往往与传媒、旅游、经济、休闲等领域联系密切。1954 年，第五届瑞士国际足联世界杯赛开辟了电视转播足球世界杯的先河。基于对足球在传媒领域的商业价值的积极认同，可口可乐和柯达等跨国集团重金投入该赛事，使得足球传媒与足球运动初现融合发展，共同走向崭新的营销合作[1]。20 世纪 70 年代初期，美国职业篮球联赛（National Basketball Association，NBA）负债累累，濒临解体。大卫·斯特恩（David Stern）上任以后，通过强化 NBA 赛事与商业、服务业、旅游业、传媒业的融合，成功地使 NBA 步入一个崭新的时代[2]。

此外，Hinch 和 Higham[3]、Weed 和 Bull[4]等学者对体育与旅游融合进行研究，Wenner[5]及其他学者对体育与传媒产业，以及体育与其他领域融合的理论和应用进行探讨。

国内较早开始体育产业融合研究的是张锐[6]、高山[7]，他们在体育产业与大众传媒融合领域，从体育新闻的角度进行探讨。程林林在国内较早提出体育产业融

---

[1] 李燕燕. 我国体育产业融合成长研究[D]. 武汉：武汉体育学院，2014.
[2] 孙彦，李春玲，周建. 体育产业的融合发展研究[J]. 商场现代化，2009（14）：264-265.
[3] HINCH T D, HIGHAM J E S. Sport tourism: A framework for research[J]. International journal of tourism research, 2001, 3(1): 45-58.
[4] WEED M, BULL C. sport Tourism[M]. Oxford: Butter worth-Heinemann Ltd, 2004.
[5] WENNER L A. Media, sports, and society[M]. CA:Sage Publication, 1989.
[6] 张锐. 大众传媒与体育产业的融合——MSNBC 世界杯报道的传播取向[J]. 中国记者，2002（8）：32-33.
[7] 高山. 良性互动 相得益彰——论体育产业与新闻媒介的融合[J]. 新闻爱好者，2002（10）：16-17.

合的内涵，她认为体育的产业融合作为动态的发展过程，在体育产业与其他产业的融合发展中体现出体育产业化的本质。区域产业结构和区域资源禀赋决定了产业融合的基本方式[①]。王艳和刘金生在程林林的研究基础上，对体育产业融合的概念进行了丰富，他们将体育产业融合界定为体育产业与其他产业间以体育活动为平台和载体，通过技术融合、产品融合及市场融合，形成兼具体育产业和融合产业特性的新型产业的动态过程，并通过分析体育产业融合的机制、效应，提出我国体育产业融合的路径[②]。杨强通过对体育产业的内在机理与外在动力的研究，认为体育本体产业的资产通用性特征是体育产业与相关产业融合的内在机理，而体育企业竞争激烈化的驱动力、体育市场需求多样化的拉动力和体育相关产业政策的推动力是体育产业融合的外在动力，并基于体育本体产业的资产通用性特征提出体育场馆与旅游、文化、休闲等相关产业融合发展的对策[③]。

李燕燕对我国体育产业融合进行了较为系统的研究，通过运用产业融合的相关理论，探讨我国体育产业融合的概念、特征、态势，并对体育与旅游、体育与文化、体育与电子竞技、体育与高尔夫地产等重点领域的融合现象进行分析，但没有涉及体育场馆方面的内容[④]。杨强就体育与相关产业融合发展的路径机制提出3条演进方式，分别是技术融合路径、业务融合路径、市场融合路径。在路径机制的基础上，通过深入分析体育与相关产业融合发展的延伸融合、渗透融合、产业内的重组融合3种重构模式，他提出体育产业融合的多种形态，其中体育场馆服务业与相关业态融合形成体育服务综合体[⑤]。

当前，体育产业融合的现象越来越明显，领域越来越广泛，综合国内外学者对体育产业融合的研究来看，体育产业融合理论滞后于社会现象和应用情况，近年来才出现少数关于体育产业融合的理论研究文献。这些文献虽然对体育产业融合的概念、内在机制、外在动力进行了探讨，对体育与旅游、文化、高新技术等方面的融合有初步的研究，但没有形成系统的理论。

---

① 程林林. 体育的产业融合现象探析[J]. 成都体育学院学报，2005（3）：22-25.
② 王艳，刘金生. 体育产业融合与产业发展——我国体育产业发展的新视角[J]. 成都体育学院学报，2009，35（7）：7-10.
③ 杨强. 体育产业与相关产业融合发展的内在机理与外在动力研究[J]. 北京体育大学学报，2013（11）：20-24.
④ 李燕燕. 我国体育产业融合成长研究[D]. 武汉：武汉体育学院，2014.
⑤ 杨强. 体育与相关产业融合发展的路径机制与重构模式研究[J]. 体育科学，2015，35（7）：3-9，17.

现阶段正处于经济转型和产业结构调整的关键时期，第三产业成为我国经济社会发展的第一大产业，服务业等行业都正在进行演化和升级。随着技术创新和产业创新进程的加快，我国服务业融合还有进一步发展的空间。从技术创新、产品整合、业态融合、企业融合到市场融合，产业融合理论在服务领域的应用将逐步丰富，研究范围日益广泛。产业融合作为工业革命和技术革命的成果，并从传统的信息技术等行业开始，逐步向现代服务等行业延伸和转移。长期以来，我国大型体育场馆发展由政府统包统揽，服务功能相对单一，因此大型体育场馆服务与相关服务功能之间的融合研究有待进一步细化和具体。

三、大型体育场馆研究

截至2023年，通过中国知网搜索发现篇名为"体育场馆"的期刊文献有3936篇，其中博士论文13篇。通过对文献发表年度分析发现，2006—2015年体育场馆是体育领域研究的重点和热点（图1-2）。搜索"大型体育场馆（设施）"文献只有500多篇，而博士论文只有5篇，分别对大型体育场馆的投资、运营周期、体制改革、空间布局和赛事供给方面进行了较为系统的研究。综合现有文献来看，前人对体育场馆的建筑设计、运营管理、政策法规、投资模式、制度改革、绩效评估、公共服务等领域已进行较为系统的研究，结合本研究的需要，将在体育场馆服务与城市发展的关系、体育场馆服务供给领域进行综述。

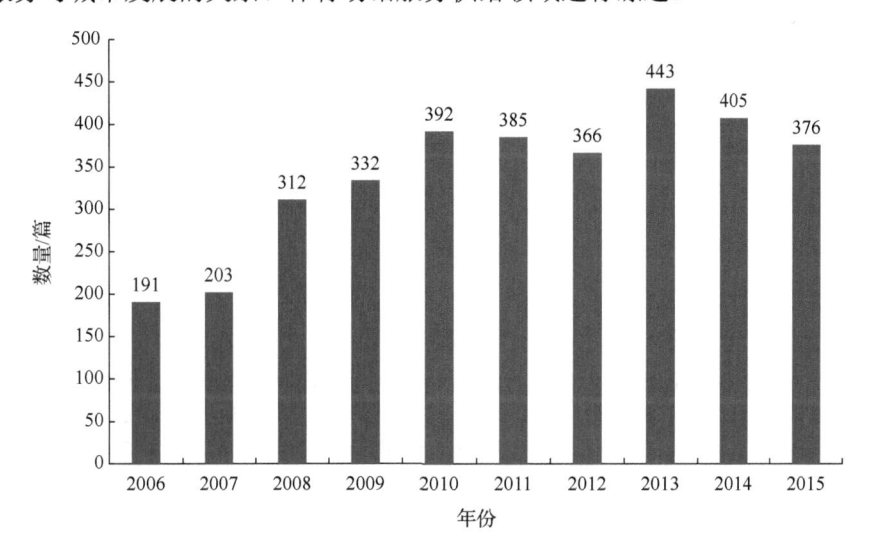

图1-2 体育场馆相关文献研究数量趋势图

（一）大型体育场馆的定义

朱志强和刘石提出，我国对大型体育场馆基本建设项目的规定，以投资额3000万元为限，以上者为大、中型项目，由国家计委审批；以下者为小型或一般项目[1]。罗普磷指出，大型公共体育场馆是指由国家投资较大的、功能综合性的体育场馆。应根据不同地区进行划分，分别为一类地区，二类地区和其他地区，在一类地区，投资规模在5000万元以上的为大型场馆；在二类地区中，投资规模在1000～5000万元的为大型场馆；在其他地区中，投资规模在1000万元以下500万元以上的为大型场馆[2]。王国尊提出，体育场馆以座席为划分标准，体育场以30000～60000人座席为中型，以60000～100000人座席为大型，100000万人以上座席的体育场为超大型；体育馆以3000人以上座席为中型，以8000～20000人座席为大型，20000人以上座席的体育馆为超大型[3]。谭建湘等提出，依据我国现行体育场馆基本建设项目规定，通常体育场馆座席作为划分标准，体育场以70000座位以上、体育馆以8000座位以上为大型体育场馆[4]。2014年，国家体育总局和财政部印发的《关于推进大型体育场馆免费低收费开放的通知》中从工作实施的角度提出，向社会免费、低收费开放"体育部门所属大型体育场馆，即座位数20000个（含20000个）以上的体育场、座位数3000个（含3000个）以上的体育馆、座位数1500个（含1500个）以上的游泳馆（跳水馆），以及区域内的公共体育场地和设施"[5]。

由此可见，目前我国对大型体育场馆的划分没有严格统一的标准。结合研究的需要，本书对大型体育场馆的概念界定，使用《关于推进大型体育场馆免费低收费开放的通知》中的定义，即座位数20000个（含20000个）以上的体育场、座位数3000个（含3000个）以上的体育馆、座位数1500个（含1500个）以上的游泳馆（跳水馆）。

---

[1] 朱志强，刘石. 对我国大型体育场馆规划管理的研究[J]. 哈尔滨体育学院学报，2000（3）：6-9.
[2] 罗普磷. 我国大型体育娱乐场馆的概念分类与管理对策的探讨[J]. 西安体育学院学报，2003（6）：9-11.
[3] 王国尊. 大中型公共体育场馆管理运营模式研究——福州市公共体育场馆改革剖析[D]. 福州：福建师范大学，2006.
[4] 谭建湘，霍建新，陈锡尧，等. 体育场馆经营与管理导论[M]. 北京：高等教育出版社，2014.
[5] 国家体育总局，财政部. 关于推进大型体育场馆免费低收费开放的通知[EB/OL]（2014-01-28）[2023-08-20]. http://www.gov.cn/gzdt/2014-01/28/content_2577643.htm.

（二）体育场馆与城市发展的研究

体育场馆是举办体育比赛的重要物质基础，当前各城市利用承办体育比赛（如奥运会、亚运会、全运会、城运会等）的契机建设体育场馆，除了能大力完善自身的基础设施建设，还能加快自身的城市化发展步伐，其作用突出体现在场馆建设对当地城市化发展的影响方面。

通过对文献的研读分析发现，Melaniphy 和 John 通过真实案例分析了体育场馆在停车、商业服务、税收、餐饮等方面对城市发展的积极影响，并通过反例，如球队的罢工对当地城市经济产生的消极影响，来说明体育场馆举办赛事能够对所在城市产生积极的影响[1]。此外，国外学者 James[2]、Timothy[3]、John 和 Andrew[4]等均认可体育场馆作为城市发展催化剂的潜能。高规格的大型体育场馆作为城市标志性建筑而存在，是城市的一道独特风景。这样的体育场馆往往被国内外的重大体育赛事所青睐，大型体育场馆的建设促进了城市化发展，需要与城市发展相融合，否则只会沦为城市的负担。国外大型体育场馆建设是根据城市综合体的理念进行规划、设计和建造的，在前期规划阶段就考虑到大型体育场馆对城市区域经济发展的作用。

然而，也有部分美国经济学家认为体育场馆建设与城市发展无关或阻碍了经济发展。Swindell 和 Rosentraub 的研究结果表明，球队与体育场馆对地方经济影响很小，新体育场馆既不能创造工作机会，也没有促进经济发展[5]。Roger 和 Andrew[6]、Baade 和 Sanderson[7]通过研究同样发现球队与体育场馆对地区经济、就业无显著影响，尤其是在统计学上不具有相关关系。甚至部分学者还得出体育场馆建设与

---

[1] MELANIPHY, JOHN C. The impact of stadiums and arenas[J]. Real estate issues, 1996, 21(3): 36-39.

[2] JAMES B. Stadia development as a catalyst for regeneration[J]. Journal of retail & leisure property, 2002, 2(4): 305-316.

[3] TIMOTHY S C. Sports facilities as urban redevelopment catalyst[J]. Journal of the American planning association, 2004, 70(2): 193-209.

[4] JOHN S, ANDREW Z. The Economics of sports facilities and their communities[J]. Journal of economic perspectives, 2000, 14(3): 95-114.

[5] SWINDELL D, ROSENTRAUB M S.Who benefits from the Presence of professional sports teams? The implications for public funding of stadiums and arenas[J]. Public administration review, 1998, 58(1):11-20.

[6] ROGER G N, ANDREW Z. Sports, jobs and taxes: the economic impact of sports teams and stadiums[M]. Washington: Brookings Institution Press, 1997.

[7] BAADE R A, SANDERSON A R. Cities under siege: How the changing financial structure of professional sports is putting cities at risk and what to do about it[J].Advances in the economics of sport, 1997(2): 77-114.

城市发展呈负相关的结论。

陈元欣和王健总结国外关于体育场馆建设促进城市发展的文献发现，国外学者对体育场馆促进城市发展存在必然性、无关性和可能性3种观点，并得出"重视体育场馆经济影响研究，探索体育场馆促进城市发展的可行路径；充分认识体育场馆在城市更新中的作用，将其融入区域整体发展规划；注重体育场馆的复合化设计，融入多种功能；体育场馆建设选址应回归城市中心；重视体育场馆综合利用，发挥其城市更新催化剂的作用"5点启示[①]。唐东方和张建武对九运会对广州城市形象力的影响及其对策进行了研究，认为九运会体育场馆设施的建设可以提升广州的城市形象力[②]。欧阳静仁列举了体育场馆建设对城市优化发展的作用，包括平衡城市的区域发展、对本土文化发展有重要的推动作用、拓展城市市场的空间及加快城市化现代化的进程[③]。陈志敏认为，体育场馆设施有增加和改善城市功能、美化及提升城市形象两个方面的作用，他从正反两面分析了体育场馆在城市化发展中的作用。首先，体育场馆的积极作用主要在于能推动城市发展、拉动区域经济增长、完善城市空间布局、提升文化内涵等；其次，其消极作用主要在于选址不当及一些忽视地方实际的"政绩工程"所带来的问题[④]。林显鹏[⑤]以悉尼奥林匹克公园建设为例，得出了体育场馆建设能有力推动城市产业结构调整的结论。

现有文献显示，国内外学者对大型体育场馆对城市规划、基础设施建设、经济发展等方面的作用有较好的研究，国外对体育场馆与城市发展作用的研究要早于国内，这是由国外经济社会发展环境和大型体育场馆运营管理水平所决定的。国外学者针对大型体育场馆对城市发展的作用提出各自的观点，认为大型体育场馆与城市发展有一定的关系，有的研究显示大型体育场馆对城市发展有较大的作用，如 Melanipy、James、Siegfried 等学者的研究；有的研究显示大型体育场馆对城市发展影响较小，如 David、Rosentraub、Roger 和 Andrew 等学者的研究。国内的研究主要集中在大型体育场馆对城市发展的积极促进作用方面。现有研究说明大型体育场馆与城市发展存在一定的互动关系，特别是大型体育场馆承载了城

---

① 陈元欣，王健. 国外关于体育场馆建设促进城市发展的观点、争议与启示[J]. 上海体育学院学报，2011，35（3）：14-19.

② 唐东方，张建武. 大型运动会对区域经济发展的影响[J]. 体育科学，2002，22（5）：49-52.

③ 欧阳静仁. 基于体育场馆建设与城市优化发展的互动分析[J]. 辽宁体育科技，2009，31（3）：13-14.

④ 陈志敏. 体育场馆在城市化发展中的功能和作用[J]. 考试周刊，2010（27）：118.

⑤ 林显鹏. 体育场馆建设在促进城市更新过程中的地位与作用研究[J]. 城市观察，2010（6）：5-23.

市发展功能，对城市发展有一定贡献。陈元欣和王健认为，只有在前期规划、设计阶段考虑大型体育场馆对城市区域发展的作用，才能使这种积极互动的关系具有"必然性"，否则只能是"无关性"和"可能性"[①]。这也为本研究的开展提供了新的思路，如何实现大型体育场馆对城市发展积极作用的"必然性"，从机制上保障大型体育场馆成为城市综合体，实现服务融合发展成为本书研究的重要内容之一。

（三）体育场馆多功能的服务供给

戴维·希伯里（David Shilbury）等认为，大部分体育服务产品（除了体育用品）通过体育设施来供给、分销，因此，大型体育场馆是体育服务供给的重要平台或中介[②]。国外大部分现代化的体育场馆都注重多功能的服务供给，体育场馆通过增添其他重要设施来确保开发的多元项目在未来持续保持竞争力，除综合了办公场所、宾馆、餐厅、零售走廊、展览厅、商务中心及健身中心的设施之外，还具备娱乐功能[③]。伯尼·帕克豪斯（Bolnnie Pzukhouse）指出，场馆专业化管理能够优化体育赛事的承办工作，提供组织完善的服务，使顾客享受快乐。大型体育场馆的管理质量能够决定这些场馆吸引和保留客户的能力[④]。国内学者对体育场馆多功能供给也有所研究。徐华和赵国雄在20世纪80年代就提出体育场馆多功能的问题，认为体育场馆多功能化，是由体育事业自身特点所决定的。体育从构成内容来看，包括身体锻炼、竞技运动、文娱活动3个组成部分；从其工作任务来看，包括群众体育、学校体育、竞赛体育3个业务范畴[⑤]。王菁等通过对深圳市公共体育场馆的运营现状调查发现，多功能体育场馆应具备健身、体育竞赛、运动训练、文化娱乐、休闲、餐饮、社会活动等功能[⑥]。谭建湘等在前

---

① 陈元欣，王健.国外关于体育场馆建设促进城市发展的观点、争议与启示[J].上海体育学院学报，2011，35（3）：14-19.

② 戴维·希伯里，谢恩·奎克，汉斯·韦斯特比克.体育营销学[M].燕清联合，译.2版.北京：清华大学出版社，2004.

③ 杨风华.公共体育场馆服务的有效供给——民营化及政府职能研究[D].北京：北京体育大学，2007.

④ 伯尼·帕克豪斯.体育管理学——基础与应用[M].秦椿林，李伟，高春燕，等译.3版.北京：清华大学出版社，2003.

⑤ 徐华，赵国雄.充分发挥体育场馆多功能的作用[J].广州体育学院学报，1985（2）：102-105.

⑥ 王菁，吕树庭，刘江南.深圳市公共体育场馆的现状及多功能开发的研究[J].广州体育学报，2003（3）：1-3.

人研究的基础上，较为系统地探讨了体育场馆多功能的问题，认为体育场馆拥有体育竞赛、全民健身、专业训练、体育培训、体育文化、体育用品销售、会议会展、企业节庆、休闲旅游、文艺汇演、应急避险、商业配套等多功能，对体育场馆多功能的综合利用，可以促进体育场馆多元化、集约化经营，满足群众多元的体育消费需求[①]。

陈元欣对体育场馆的供给的现状、问题进行了较为系统的研究，他认为"场馆设施供给中主要存在供给严重不足、局部相对过剩，供给主体单一、方式落后，提供与生产不分、运营效率低下，市场化供给进程缓慢和供给决策缺乏科学性等问题。现行场馆设施供给模式束缚了人们对场馆设施性质的认识，不适应场馆设施发展对资金的需要，也不利于场馆设施的后期运营"[②]。杨凤华从场馆供给数量的角度进行研究，认为"我国公共体育场馆需求现状是，欠发达地区有效需求不足和发达地区需求无法满足两种并存状态，供给现状在整体上呈现出有效供给不足。在存量有限的基础上优化场馆存量、提高公共场馆的供给能力，是解决供需矛盾的关键，也是必然的选择"[③]，最终得出民营化是丰富场馆供给的有效机制的结论。曾庆贺等通过对大型体育场馆市场化供给的内涵进行研究，认为"大型体育场馆市场化供给的主体可以是政府、市场、第三部门或者它们之间的联合"，提出"政府主导、市场参与、第三部门补充应是我国大型体育场馆供给的可行性模式"[④]。

国内外学者在体育场馆多功能服务方面的观点较为类似，都认为只有提供多功能的服务，才能保持体育场馆的持续竞争力。当前，我国确实存在体育场馆闲置与群众体育需求较大之间的矛盾，一方面体育场馆建设速度加快、数量增加，另一方面体育场馆存在大量资源闲置和浪费的情况。他们虽然提出多元发展的思路，但是对体育服务功能与相关服务功能之间融合发展的路径、方式、过程的研究略显不足。

---

① 谭建湘，霍建新，陈锡尧，等. 体育场馆经营与管理导论[M]. 北京：高等教育出版社，2014.
② 陈元欣. 综合性大型体育赛事场馆设施供给研究[D]. 武汉：华中师范大学，2008.
③ 杨凤华. 公共体育场馆服务的有效供给——民营化及政府职能研究[D]. 北京：北京体育大学，2007.
④ 曾庆贺，马书军，陈元欣，等. 大型体育场馆市场化供给的可行性分析[J]. 北京体育大学学报，2009，32（4）：17-20.

（四）体育服务综合体

随着城市需求和消费的升级、体育发展方式的转变，体育与经济社会发展的关系越来越密切，"体育综合体"成为社会广泛关注的概念。2013年，国家体育总局等8部委印发《关于加强大型体育场馆运营管理改革创新提高公共服务水平的意见》，该文件中提出"在不改变公共体育场馆性质的前提下，打造特色鲜明、功能多元的体育服务综合体"，这是国内首次提出"体育服务综合体"的概念，但没有进行概念界定。2014年，国务院印发的《国务院关于加快发展体育产业促进体育消费的若干意见》中再次提出"体育服务综合体"一词，指出"以体育设施为载体，打造城市体育服务综合体，推动体育与住宅、休闲、商业综合开发"[①]，实质上是提出了依托大型体育场馆，实现体育服务功能与其他服务功能之间融合发展的要求。丁宏和金世斌通过借鉴城市综合体概念，认为"城市体育服务综合体"是指"以大型体育建筑设施为基础，促进功能聚合、实现土地集约，融合体育健身、体育会展、体育商贸、体育演艺、健康餐饮等功能于一身的公共体育服务与体育经济发展聚集体"[②]，该观点认为国内部分建筑具备了体育服务综合体的基本形态，并可以分为体育休闲型、运动场馆型和健身养生型3类。该观点认为，大型体育场馆是体育服务综合体基本形态之一，在建筑形态上依托于大型体育场馆设施，在内容上突出体育服务功能与相关服务功能之间的融合与聚集。2016年，国家体育总局颁布的《体育产业发展"十三五"规划》中提出"支持大型体育场馆发展体育商贸、体育会展、康体休闲、文化演艺、体育旅游等多元业态，打造体育服务综合体"，依托大型体育场馆的服务功能，形成多元化的服务内容。王家宏等在丁宏和金世斌研究的基础上，进一步丰富了体育服务综合体的内涵和外延，认为城市体育服务综合体是"在城市特定的空间内，以体育资源与场馆设施为载体，以满足城市居民运动、健康、消费与社交等需要为核心诉求，以高品质、功能齐全的体育服务内容为根本，融运动、休闲、健身、娱乐、商贸等功能于一体的体育服务空间聚集区与体育生活区"，并提出"大型场馆导向型""三边工程导

---

① 国务院. 国务院关于加快发展体育产业促进体育消费的若干意见[Z]. 北京：国务院，2014.
② 丁宏，金世斌. 江苏发展城市体育服务综合体的路径选择[J]. 体育与科学，2015，36（2）：34-37.

向型""特色资源导向型"3种发展模式[①]。他们认为，场馆设施是体育服务综合体的基础之一，体育服务功能是其本质功能，体育服务功能与相关服务功能之间的融合发展是其方向。江苏省体育局于2017年颁布的《江苏省体育局关于加快体育服务综合体建设的指导意见》中对体育综合体的概念进行了界定，这是地方政府首次以体育专项政策的形式界定体育服务综合体，该文件认为"体育服务综合体是在一定空间范围内，以体育大中型设施为基础，坚持存量资源功能拓展延伸和增量资源业态融合，突出体育服务的主要功能，融健康、旅游、文化、休闲、商贸等多种服务功能于一体的，业态融合互动、功能复合多元、运行高效集约的体育产业聚集区和城市功能区"[②]。

综合来看，首先，大型体育场馆不仅是建筑空间、结构的组合，还需要有服务社会的多元功能和服务内容，以一般的建筑综合体的理念指导大型体育场馆服务融合有一定的局限性。其次，大型体育场馆是体育服务综合体的重要组成部分。体育服务综合体既包括以体育场馆为基础形成的综合体，又包括以其他非体育场馆为基础形成的综合体；既包括城市体育服务综合体，又包括农村体育服务综合体；既包括大型体育服务综合体，又包括中、小型体育服务综合体，其外延远远超过大型体育场馆的范畴。现有文献中对城市综合体的研究表明，城市综合体内涵包括3个方面：第一，由若干承载多元功能的建筑单元组成，并具有较大的规模体量；第二，内部多元功能之间存在互补、共生的融合关系；第三，城市综合体存在于城市内，并对城市发展有推动作用。综上所述，从建筑规模、服务功能与城市价值等方面进行综合评判，发现城市综合体的发展理念更符合大型体育场馆服务功能融合发展的需要。

四、产业价值链

（一）产业链

产业链的思想起源于西方经济学家亚当·斯密（Adam Smith）有关产业分工

---

① 王家宏，蔡朋龙，陶玉流，等. 我国城市体育服务综合体的发展模式与推进策略[J]. 武汉体育学院学报，2017, 51（7）：5-13.

② 江苏省体育局. 江苏省体育局关于加快体育服务综合体建设的指导意见[Z]. 南京：江苏省体育局，2017.

的理论，早期的观点认为产业链是企业在生产的内部经济活动过程中，将外部采购的原材料和零部件通过生产和销售等活动，传递给零售商和用户的过程[1]。这与波特（Porter）提出的价值链的概念较为类似，都属于企业内部经济活动。也有学者将两者视为统一概念，如吴金明等以电信行为为研究对象，提出价值链是产业链的表现形式[2]。李万立也同意这一观点，认为产业链也叫价值链，是指产品从形成到最终消费所涉及的各不同产业部门之间的动态关系[3]。Marshall 把商品生产由企业内部分工扩展到企业之间的分工，强调企业之间的分工协作的重要性，这成为产业链理论的起源[4]。芮明杰等[5]、Stevens 和 Graham[6]的研究强调产业链也是物流链、信息链和功能链，强调物质流动、信息流动和产品功能叠加的重要性，他们将产业链体系分解成供应商、制造商、分销商和消费者 4 个组成主体。Harrison 等在前人的基础上，基于价值网络的概念，提出产业链是将原材料转换为中间产品和成品，并销售到消费者的"功能网络"[7]。

国内学者对产业链概念的认识起源于姚齐源和宋伍生提出的"经济系统单位的内在联系形成的结合部"[8]的观点。蒋国俊和蒋明新也证实了这一起源，并从战略联盟的角度认为产业链是指在一定的产业集聚区内，由在某个产业中具有较强竞争力的单位与其相关产业中的企业结成的一种"战略联盟关系链"[9]。国内学者龚勤林系统研究了产业链的基本问题，他认为产业链是各产业部门之间基于一定的技术经济关联、特定的逻辑关系和时空布局关系客观形成的链条式关系形态[10]，并提出构建产业链包括接通产业链和延伸产业链两个层面的内涵。接通产业链是指将一定地域空间范围内的断续的产业部门借助某种产业合作形式串联起

---

[1] 亚当·斯密. 国民财富的性质和原因的研究[M]. 郭大力, 王亚南, 译. 北京: 商务印书馆, 1994.

[2] 吴金明, 张磐, 赵曾琪. 产业链、产业配套半径与企业自生能力[J]. 中国工业经济, 2005 (2): 44-50.

[3] 李万立. 旅游产业链与中国旅游业竞争力[J]. 经济师, 2005 (3): 123-124.

[4] MARSHALL A. Principles of Economics[M]. London: Macmillen, 1920.

[5] 芮明杰, 刘明宇, 任江波. 论产业链整合[M]. 上海: 复旦大学出版社, 2006.

[6] STEVENS, GRAHAM C. Integrating the Supply Chain[J]. Internstional journal of physical distribution and materiais management, 1989, 19(8): 3-8.

[7] HARRISON J S, HALL E H, NARGUNDKAR R. Resource allocation as an outcropping of strategic consistency: performance implications[J]. Academy of management journal, 1993, 36(5): 1026-1051.

[8] 姚齐源, 宋伍生. 有计划商品经济的实现模式——区域市场[J]. 天府新论, 1985 (3): 1-4, 11.

[9] 蒋国俊, 蒋明新. 产业链理论及其稳定机制研究[J]. 重庆大学学报（社会科学版）, 2004 (1): 36-38.

[10] 龚勤林. 产业链延伸的价格提升研究[J]. 价格理论与实践, 2004 (3): 33-34.

来；延伸产业链则是指将一条既已存在的产业链上下游拓深延展[①]。郑学益在分析福建省产业发展战略时，从区域产业核心竞争力的视野出发提出产业链是"通过链核，以产品技术为联系，资本为纽带，上下连结、向下延伸、前后联系形成链条"[②]，认为产业链的形成可以促进企业的整体优势发挥，并转化为一个区域和产业的整体优势，突出产业链形成的辐射和波及效应。与此类似，李心芹等也从区域产业竞争力的角度提出产业链是在一定的区域内，以某一个产业中具有竞争力或竞争潜力的单位为链核，与相关产业单位以产品、技术、资本等为纽带形成的一种具有价值增值功能的"关系链"[③]。郁义鸿认为，产业链是指一种产品生产加工过程中必须包含的各环节所构成的生产链条，每个环节都可以是一个单独的产业，因此，"一个产业链也就是一个由多个相互链接的产业所构成的完整的链条"[④]。贺轩和员智凯认为，产业链分为垂直的供需链和横向的协作链，其中垂直关系主要是指产业链的主要结构，通常将其划分为产业的上、中、下游关系，而横向关系主要是产业间的协作配套[⑤]。张铁男和罗晓梅结合产业链中"战略环节"的特征，认为产业链将相关产业联系在一起，具体表现在不同业态之间的关系，产业链始于自然资源、止于消费市场，但起点和终点并非固定不变[⑥]。吴金明和邵昶认为，中观层面的产业链并不仅仅是"一对一"的微观映射关系链，而是"一对多"的映射关系或网络结构，应该是"基于产业上游到下游各相关环节的由供需链、企业链、空间链和价值链这四个维度有机组合而形成的链条"[⑦]，在这4个维度对接机制的作用下，内部结构达到相对稳定的关系状况时，产业链基本形成。这种"四维对接机制"是产业链形成的客观规律，并像"无形之手"一样调控着产业链的成型。

从现有文献来看，不同时期的学者分别从产业竞争力、价值链、供应链、产业关联、生产工艺等角度研究产业链的定义，仍未形成统一的定义，这说明产业链的定义具有一定的模糊性和复杂性。但众多学者对产业链的研究形成了一些共

[①] 龚勤林. 产业链接通的经济动因与区际效应研究[J]. 理论与改革, 2004（3）：105-108.
[②] 郑学益. 构筑产业链 形成核心竞争力——兼谈福建发展的定位及其战略选择[J]. 福建改革, 2000（8）：14-15.
[③] 李心芹, 李仕明, 兰永. 产业链结构类型研究[J]. 电子科技大学学报（社科版）, 2004（4）：60-63.
[④] 郁义鸿. 产业链类型与产业链效率基准[J]. 经济与管理研究, 2005（11）：25-30.
[⑤] 贺轩, 员智凯. 高新技术产业价值链及其评价指标[J]. 西安邮电学院学报, 2006（2）：83-86.
[⑥] 张铁男, 罗晓梅. 产业链分析及其战略环节的确定研究[J]. 工业技术经济, 2005（6）：77-78.
[⑦] 吴金明, 邵昶. 产业链形成机制研究——"4+4+4"模型[J]. 中国工业经济, 2006（4）：36-43.

同之处，这对于更好地深化产业链理论研究有一定的促进作用。综合来看，学者们在以下几个方面形成基本共识：①产业链中包括不同且相关的产业；②产业链中包含产业运行的多个相关企业；③产业链中的产业之间或企业之间形成上、下游关系；④产业链是围绕满足消费者需求的某一最终产品进行的经济活动；⑤产业链实质上蕴含着产品或服务的增值过程。

产业链的形成实际上是社会经济活动中产业分工和细分发展的结果，它涵盖了商品或服务在生产、创造过程中从原材料到最终消费品的所有环节。一方面，随着产业分化程度的逐步深入和市场专业化程度的提升，在现代社会经济活动过程中没有任何一种产品或服务可以由某一单位单独完成提供。产品或服务的生产、创造能力，不仅受制于企业自身的能力，还受上下游企业或单位的制约，因为产业链条中的经济主体之间是相互依存的关系。另一方面，由于科学技术的突破，丰富了市场供给的条件，提高了消费者的需求层次，改变着传统产业的生产与服务方式，促使其产品与服务结构升级。产业之间的产业边界逐步模糊化，使得某些传统的技术、产品或服务出现融合现象。长期以来，我国大型体育场馆是体育事业服务的重要中间平台，体育服务生产资料主要由政府单一供给，场馆服务主要以满足政府需求为目标，形成了简单、粗放的单一事业服务链条结构。在市场需求增加和产业融合发展背景下，我国大型体育场馆逐步向城市综合体方向演进，成为促进城市经济发展、拉动消费的重要载体，由事业管理向产业服务发生转变，场馆服务产业链的上游生产资料供给商、场馆服务内容和服务对象均发生变化，从而引发了场馆服务的产业融合。在城市综合体的理念下，大型体育场馆服务产业链中包括体育、教育、文化、商业、餐饮等多种相关产业，大型体育场馆综合服务过程中包括多个专业的市场运行企业或单位，形成核心服务、相关服务、配套服务等多元服务融合的综合体系，最终大型体育场馆服务产业链满足了居民多元叠加的需求和一站式服务的需求，而城市综合体理念下的大型体育场馆服务实质上蕴含着对单一体育服务的增值过程。

（二）价值链

价值是商品的本质属性，也是商品生产和交换的基础。价值链在市场经济活动中无处不在，企业内部各单元的经济活动构建了企业的价值链，产业之间的经济关系存在产业价值链，上下游存在产业关联的企业经济活动之间的价值链也是客观存在的。美国学者波特在《竞争优势》一书中提出"价值链"的概念，他最早关注到企业内部经济生产活动的分工，并认为每一个企业都是设计、生产、营销、交货及对产品起辅助作用的各种活动的集合，这些活动可以用一个价值链表示出来[①]。根据波特的观点，在企业生产经营活动过程中，从原材料采购、产品生产、产品销售到售后服务等存在一系列价值创造活动，连接形成一条活动的成本链条。如果消费者愿意支付的价值高于企业产品生产或服务的成本，则企业经济活动将产生利润。价值链理论认为，企业的一系列经济活动不仅要增加价值，还要创造价值，这些经济活动可分为基本活动和辅助活动两类。基本活动主要是指产品或服务的价值创造及价值传递等各类活动，包括生产原材料入库、生产加工、产品转移、市场营销和售后服务5个方面；辅助活动主要是指为基本活动服务的基础性经济活动，包括基础设施服务、技术开发、人力资源管理和生产采购4个方面。

在企业生产经济活动过程中，既相互独立又相互关联的生产经营活动，构成了价值创造的动态过程。价值链不仅存在于企业内部生产经济活动过程中，还存在于企业生产经济活动上下游相互关联的企业单位之间。在价值链系统中，不同的经济活动单元通过协作共同创造价值，价值的定义也由传统的产品本身的物质转换扩展为产品与服务之间的动态转换。Kogut进一步提出了价值增加链的观点，他认为价值链的本质就是将技术、原材料和劳动力等融合形成经济生产投入环节的过程，通过把这些环节重新组装并结合起来形成最终商品，最后通过市场交易、消费等环节形成价值的循环过程。在企业重新创造价值的过程中，单个企业可以仅参与单个环节，也可以将融合价值链的增值过程都纳入企业经济活动体系中[②]。还有学者在波特理论的基础上，将顾客端和原材料纳入价值链体系中，认为价值链实质是"集成物料价值的运输链"[③]，这意味着产品价值链每个价值集成环节可以包含不同的企业，而不仅仅是由单一企业完成价值链的全流程。

---

① 迈克尔·波特. 竞争优势[M]. 陈小悦, 译. 北京：华夏出版社, 2005.

② KOGUT B. Designing global strategies: Comparative andcompetitive value-added chains[J]. Sloan management review.1985, 26 (4): 15-28.

③ 刘贵富. 产业链基本理论研究[D]. 长春：吉林大学, 2006.

近年来，国内外学者都逐步研究如何通过价值链的有效管理来提高企业的利润，国内学者吴海平和宣国良认为，通过对价值链上各企业的整合与分解，优化价值链流程，最终可以实现整个价值链的增值[①]。价值链理论既关注企业内部生产活动的价值增值过程，也关注产品从生产到销售等环节的组成和经济联系的变化情况。价值链理论认为，任何企业的价值链都是由一系列相互关联的经济活动构建而成的，并形成诸多联系，既有企业与供应商的联系，又有企业与客户的联系，这类具有价值的经济活动联系最终影响企业产品的价值和竞争力。肖淑红提出，在功能型经济的态势下，企业功能竞争的成功之路，集中起来不外乎两条：提供和别人一样的功能，但是成本要比别人低；提供和别人不一样的功能，进行以功能为先导的价值创新[②]。结合价值链理论，发现传统大型体育场馆服务供给主要以提供体育竞赛、运动训练等体育单一服务为主，服务供给生产原料主要来源于政府事业供给而非市场供给，因此传统的大型体育场馆服务供给主要满足政府的诉求和发展需要。在经济、社会迅速发展和消费水平快速提高的环境下，大型体育场馆的服务功能、服务对象、服务方式和服务模式发生转变，并向城市综合方向演进，传统的体育服务价值链中基本活动、辅助活动相关环节发生变化，特别是在体育场馆服务产品生产价值链中，生产资料由传统政府供应的单一体育元素逐步向满足消费者需要的产业生产多元生产资料发展变化，体育场馆商业服务整体呈现提质、转型、升级和扩容的服务增值发展趋势，因此需要对大型体育场馆服务过程的价值链进行重新审视。实质上，大型体育场馆服务价值链可分为3个层面：第一个层面是大型体育场馆服务供给内部各业务单元的联系所形成的场馆价值链；第二个层面是大型体育场馆服务上下游关联的产业之间存在的产业价值链；第三个层面是大型体育场馆服务被整体纳入城市区域经济发展的区域价值链中。

（三）产业价值链

将价值链理论由企业层次应用于产业层次，利用价值链理论分析框架来考察产业链，形成了产业价值链。产业价值链以价值链为基础，从整合发展的视野分析产业链中各环节价值增值或重要创造活动，以及影响价值创造的主要因素。波

---

① 吴海平，宣国良. 价值链系统构造及其管理的演进研究[J]. 上海管理科学，2003（1）：37-39，43.
② 肖淑红. 中国体育产业价值链管理模式研究[D]. 北京：北京体育大学，2003.

特在研究价值链的过程中，发现价值链存在一系列的增值过程，而价值链只是整个增值过程中的一部分，进而提出了"价值增值系统"[1]的观点。价值增值系统是指生产企业存在于一个由供应商、分销商和顾客共同组成的系统之中，供应商将用于服务生产原材料、资源投入价值链，将生产的最终服务或产品通过分销渠道的价值链传递给消费者，而企业的最终产品也将成为下一个买方价值链的一部分，进而形成一个更大的循环价值链。波特认为，企业的价值链都将受到价值增值系统的影响。这个"价值增值系统"也被认为是产业价值链的理论思想。

潘成云是国内较早提出产业价值链定义的学者，他结合波特的价值链研究成果，认为对产业价值链的界定要把握两个方面：第一，产业价值链实际上是产业链中相关企业价值活动的集合；第二，这种集合并不是随意或无序的组合，而是以某一核心技术或工艺为基础、以满足消费者需要为目标形成的有机体系[2]。杜义飞和李仕明认为，产业价值链具有以下 4 个特点：一是更宏观地研究价值创造的组织形式，是价值链的自然延伸；二是将产业链中各组织经济活动划分后，研究其形成机制；三是为产业链的价值整合提供系统的方法；四是分析企业价值链之间的协调效应[3]。张琦和孙理军指出，产业价值链是在产业生态系统中，由一系列为产业化产前、产中、产后提供不同功能服务的价值型企业或单元组成的价值创造系统[4]。王延青认为，产业价值链是某产业中围绕某产品（或服务）生产全过程的若干相关企业的有机集合，是定义并追踪集合整体的价值创造、分配和传递全部过程，进而分析其竞争优势的系统方法和有效工具[5]。

五、现有文献的简要评述

文献研究表明，国内外学者在产业融合、服务融合、大型体育场馆等领域多角度、多层次地深入研究，为本书研究工作的开展提供了良好的研究视角。产业融合理论经过 30 多年的发展，已形成了相对系统的理论体系，既有理论的闪光点，

---

[1] Porter M E. Competitive advantage: Creating and sustaining superior performance[M]. New York: Free Press, 1985.
[2] 潘成云. 解读产业价值链——兼析我国新兴产业价值链基本特征[J]. 当代财经，2001（9）：7-11, 15.
[3] 杜义飞, 李仕明. 产业价值链：价值战略的创新形式[J]. 科学学研究，2004（5）：552-556.
[4] 张琦, 孙理军. 产业价值链密炼机理及优化模型研究[J]. 工业技术经济，2005（7）：111-113.
[5] 王延青. 产业价值链理论研究及其在我国互联网电话产业的应用[D]. 哈尔滨：哈尔滨工业大学，2008.

也存在一定的应用价值。例如，从国外学者罗森博格提出技术融合，到 Yoffie、Gains、Stieglitz、Lind、植草益、周振华、厉无畏、李美云等国内外学者从不同角度对产业融合的内涵、类型、机制等方面开展具有启示意义的理论研究，逐步将产业融合理论完善，基本形成了产业融合理论的分析框架，并逐步应用到经济社会发展过程中。

21 世纪以来，随着服务融合现象的逐步出现，国内学者将产业融合的理论逐步用于服务业领域，特别是用于研究服务业与制造业、高新技术产业等的融合问题。近年来，随着服务经济的升级发展，产业融合理论由对一般服务领域的研究逐步过渡到对旅游、农业、养老等消费型服务领域融合现象的研究。特别是国家明确提出体育产业融合发展战略后，产业融合理论逐步应用于体育产业领域的理论研究，如朱海艳[1]将产业融合理论与旅游产业发展相结合进行研究，钟晟[2]运用产业融合理论研究文化产业与旅游产业在武当山的融合。现有产业融合理论的应用性研究仍存在两个方面的不足：其一，现有研究更多是针对体育产业与某个单一产业之间"一对一"的融合，如体育与旅游、体育与文化，但体育产业融合是一个多产业融合的过程，包括体育、文化、教育、休闲、商业等，因此应形成一对多的融合；其二，现有实践说明，体育服务与相关服务融合发展需要一个具体的"平台"或"载体"作为基础，但现有文献中对服务功能与服务设施之间相互衔接、融合有关问题的研究较为缺乏。大型体育场馆服务功能融合应该是体育服务功能与多个服务功能之间的融合，其服务功能融合不能脱离大型体育场馆建筑基础。因此，本书基于产业融合分析框架，重点就体育服务与相关服务功能的融合、服务功能与场馆建筑的融合两个基本问题进行研究、突破。

大型体育场馆一直以来是体育领域研究的重点和热点，国内外学者在大型体育场馆运营管理、服务供给及大型体育场馆与城市发展的关系等领域做了大量的研究，从服务供给上看，国内外学者普遍认为体育、文化、教育、娱乐、商业等多元服务功能融合发展是大型体育场馆的发展方向，但体育服务功能与相关服务功能之间如何融合，以及其实现过程、形成结果等有关问题，都需要进一步研究。

由于进入社会主义建设的新时代，我国体育发展的任务产生了新的变化，大

---

[1] 朱海艳. 旅游产业融合模式研究[D]. 西安：西北大学，2014.
[2] 钟晟. 基于文化意象的旅游产业与文化产业融合发展研究——以武当山为例[D]. 武汉：武汉大学，2013.

型体育场馆在承担体育服务功能的同时，更要基于新时代国民经济和社会发展对大型体育场馆服务功能提出的新要求、新挑战，全面转变功能单一的发展方式。当前，立足于稳增长、促改革、调结构、提质量的国家发展新要求，大型体育场馆在新时代要在国民经济建设中发挥出巨大的融合功能。这是新时代我国大型体育场馆高质量发展的根本性任务。国务院2014年印发的《国务院关于加快发展体育产业促进体育消费的若干意见》中明确指出这一基本要求。

大型体育场馆是体育产业的核心，是居民体育消费的主要场所，是城市生活服务的重要平台。新时代，我国大型体育场馆要加快转变发展方式，通过服务功能融合发展，提升整体服务水平、引领服务功能供给创新、拉动经济增长、满足群众需求。基于国家对大型体育场馆服务功能转型升级的基本要求，本书紧紧抓住服务功能融合发展，从产业经济学的视角出发，运用产业融合等相关理论，以问题为导向，对我国大型体育场馆服务功能的演进进行全面梳理，围绕我国大型体育场馆服务功能融合的理论与实证进行研究。

第三节　研究的对象、思路、框架与方法

一、研究对象

本书以我国大型体育场馆服务功能融合为研究对象。

二、研究思路

本书从产业经济学视角研究我国大型体育场馆服务功能融合的问题，抓住体育场馆高质量发展的核心和关键，遵循国务院、国家体育总局关于加快推进大型体育场馆服务功能转型升级的战略部署，具有很强的现实针对性。本书依托产业融合理论、产业价值链理论、产业边界理论等理论基础，采用文献资料、文件调查、专家访谈、实地考察等研究方法，运用"提出问题—界定问题—解决问题"的分析框架，以问题为导向，以我国大型体育场馆服务功能融合研究为主线，对我国大型体育场馆服务功能的变迁及特征、我国大型体育场馆服务功能融合的基

第一章 绪 论

本理论、我国大型体育场馆服务功能融合的结构模型、我国大型体育场馆服务功能融合的实现进行较为全面的研究,通过定性研究结合定量研究、理论研究结合实证研究的研究手段,构建我国大型体育场馆服务功能融合的理论体系。研究思路如图1-3所示。

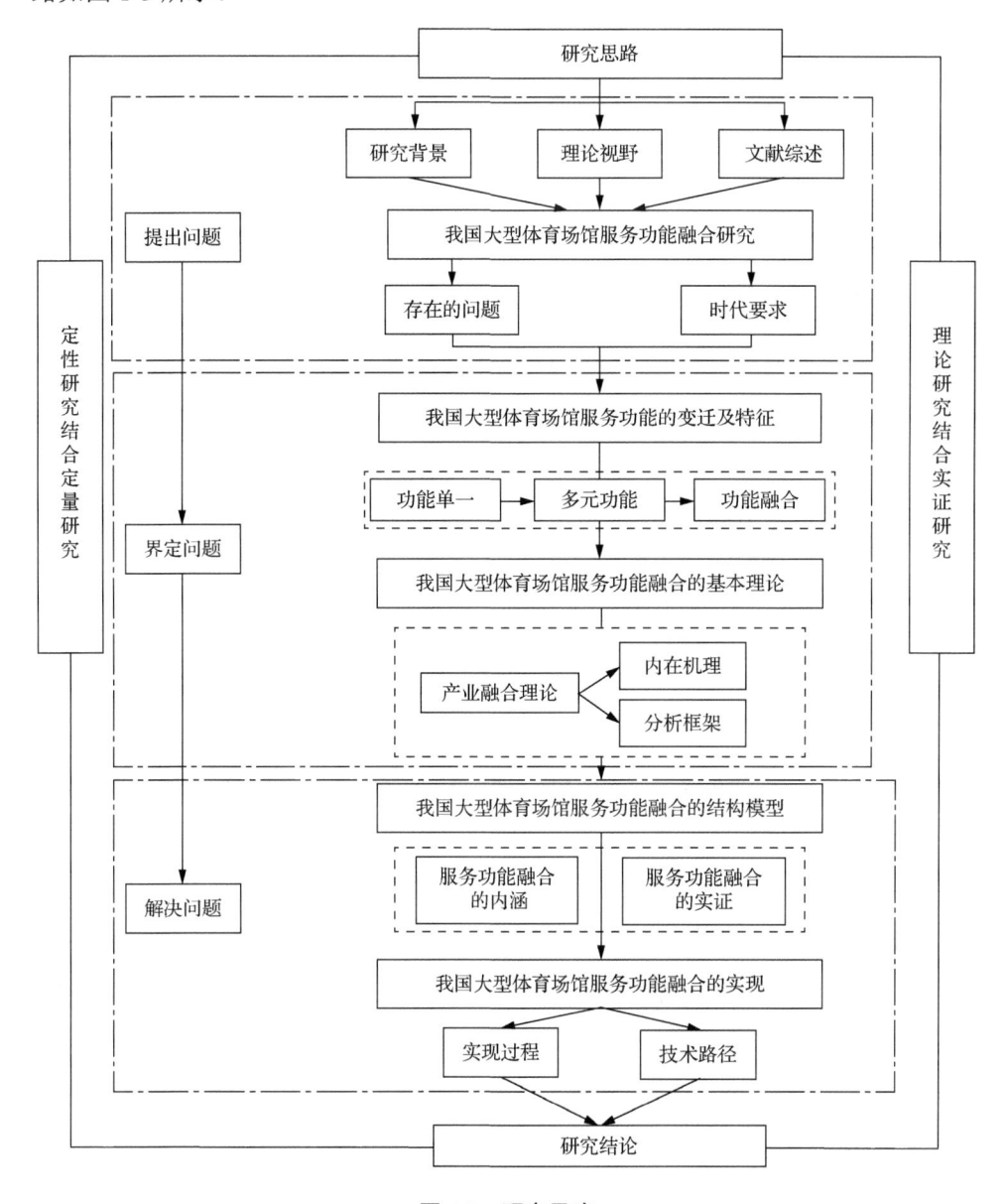

图1-3 研究思路

三、研究框架

本书分为七章，具体如下。

第一章　绪论。主要介绍本书的研究背景和研究意义，对国内外有关产业融合理论、服务及服务业融合、大型体育场馆和产业价值链的文献进行梳理，介绍本书研究的基本思路与研究过程中运用的研究方法，阐明本书的创新之处和不足之处。

第二章　我国大型体育场馆服务功能存在的问题、制约因素与时代要求。从问题出发，采用问卷调查法、实地考察法，对我国大型体育场馆服务功能存在的现实问题与观念性问题进行归纳、总结；对制约我国大型体育场馆服务功能融合的因素进行深入分析；并结合经济社会发展的需要，对大型体育场馆服务功能融合的时代要求进行讨论。

第三章　我国大型体育场馆服务功能的变迁及特征。运用文献资料法、专家访谈法，对我国大型体育场馆服务功能的变迁脉络进行回顾与梳理，就功能单一时期、功能多元时期和功能融合时期3个阶段的服务对象、服务方式和服务模式特征进行剖析。

第四章　我国大型体育场馆服务功能融合的基本理论。运用问卷调查法、专家访谈法、实地考察法，对我国大型体育场馆服务功能的基本内容进行归纳、总结，从产业经济学的视角出发，依托产业融合理论对大型体育场馆服务功能融合的内在机理进行分析，并形成大型体育场馆服务功能融合的理论框架。

第五章　我国大型体育场馆服务功能融合的模型及内涵。运用专家访谈法，借助SPSS22.0数据统计软件构建我国大型体育场馆服务功能融合的内容结构模型和强度结构模型，并演绎大型体育场馆服务功能融合的内涵。针对服务功能融合较好的国内大型体育场馆进行实证研究，分析、探讨其服务功能融合发展方式，并分析服务功能融合对场馆的影响，以及对城市发展的影响。

第六章　我国大型体育场馆服务功能融合的实现。运用产业价值链理论，分析、构建大型体育场馆服务功能融合的实现过程，并在此基础上提出大型体育场馆服务功能融合实现的技术路径，提出大型体育场馆服务功能融合实现的保障措施。

第七章 研究结论与展望。对本书的研究进行总结，形成结论，通过展望进一步指明研究的方向。

四、研究方法

大型体育场馆服务功能融合不仅是理论性研究，还是我国大型体育场馆运营管理急需解决的技术性问题。本书在产业融合理论的研究基础上，结合我国大型体育场馆的实践情况，采用定性研究结合定量研究、理论研究结合实证研究的方法进行分析，具体方法如下。

（一）文献资料法

通过中国期刊网、广州市图书馆、华南师范大学图书馆、广州体育学院图书馆等途径查阅与本研究有关的文献资料，通过两次赴美参加中国体育场馆协会与美国国家体育安全管理中心联合举办的培训班，收集国外相关文献资料。

（二）问卷调查法

根据研究需要，设计了我国大型体育场馆服务功能融合研究调查问卷，就大型体育场馆的基本信息、服务内容、收入情况、支出情况、体育与相关服务融合度等问题进行调查。为保障调查问卷的有效性，通过微信发放的形式，邀请6位国内体育场馆领域运营管理方面、统计方面的学者和实践专家，采用经验判断的方式对问卷效度进行判定（其中4位专家判定有效，2位专家判定基本有效），并结合专家意见对问卷进行修改完善。问卷效度检验专家情况表如表1-1所示。作者利用参加国家体育总局体育经济司"关于公共体育场馆功能改造和机制改革"课题调研的机会，邀请国内大型体育场馆负责人填写问卷。问卷调查范围包括北京、上海、广州、深圳、佛山、合肥、石家庄、杭州、郑州、淮北、长沙、淄博、兰州等城市，涉及共计41个大型体育场馆，剔除2份无效问卷（北京海淀体育中心和河北固安体育中心属于中、小型体育场馆），问卷有效率为95.12%。

表 1-1　问卷效度检验专家情况表

姓名	单位	职称	专业领域	效度检验结果
张×	广州体育学院	教授	体育管理	有效
周××	广州体育学院	教授	体育产业	基本有效
隗××	广州体育学院	教授	统计学	有效
颜××	江苏省体育局 中国体育场馆协会	副局长 专家	场馆管理实践	有效
黄××	广州天河体育中心	主任	场馆管理实践	有效
金×	广东金融学院	副教授	统计学	基本有效

（三）专家访谈法

根据研究需要，就大型体育场馆服务功能融合的关键问题制定专家访谈提纲，与17名大型体育场馆运营管理领域的理论、实践专家进行面对面的专家访谈，保障了研究的科学性。

（四）实地考察法

根据研究需要，实地考察了广州天河体育中心、北京五棵松体育馆、北京丰台体育中心、南京奥林匹克体育中心、安徽省体育馆、浙江省黄龙体育中心、河北奥林匹克体育中心、兰州体育馆、河南省体育中心、湖北省洪山体育中心、淄博市体育中心、深圳市体育中心等大型体育场馆。

（五）统计分析法

采用SPSS22.0数据统计软件，对大型体育场馆馆长和专家对大型体育场馆内体育服务与相关服务的融合度赋值进行统计分析，并在此基础上构建大型体育场馆服务功能融合模型。

（六）案例分析法

对北京五棵松体育馆、佛山岭南明珠体育馆、深圳湾体育中心、江苏省五台山体育中心、南京奥林匹克体育中心、合肥体育中心、上海虹口体育场（现为虹口足球场）、广州体育馆8家服务功能融合较好的大型体育场馆进行实证研究；就广州天河体育中心与周边环境融合发展的影响进行归纳、总结。

第四节 创新与不足

一、创新之处

（一）创新构建了大型体育场馆服务功能融合模型

本书从产业经济学的视角出发，依托产业融合理论等理论基础，借助国内 39 名大型体育场馆馆长及 17 名场馆领域专家的集体智慧，运用 SPSS22.0 数据统计软件，创新地构建了大型体育场馆服务功能融合的内容结构模型、强度结构模型，并在此基础上形成了大型体育场馆服务功能融合的最优化结构及补充结构内容，较为客观地构建了大型体育场馆服务功能融合的模型，为我国大型体育场馆服务功能融合的实践提供了参考与借鉴。

（二）创新设计了大型体育场馆服务功能融合实现的 EBO 一体化技术路径

本书以国内大型体育场馆服务功能融合难以实现的技术问题为出发点，提出了服务功能融合实现的三大技术优化方向，创新建立了 EBO 一体化技术路径，避免出现我国大型体育场馆因建筑设施与服务功能不能较好融合而难以实现服务功能融合的技术问题。本研究成果应用于深圳市体育中心（改造）、南海体育中心、顺德德胜体育中心"EBO"一体化的技术路径的创新实践。

二、不足之处

随着本书撰写的深入，作者逐步意识到大型体育场馆服务融合是一个复杂、庞大的系统问题，既涉及产业融合理论、产业边界理论、产业价值链理论等相关理论基础，又要紧密结合大型体育场馆运营管理的实践；既涉及体育服务功能与相关服务功能的融合，又涉及场馆建筑与服务功能的融合；既包括大型体育场馆服务功能融合的对内影响，又涉及大型体育场馆服务功能融合对城市的影响。这是一个交叉融合的复杂研究领域。

由于作者知识、精力和经费有限，重点围绕大型体育场馆体育功能与相关功能融合的理论基础、结构模型、实现过程等内容进行研究，存在一定的不足之处：其一，由于服务功能融合较好、具有代表性的大型体育场馆数量不多，实证研究主要依托北京五棵松体育馆等经济发达地区的场馆进行分析，对二、三线城市体育场馆研究有所不足。待国内场馆发展到一定阶段，可以进一步补充和完善研究内容，构建相对全面的服务功能融合结构模型。其二，对于大型体育场馆服务功能融合对城市经济社会的推动作用，在后续研究中可以运用投入产出法进一步深化相关研究。虽然本书的有关成果已应用于国家体育总局有关政策的制定中，但研究的不足之处将鞭笞作者在后继研究中继续就大型体育场馆服务融合的问题，特别是大型体育场馆与区域发展的经济关联问题，进行深入的研究。

第二章

我国大型体育场馆服务功能存在的问题、制约因素与时代要求

第一节　我国大型体育场馆服务功能存在的问题

为全面掌握国内大型体育场馆服务功能存在的问题，作者对全国 39 家大型体育场馆进行调查，其中实地考察了大型体育场馆 24 家，通过电话访谈和问卷调查考察了大型体育场馆 15 家。调查显示，国内大型体育场馆服务功能融合存在以下问题，急需通过服务功能融合发展进行供给侧结构性改革。

一、大型体育场馆服务功能单一

各类大型赛事活动的举办和全民健身运动的广泛深入发展，大大促进了各地体育场馆的建设，截至 2017 年年底，国内各类体育场地超过 195.7 万个[①]。2013 年，国家体育总局等 8 部委联合印发《关于加强大型体育场馆运营管理改革创新　提高公共服务水平的意见》，要求国内大型体育场馆通过丰富体育功能、提高服务效率、提升服务能力，逐步改变开放难、利用难、经营难的不利情况。然而国内大型体育场馆主要是为承办国际、国内大型体育比赛而建设的，场馆专业性强，功能相对单一，以满足体育竞赛与专业训练需求为主，较难满足群众日益多样化、多元化的体育文化需求。由于功能单一，大型体育场馆运营管理的难题难以破解。2018 年，国家体育总局办公厅专门印发《关于在全国开展公共体育场馆"改造功能、改革机制"试点工作的通知》，企图通过改造场馆功能，逐步实现大

---

① 刘国永，戴健．中国群众体育发展报告（2018）[M]．北京：社会科学文献出版社，2018．

型体育场馆服务功能融合发展的设想。

对国内39家大型体育场馆的调研显示，79.49%的大型体育场馆仍然存在功能单一的问题（表2-1），主要表现在3个方面：第一，由于前期设计单一，场馆建筑空间、设施设备只能满足单一体育功能，难以满足现代大型文化演艺、会议会展、商业配套等多元服务功能的空间和物质要求，难以实现多功能发展；第二，在31家服务功能单一的大型体育场馆中，由于存在运营单位属于事业性质、区域经济环境的制约等现实问题，多元服务功能的资源难以被导入体育场馆服务体系，限制了多元服务功能的发挥；第三，部分体育场馆建设时间已超过15年，甚至部分位于城市中心区域的大型体育场馆使用年限接近40年，如兰州体育馆（1988年）、安徽省体育馆（1989年）、河北省体育馆（1984年）、深圳市体育中心（1985年）等，设施设备老化问题突出，既不能满足全民健身的基本需求，又无法举办高水平的体育赛事活动，体育功能弱化的情况突出。

表2-1 国内大型体育场馆服务功能情况表（$n=39$）

服务功能情况	数量/个	比重/%
多功能	8	20.51
功能单一	31	79.49

调研显示，北京五棵松体育馆、佛山岭南明珠体育馆、深圳湾体育中心、江苏省五台山体育中心、南京奥林匹克体育中心、合肥体育中心、上海虹口足球场和广州体育馆8家大型体育场馆呈现出多功能服务的态势，其服务功能包括体育、餐饮、商务办公、文化演艺、商业零售、会议会展、教育培训、亲子娱乐、康养保健等。从这8家大型体育场馆的基本情况来看（表2-2），第一，在地理位置上，基本都位于市中心或次中心位置，具有一定的区位优势。第二，其运营主体以企业运营为主，如江苏省五台山体育中心虽然仍然存在事业运营机制，但已自主成立企业并采用合作等形式，运用企业化手段运营，2018年已开始企业化运营改革。第三，运营主体在场馆建设初期参与了规划设计阶段相关工作，如深圳湾体育中心和北京五棵松体育馆；或者通过二次改造保障场馆建筑空间与结构能满足多元服务功能要求，如佛山岭南明珠体育馆、南京奥林匹克体育中心、上海虹口足球场等。

表 2-2　服务功能融合较好的 8 家大型体育场馆基本情况

场馆名称	建成时间	地理位置	运营主体
北京五棵松体育馆	2008 年	次中心	民营企业
佛山岭南明珠体育馆	2006 年	次中心	国有企业
深圳湾体育中心	2011 年	市中心	国有企业
江苏省五台山体育中心	1953 年（2013 年改造）	市中心	差额事业
南京奥林匹克体育中心	2005 年	市中心	国有企业
合肥体育中心	2006 年	市中心	国有企业
上海虹口足球场	1999 年	市中心	国有企业
广州体育馆	2001 年	次中心	国有企业

二、大型体育场馆闲置严重

大型活动举办数量通常是衡量大型体育场馆使用效率的重要指标。与国外大型体育场馆服务功能的使用效率相比，我国大型体育场馆使用效率整体存在明显不足。2017 年实地调查发现，纽约麦迪逊花园广场（320 场）、布鲁克林巴克莱中心（220 场）、奥兰多安利中心（200 场）、斯坦普斯中心（260 场）和波士顿 TD GARDEN 体育馆（240 场）5 家美国大型体育场馆年均举办大型活动场次都在 200 场以上，其中体育竞赛服务比重占到一半左右。体育服务与相关服务功能融合发展是美国大型体育场馆使用效率明显优于我国大型体育场馆使用效率的重要原因。美国大型体育场馆在前期规划设计阶段就紧密结合后期服务功能融合发展的需要，场馆在建筑结构、规模布局、体育工艺等方面都能满足服务功能融合发展的需求。

对 2017 年国内 39 家大型体育场馆利用情况调查发现，我国大型体育场馆年均举办活动 24 场左右，其中体育竞赛活动所占比重接近一半，远低于美国大型体育场馆的使用效率（表 2-3 和表 2-4）。分类比较发现，场馆之间使用效率差异明显。北京五棵松体育馆等 8 家服务功能融合较好的大型体育场馆年均举办活动场次达到 56 场左右，其中北京五棵松体育馆、佛山岭南明珠体育馆、南京奥林匹克体育中心和合肥体育中心 4 家场馆年均举办活动场次达到 60 场以上，但与国外场馆仍然存在较大的差距。调查显示，其中 31 家服务功能单一的大型体育场馆年均举办活动场次只有 16 场，远低于国内平均水平。绝大部分大型体育场馆由于服务功能单一，难以满足演艺、会议、会展等高水平活动举办的需求，导致场馆闲置。例如，恩施市体育中心、唐山市体育中心、淮北市体育中心，全年几乎没有大型活动，存在巨大的资源闲置和浪费情况。因此，服务功能单一是导致大型体育场馆闲置严重的重要原因之一。

表 2-3 2017 年国内服务功能融合较好的 8 家大型体育场馆利用情况

单位：场次

序号	场馆名称	大型赛事场次	大型会展场次	大型演艺场次	大型会议场次	总数
1	北京五棵松体育馆	30	5	40	3	78
2	佛山岭南明珠体育馆	30	10	20	—	60
3	深圳湾体育中心	2	4	50	0	56
4	江苏省五台山体育中心	31	0	15	0	46
5	南京奥林匹克体育中心	30	10	22	4	66
6	上海虹口足球场	25	3	7	2	37
7	合肥体育中心	20	22	19	0	61
8	广州体育馆	5	15	20	0	40

表 2-4 2017 年国内大型体育场馆利用情况平均数

单位：场次

平均数	大型赛事场次	大型会展场次	大型演艺场次	大型会议场次	总平均数
上述 8 家场馆平均数	22	9	24	1	56
其他 31 家场馆平均数	8	3	3	2	16
全国 39 家场馆平均数	11	4	7	2	24

三、大型体育场馆经济效益低下

大型体育场馆收入结构情况是反映其经济效益的主要指标，2017 年国内大型体育场馆经济效益情况比较如表 2-5 和表 2-6 所示。调研数据显示，从表面收支结构来看，我国大型体育场馆运营管理基本上能实现收支平衡，但进一步深入分析发现，在收支平衡的表面下掩盖了国内大型体育场馆经济效益低下的事实。

表 2-5 2017 年国内服务功能融合较好的 8 家大型体育场馆经济效益情况

序号	场馆名称	盈利情况/万元	无财政性收入后的盈利情况/万元	财政性收入占总收入比重/%（平均数=2.76）
1	北京五棵松体育馆	4000	4000	0.00
2	佛山岭南明珠体育馆	105	−15	3.42
3	深圳湾体育中心	5000	3000	8.00
4	江苏省五台山体育中心	1495	623	8.38
5	南京奥林匹克体育中心	416	248	1.51
6	上海虹口足球场	550	550	0.00
7	合肥体育中心	200	200	0.00
8	广州体育馆	1900	1860	0.80

表 2-6 2017 年国内其他 31 家大型体育场馆经济效益情况

序号	场馆名称	盈利情况/万元	无财政性收入后的盈利情况/万元	财政性收入占总收入比重/%（平均数=47.23）
1	恩施市体育中心	94	34	32.61
2	莆田市游泳健身馆	47.14	32.14	5.92
3	淮北市体育中心	327.43	−265.84	56.82
4	花都东风体育馆	135	115	14.81
5	济宁市体育中心	560	−1040	57.14
6	任城区文体中心	50	−110	45.71
7	微山县体育中心	65	−155	73.33
8	兖州市体育中心	−26	−453	71.17
9	广州大学城体育中心	1855.19	−1449.96	68.41
10	广州亚运城综合体育馆	462	−288	41.78
11	新乡市体育中心	−189	−822	51.97
12	湖北省洪山体育中心	0	−350	25.57
13	徐州奥林匹克体育中心	409	−1764	66.25
14	贵港市体育中心	−1331.5	−1681.5	31.82
15	浙江省黄龙体育中心	3248.41	−3841.86	34.41
16	莆田市体育场、莆田市综合体育馆	152.14	20.14	44.20
17	阆中市体育运动管理中心	−3	−195	68.57

续表

序号	场馆名称	盈利情况/万元	无财政性收入后的盈利情况/万元	财政性收入占总收入比重/%（平均数=47.23）
18	江门体育中心	—	—	—
19	淄博市体育中心	-970	-1130	15.09
20	佛山世纪莲体育中心	2640	1640	37.88
21	唐山市体育中心	67.15	-1556.83	80.40
22	湖南省体育场	0	-620	38.27
23	桂林市体育中心	0	-897	42.09
24	安徽省体育馆	500.4	—	—
25	长沙贺龙体育中心	0	-2101.82	57.54
26	兰州市体育馆	198.91	-345.24	31.77
27	河北省体育馆	0	-1539.55	65.76
28	北京工人体育场	—	—	—
29	河南省体育中心	-322.98	-2615.08	47.81
30	河北奥林匹克体育中心	517.16	-3129.41	97.85
31	北京丰台体育中心	40	-498	17.60

数据显示，财政性收入是我国大型体育场馆表面收支平衡的主要保障，全国 39 家大型体育场馆财政性收入的平均比重达到 38.42%，这意味着我国大型体育场馆超过 1/3 的收入是由政府财政性投入予以保障的。值得关注的是，若将财政性收入剔除，则会发现国内绝大部分大型体育场馆将面临严重亏损情况，甚至出现千万元以上的亏损，如广州大学城体育中心、浙江黄龙体育中心、淄博市体育中心、唐山市体育中心、河南省体育中心等，这充分说明我国大型体育场馆整体存在经济效益低下的突出问题。

通过对 39 家大型体育场馆收入结构的比较发现，北京五棵松体育馆等 8 家服务功能融合较好的大型体育场馆的财政性收入平均比重仅为 2.76%，自主经营能力较强，明显优于全国平均水平和其他 31 家功能单一的场馆。但值得注意的是，31 家服务功能单一的大型体育场馆，其财政性收入平均比重高达 47.23%，这意味着这类场馆收入的一半需要依靠政府财政拨款予以保障，这成为政府沉重的财政负担。调研数据说明，我国大型体育场馆存在经济效益低下的问题，对政府财政存在较强的依赖性，其中服务功能单一的大型体育场馆表现更为明显。

四、大型体育场馆服务功能融合程度低

2013 年以来，国家有关部门多次发布文件，鼓励大型体育场馆体育服务功能与相关功能融合发展。在消费升级、政策红利等推动下，大型体育场馆服务功能的融合发展越发受到重视，并逐步加快推动大型体育场馆服务功能转型升级，实现高质量发展。国家有关政策提出，要将大型体育场馆打造为"体育综合体"，要以体育服务为核心，形成与相关服务功能融合发展的聚集体，强调体育服务与相关服务的功能融合，以扩大体育场馆的供给侧服务。

在调研过程中发现，国内大型体育场馆已逐步由单一体育服务向"以体为主，多种经营"过渡，但存在体育服务功能与相关服务功能融合程度低的突出问题，主要表现在两个方面：第一，调查发现，部分体育场馆虽然逐步实现了多功能发展，但对引进多元服务功能的具体内容缺乏把关，体育服务功能与相关服务功能之间缺乏衔接与融合，没有形成"1+1>2"的融合效应，部分大型体育场馆有餐饮、洗浴、学车、五金销售、茶叶批发等与体育服务关联度不强的服务内容，甚至有损伤体育功能的服务行业入驻，虽然表面上实现了收支平衡，但既破坏了大型体育场馆整体形象，又不利于场馆整体价值的提升，造成诸多弊端。第二，大型体育场馆前期建筑设计不满足多功能融合发展的物质需求，影响了体育服务功能与相关服务功能的融合，甚至个别场馆存在多功能服务的承载建筑设施属于违章建筑的情况。

2017 年，湖北省政府要求湖北省体育局在体育系统开展点题督查工作，并下发了《湖北省体育系统开展履职尽责点题督查工作实施方案》，重点对"公共体育设施对外开放和运行管理情况，是否存在挪作他用问题"等内容进行督查整改，要求对大型体育场馆非体育服务设施实施清退，其中对湖北省洪山体育中心 11 家提供休闲服务、餐饮服务的非体育服务公共设施实施清退。这说明大型体育场馆服务功能融合问题引起了地方政府部门的重视。

2018 年，国家体育总局明确提出要推动公共体育场馆功能改造，实现融合发展。2019 年 9 月 2 日，国务院办公厅印发的《体育强国建设纲要》中提出，一方面要"拓展体育健身、体育观赛、体育培训、体育旅游等消费新空间"，另一方面体育场馆建设要与"住宅、商业、文化、娱乐等建设项目综合开发和改造相结合"。

2019年9月4日，国务院办公厅印发《国务院办公厅关于促进全民健身和体育消费推动体育产业高质量发展的意见》，明确将推动体育场馆服务功能改造、实现融合发展作为促进体育消费和推动体育产业高质量发展的必要路径。

五、大型体育场馆服务具有片面性

（一）过度追求经济效益

我国大型体育场馆以政府投入为主，其资产性质和体育事业发展的需要要求大型体育场馆运营管理既要重视社会效益，又要重视经济效益。我国市场经济体制建立以来，大型体育场馆在"以体为主、多种经营"理念的指导下，逐步由全额拨款转变为差额拨款或自收自支性质，由于体育市场滞后于场馆运营需要的发展，大型体育场馆的经营创收压力越来越大。因此，部分大型体育场馆在运营管理实践过程中，过度追求经济效益，追求收支平衡，忽视社会效益，这不利于综合效益的提升。例如，上海体育馆改造成上海大舞台，成都城北区体育馆改造成二手电器城，长沙贺龙体育馆成为贺龙"舞厅"，恩施市体育中心成为茶叶市场，新乡市体育中心成为水泥市场等。在这种观念的影响下，很多与体育无关的服务内容或服务产品进入大型体育场馆之中，虽然大型体育场馆在经济效益上能实现收支平衡或略有盈余，但产生很多弊端，弱化甚至破坏了体育服务功能，影响大型体育场馆的公益性特征，不利于综合效益的提高。

20世纪90年代初期，我国市场经济体制尚不完善，大型体育场馆由政府统包统揽逐步向市场过渡。一方面，国内第三产业刚刚起步，体育消费市场尚未成熟，不能形成消费规模；另一方面，大型体育场馆由事业管理转向市场服务后仍不适应，只能采取有限度的对外服务，甚至有的根本不敢对外服务，采取"闭门自守"的应对措施。相当多的大型体育场馆设计功能单一，没有考虑多元服务供给的需求，服务程度低，维护成本高，在政府财政投入逐步减少的情况下，为了"生存"，出现只要是能实现经营创收的服务内容，就能进入大型体育场馆的现象。从收入结构上看，我国大型体育场馆收入可分为财政性收入和经营性收入，财政性收入主要是指政府财政拨款额度，而经营性收入来源于场馆的自主经营收入，与场馆的服务功能及衍生形成的服务内容有关。从制度上看，我国绝大部分大型体育场馆仍属于事业性质，存在机制僵化、人员老化、服务弱化、效益低下等制度性缺陷，特别是中、西部地区的大型体育场馆，在经营创收的压力下，以维持正常运营为目的，更容易产生过度追求经济效益的问题。

国内文化、商业、旅游等综合体的实践经验为大型体育场馆功能融合发展提供了较好的参考。具体如下：第一，大型体育场馆应该明确其本质功能，并围绕本质功能拓展相关服务功能，以此为依托形成多元服务内容。大型体育场馆的"多种经营""多元功能"建立在"以体为主"的核心和基础上，因此应该考虑引进的体育服务功能与相关服务功能及内容之间的关联性，不能简单用经济效益来评判和选择。第二，大型体育场馆经济效益的提升，既不是以牺牲体育服务功能为代价的提升，也不是单个服务的简单叠加，应依托多元服务功能及内容之间的替代、互补和结合的融合关系，形成"1+1>2"的综合效应。第三，大型体育场馆多元服务功能和服务内容的选择、引进与开发，不能以弱化或破坏体育服务功能为代价。大型体育场馆承载的是城市体育文化功能，不同于一般商业体定位的随意转变，具有一定的公益性特征。体育服务功能是大型体育场馆的本质功能，如果弱化该功能，就会背离建造大型体育场馆的初衷。第四，在体育产业成为国家经济增长点和体育消费的规模效应逐步产生的背景下，大型体育场馆的城市价值逐步显现，应加快大型体育场馆功能融合发展，场馆运营管理不能只考虑"收支平衡"，还应该考虑如何使大型体育场馆成为城市经济社会发展的重要平台。

总而言之，大型体育场馆的服务功能与经济效益之间既是相得益彰、相辅相成的关系，又具有一定的限制性。大型体育场馆体育及相关服务功能融合发展既能提升场馆的核心竞争力，也能促进经济效益的提升；经济效益的提升又能促进场馆运营管理的进一步完善，丰富服务功能。但前提是大型体育场馆要处理好场馆的本质功能与多元功能之间的关系，处理好场馆社会效益与经济效益之间的关系。在现代城市生活中，大型体育场馆是城市体育文化与生活品质不可或缺的基础设施，大型体育场馆经济效益的提升不能以牺牲体育功能为代价，只有在保障体育服务功能的基础上，丰富和发展相关多元功能，才能真正实现新旧动能的转换升级。

（二）过度追求体育唯一功能

在调研过程中，发现部分地方对大型体育场馆的服务功能融合存在过度追求和强调体育唯一功能的观念，认为体育场馆只能用于体育服务，不能用于其他非体育服务，甚至部分地方政府限制大型体育场馆举办文化演艺、会议会展等非体育活动。典型案例是湖北省于 2017 年开展的"履职尽责点题督查工作"。此外，在对山东省淄博体育中心调研过程中发现，存在政府有关部门不允许大型体育场馆举办文化演艺、会议会展等与体育无关的活动的现象。一方面，国家有关政策要求大型体育场馆改造功能，逐步实现多元服务功能融合发展；另一方面，部分省市将非体育服务清退，存在片面地追求体育服务功能的观念。这种矛盾现象的出现，引发了政府对大型体育场馆服务功能融合体系的重新审视。

从政策上分析，2003 年国务院公布的《公共文化体育设施条例》第二十二条提出，"公共体育设施管理单位不得将设施的主体部分用于非体育活动。但是，因举办公益性活动或者大型文化活动等特殊情况临时出租的除外。临时出租时间一般不得超过 10 日；租用期满，租用者应当恢复原状，不得影响该设施的功能、用途"，这成为"体育功能唯一论"的政策依据。可以看出，政策要求公共体育设施的主体部分不能用于非体育活动，首先，这是在保障体育功能的核心地位，在实践过程中确实存在因改变大型体育场馆主体功能而导致体育服务功能退化的问题，影响了体育服务的正常使用，需要通过加强体育管理促使体育功能的"回归"；其次，政策内容中也提出在不改变功能的情况下大型体育场馆可以举办大型文化等临时活动，体育服务并不是绝对的唯一服务内容，关键在于文化等其他活动的开展不能破坏场馆的体育功能和用途。群众消费结构的升级，使体育消费逐步成为居民生活消费的重要内容之一，群众健身休闲的需求与场地设施不足的结构性矛盾逐步突出，最终促使地方政府采用强制清退的措施。

从理论上分析，体育服务功能是大型体育场馆的本质功能，体育服务是大型体育场馆的核心服务，这是大型体育场馆与图书馆、博物馆、美术馆等其他设施的本质区别。如果随意改变大型体育场馆的主体功能，则会破坏其本质属性，也会违背大型体育场馆建设的初衷。从这个层面来看，强调体育服务功能的核心地位，在一定程度上保障了大型体育场馆的本质功能和核心服务，是针对部分大型体育场馆本质功能和核心服务偏离的阶段性调整。从大型体育场馆服务功能演化的进程来看，相关服务功能有效地推动了体育场馆服务的多元化、多样化发展，这是场馆服务由传统封闭管理向开放管理逐步转变的必然过程。从服务功能融合的角度来看，融合不是多种服务内容的随意性堆砌或组合，也不是对主体功能的破坏性依附或忽视，而是以场馆建设为基础，围绕体育功能和内容扩展形成的服务功能融合。这一点在文化、旅游的综合体运营管理实践过程中已有所证明。由于经济社会发展的变化，大型体育场馆服务的对象、方式和模式也在逐步转变，单一体育服务功能很难独立于其他功能之外，体育服务功能的实现也离不开相关功能的融合与协作。事实证明，发展单一体育服务功能的大型体育场馆的运营情况明显差于多功能融合发展的大型体育场馆。大型体育场馆体育服务功能的本质不是对其他服务功能的排斥和隔离。体育服务已成为群众城市生活服务的重要组成方式之一，群众生活需求的融合推动大型体育场馆服务功能的融合，服务功能融合是大型体育场馆适应外部环境的必然要求，也是其核心竞争力提升和服务创新的重要体现。

从正面来看，政策要求大型体育场馆运营服务重视体育服务功能，甚至要求部分场馆"回归体育"，这有利于重新审视未来大型体育场馆服务功能融合发展和新旧动能的转换。然而，需要清晰地认识到，大型体育场馆体育服务功能不是独立于其他功能而存在的，也不能完全脱离消费升级、体育产业融合发展的社会趋势。体育服务功能是大型体育场馆的本质功能，但不是全部功能；场馆服务也不是狭隘的单一体育服务，而是以体育服务为核心的融合服务体系。

（三）片面地追求日常健身开放

片面地追求日常健身开放是指在大型体育场馆运营管理过程中，要求场馆服务功能以保障日常健身开放为主，忽视大型体育竞赛活动等观赏性服务的供给。大型体育场馆由于公共面积大、公共空间多，往往成为城市居民日常健身的重要场所，因此日常健身休闲成为体育服务功能的主要内容之一。近年来，群众参与健身活动的需求逐步被激发，全民健身上升为国家战略，大型体育场馆开展全民健身活动的重要性日益突出。2014年，国家体育总局、财政部联合印发了《国家体育总局、财政部关于推进大型体育场馆免费低收费开放的通知》，并于同年3月颁发了《大型体育场馆免费低收费开放补助资金管理办法》，通过中央财政和地方财政共同补贴的方式，促进大型体育场馆免费、低收费向社会提供日常健身服务。2014—2017 年，中央财政已累计安排补助资金 35 亿元[①]，2018 年共计有 1277 家大型体育场馆免费、低收费开放。该措施出台后，在全国引起了较大的社会反响，有效地推动了日常健身服务的快速供给，但是也导致部分大型体育场馆以日常健身服务供给为主，忽视体育竞赛等大型活动的供给，甚至部分事业单位性质的大型体育场馆对补贴政策产生依赖，认为大型体育场馆服务应该以日常健身开放为主，建议回到政府"统包统揽"的老路。

健身休闲、体育培训、体育竞赛等服务是大型体育场馆体育服务功能的主要组成部分，部分大型体育场馆经营管理人员形成"片面追求日常健身开放"的观念的主要原因如下：第一，从服务环境上看，现阶段国内群众对健康和健身的需求日益高涨，与人均体育场地面积不足形成鲜明的结构性矛盾，大型体育场馆规模大、空间广、设施丰富，是城市居民参加日常健身活动的重要场地。第二，从服务资源供给上看，我国大型体育场馆服务资源长期处于政府供给和投入的情况下，经营管理习惯于"等、靠、要"，同时《大型体育场馆免费低收费开放补助资金管理办法》的实施在一定程度上缓解了其经营的压力。第三，从服务内容运行上看，国内体育竞赛表演市场并不成熟。一方面，职业联赛规模和数量不能满足现有大型体育场馆服务供给的需要。另一方面，国内体育竞赛资源的引入仍然存在众多制度性的障碍。第四，从服务机制上看，绝大部分大型体育场馆仍采用事业运行机制，对体育服务运行风险的抵御能力较低，不能与体育竞赛活动的市场化运行机制相匹配。综合上述，这些原因导致大型体育场馆经营管理人员形成"片面追求日常健身开放"的观念。

从本质上看，体育服务是体育场馆与其他设施的本质区别所在，大型体育赛事服务是大型体育场馆与中、小型体育场馆的本质区别所在。近年来，大型体育场馆公共区域或全民健身设施使用效率相对较高，场馆闲置更多是指看台的闲置，由于大型体育赛事或其他活动的缺乏，大型体育场馆服务效能低下。借鉴国外大型体育场馆的发展经验，如斯坦普斯中心、麦迪逊花园广场能够成为城市综合体，

---

① 王世让. 中央下达资金推动公共体育场馆免费开放[EB/OL]. (2017-06-19) [2023-09-23]. https://www.sport.gov.cn/n20001280/n20745751/n20767239/c21712743/content.html.

其核心原因是体育、文化等大型活动举办频繁，形成聚集效益，拉动城市消费和推动城市经济发展。因此，从服务功能融合的要求来看，日常健身是大型体育场馆体育服务功能的重要表现，但不是核心内容，大型体育场馆应以举办大型体育活动为核心，这是由其本质属性所决定的。在体育竞赛表演市场尚未成熟且尚未形成规模、群众的观赏性消费水平较低的情况下，现有的大型体育场馆补贴方式应该转变为以鼓励举办大型体育赛事活动为导向的激励方式，使大型体育场馆逐步成为城市服务和经济发展的重要平台。

第二节 制约我国大型体育场馆服务功能融合的因素

调研显示，大型体育场馆场馆服务功能融合发展的实现，既要求在运营管理阶段体育服务功能与相关服务功能之间形成融合体系，也要求场馆建筑空间的物质平台与多元服务功能的内容之间形成融合体系。大型体育场馆在服务功能融合中受到地理位置、功能定位、建筑工艺、结构布局、运营主体等多因素的制约。长期以来，我国大型体育场馆主要是为承办大型体育竞赛活动而修建的，在前期规划建筑过程中，重视场馆体育竞赛服务，而忽视后期运营服务功能融合；重视场馆外观造型，而忽视体育工艺，客观上造成场馆建设后期不能实现多元服务功能融合发展，再加上大型体育场馆多数采用事业性质运营机制，综合导致场馆功能定位单一，制约了服务功能的融合。制约我国大型体育场馆服务功能融合的主要因素如表 2-7 所示。

表 2-7 制约我国大型体育场馆服务功能融合的主要因素

问题	选中频次/次	选中率/%
场馆建筑设计制约服务功能融合	31	79.49
场馆规划选址制约服务功能融合	15	38.46
场馆结构布局制约服务功能融合	19	48.72
场馆功能定位单一制约服务功能融合	21	53.85
场馆运营主体性质制约服务功能融合	15	38.46

一、场馆建筑设计

大型体育场馆的建筑空间是服务功能融合的基础，多元服务功能的实现离不开场馆建筑空间的保障。调研结果显示，在 39 家大型体育场馆中，有 31 家存在建筑设计制约服务功能融合的问题，占总调研数量的 79.49%。大型体育场馆建筑设计是一个庞大的系统工程，既包括建筑外形、内部结构、水、电、暖等一般建筑设计要求，又要满足体育工艺、竞赛组织、体育景观、亮化等特殊要求，国内大型体育场馆的建筑设计通常由建筑设计院完成。调研显示，国内大型体育场馆建筑设计在外形设计、内部设计、体育工艺等方面存在不同程度的问题，这直接制约着服务功能融合的实现。

从外形设计上看，由于体量规模大，许多地方政府和规划机构把大型体育场馆当作城市标志性建筑来规划设计，有的地方甚至把大型体育场馆建设当作政绩工程项目，在外形结构上盲目追求高规格、标志性、新颖性，过度将外观凌驾于功能之上，这对后期运营管理中的体育工艺、空间结构、使用效率有一定的影响，甚至影响高水平体育竞赛活动的举办。例如，广州体育馆为追求"回归自然"的理念，其顶部结构采用自然采光结构，结果不具备羽毛球世界级比赛的竞赛标准。2009 年，广州市政府投入近 4000 万元，在顶部增加遮光设施，这样才促成 2009 年苏迪曼杯世界羽毛球混合团体赛的成功举办。又如，河北奥林匹克体育中心游泳馆、湖州市奥体中心游泳馆在外形设计上盲目追求造型，致使场馆内部空间过高，一方面增加了场馆后期运营的能源成本，另一方面增加了多功能改造的难度。

从内部设计上看，大型体育场馆基本上为举办大型体育竞赛而建设，在现行参照的《体育建筑设计规划》和《公共体育场馆建设标准》两项国家标准文件中，只列明了场馆内部场地、功能用房、设施等建筑需要满足不同级别赛事需要的面积、结构、设备等要求，这成为建筑设计单位参照的标准。在大型体育场馆建设过程中，投资方、建设方与运营方相互脱节，特别是建筑设计单位缺乏对后期运营管理和服务功能融合需求的把握、认识与思考，在结构上缺乏灵活变化的设计方案；在赛后运营期间，空间结构可持续发展难以实现，缺乏多元服务功能融合发展的物质基础。例如，江门体育中心在建筑设计过程中，由于内部过道空间不足，无法满足大型会展、演艺活动重型设备运输的要求，再加上体育馆顶部承重能力不足，不能满足大型演艺活动灯光、音响设备的悬挂要求，无法满足大型会展、演艺等活动举办的条件。

此外，在调研中发现，部分大型体育场馆内部空间、观众座椅、灯光设备、配套器材等体育工艺存在问题，制约着场馆体育功能的发挥，既增加了运营成本，又制约了全民健身、专业竞赛等体育服务功能，甚至部分新建场馆尚未投入使用就面临以上问题。例如，河北奥林匹克体育中心、湖州市奥体中心、江门体育中心、甘肃省体育馆等场馆，由于体育工艺存在问题，刚刚建成投入使用就面临投入巨额资金进行二次改造的问题，否则不能满足举办高水平体育竞赛的要求。

二、场馆规划选址

大型体育场馆前期的规划选址是后期运营管理聚集消费人群服务供给的关键，优越的地理位置有利于场馆获得大量的人流、便利的交通、配套的服务和完善的环境等市场条件，直接关系到运营效益的好坏，是十分重要的环节。城市综合体的运营管理，首先考虑项目选址，在市场成熟、人流密集的区域建设城市综合体往往可以更好地与区域经济环境进行良性互动，也能促进多元服务资源的聚集与融合。2003年，国务院公布的《公共文化体育设施条例》中要求"公共文化体育设施的建设选址，应当符合人口集中、交通便利的原则"。2009年，由国家体育总局起草，建设部、国家发展改革委批准公布的《公共体育场馆建设标准》中提出"体育场的选址应考虑市、区各级体育设施的布局，应当符合人口集中、交通便利的原则，在基础设施条件较好的地段选址，合理利用自然地形、地貌。用地至少应有一面或两面临接城市道路，以满足交通、疏散等要求"。人口集中、交通便利是大型体育场馆项目选址的原则，也是场馆运营和服务供给的市场条件。大型体育场馆地理位置对比情况如表2-8所示。

表 2-8 大型体育场馆地理位置对比情况

位于市中心的场馆			位于非市中心的场馆		
场馆名称	建成时间	地理位置	场馆名称	建成时间	地理位置
恩施市体育中心	2002 年	市中心	莆田市游泳健身馆	2010 年	次中心
淮北市体育中心	2003 年	市中心	花都东风体育馆	2010 年	近郊
新乡市体育中心	1996 年	市中心	佛山岭南明珠体育馆	2006 年	次中心
江苏省五台山体育中心	1953 年	市中心	济宁体育中心	2013 年	近郊
北京市丰台体育中心	1990 年	市中心	任城区文体中心	2014 年	次中心
湖北省洪山体育中心	1986 年	市中心	微山县体育中心	2014 年	近郊
浙江省黄龙体育中心	2000 年	市中心	兖州体育中心	2014 年	近郊
南京奥林匹克体育中心	2005 年	市中心	广州大学城体育中心	2007 年	次中心
唐山市体育中心	1983 年	市中心	深圳湾体育中心	2011 年	次中心
湖南省体育场	2002 年	市中心	广州亚运城综合体育馆	2010 年	远郊
上海虹口足球场	1999 年	市中心	徐州奥林匹克体育中心	2014 年	近郊
安徽省体育馆	1992 年	市中心	贵港市体育中心	2016 年	次中心
长沙贺龙体育中心	2003 年	市中心	莆田市综合体育馆	2004 年	次中心
兰州体育馆	1987 年	市中心	阆中市体育运动管理中心	2011 年	次中心
合肥体育中心	2006 年	市中心	江门体育中心	2018 年	次中心
河北省体育馆	1984 年	市中心	淄博市体育中心	2009 年	次中心
北京工人体育场	1959 年	市中心	佛山世纪莲体育中心	2006 年	近郊
			桂林市体育中心	2003 年	次中心
			河南省体育中心	2002 年	近郊
			河北省奥林匹克体育中心	2016 年	远郊
			广州体育馆	2001 年	次中心
			北京五棵松体育馆	2008 年	次中心

问卷调查结果显示，有 15 家大型体育场馆认为其地理位置制约了运营管理阶段服务功能融合的实现。从调研情况来看，只有 17 家大型体育场馆位于市中心，有 13 家大型体育场馆位于次中心，有 9 家大型体育场馆位于近郊和远郊。大部分位于市中心的场馆都是于 20 世纪 80、90 年代建成的，经过数十年的发展，其所处地段才成为市中心。近年来，新建的大型体育场馆基本上都位于郊区，这说明目前我国大型体育场馆在项目选址上存在问题。大型体育场馆服务供给既包括大型活动举办，也包括日常运营服务，面临客流量随着服务周期而发生倍增或锐减

第二章　我国大型体育场馆服务功能存在的问题、制约因素与时代要求

的情况。如何满足不同服务周期对客流量的要求，是场馆规划前需要考虑的问题。从消费需求来看，人口密集度、离城市中心区距离都是影响未来大型体育场馆能否吸引多元服务内容与资源聚集、形成服务功能融合的重要因素。大型体育场馆的服务功能融合在需求端离不开消费人群的聚集，在供给端离不开服务资源主体的聚集，良好的地理位置可以更好地在需求端和供给端促进服务融合的形成。然而，相当一部分地方政府在大型体育场馆的前期选址上，没有根据赛后运营和服务供给的基本规律与要求进行可行性论证，片面地认为大型体育场馆占地面积大、用地多、运营难度大、土地价值利用率不高，通常将场馆地理位置规划在远离城市中心的边缘地带，对场馆运营与人口密度、交通可达性之间的关系考虑不足，这导致场馆因所处位置人口稀少或交通不便而缺乏维持日常运营所需要的客流量，造成场馆使用效率不高，甚至长期处于闲置状态，从客观上难以实现服务融合发展，延长了场馆运营管理的成熟周期。

　　从国外大型体育场馆运营管理的经验来看，在前期规划选址中应考虑场馆运营与交通、商业、人口等条件的紧密联系，其中交通可达性决定了消费者到达场馆的便利程度，商业环境决定了场馆服务供给链的长度和深度，人口密集程度则是关乎场馆运营的生命线。例如，纽约麦迪逊花园球场、布鲁克林巴克雷中心和波士顿 TD Garden 等场馆，位于城市中心，人口密度大，交通可达性高，消费者可通过火车、地铁、公交、出租车多种交通工具到达，周边良好的商业配套可以与大型体育场馆形成商圈，拉动体育场馆的日常经营。相反，南昌市为举办2011年第7届全国城市运动会建设的江西省奥林匹克体育中心和南昌国际体育中心经过数年的发展，仍然面临人气不足、运营困难的难题，其主要原因在于地理位置偏远、交通不便利、周边商业配套不完善，由于前期规划选址没有考虑上述因素，人为地形成大型体育场馆运营难题[①]。

　　除此之外，大型体育场馆规划选址还要考虑与城市规划的关系。大型体育场馆项目选址如果与城市规划相一致，则必然会促进城市发展，也会提高场馆运营效益；大型体育场馆规划选址如果没有考虑城市规划的因素，则与城市规划、场

---

① 封云. "奥体""国体"场馆为何人气不旺[N]. 信息日报，2018-01-05（29）.

馆运营效益之间存在"无相关或负相关"的联系[①]。大型体育场馆是现在城市的重要组成部分,其规划选址必须考虑城市规划和发展趋势。从国内大型体育场馆规划选址的实践来看,广州天河体育中心、南京奥林匹克体育中心、深圳湾体育中心、北京五棵松体育馆等大型体育场馆的地理位置都是符合城市规划设计发展方向的,因此,这类大型体育场馆建成后不仅可以缩短运营管理成熟周期,还可以促进城市发展,获得良好的综合效益。反之,广州为举办第9届全国运动会建设的广东奥林匹克体育中心,与广州天河体育中心仅仅相距20分钟的车程,前期项目选址时没有考虑城市规划,将场馆建在低密度人口区域内,交通配套不完善,闲置情况严重,至今仍然存在服务功能弱化、服务内容单一、服务效率低下的突出问题。

三、场馆结构布局

调研显示,我国大型体育场馆在结构布局上主要采用集中式布置,如图2-1所示,集中型体育中心占调研总量的76.92%。大型体育场馆采用"一场两馆"集中型结构布局主要源于现代综合性大型赛事发展的需要,数个体育场馆集中布局,有利于大型综合性体育竞赛的组织与运营。我国大型体育场馆主要是为大型体育竞赛服务的,特别是以举办奥运会、亚运会和全运会等综合性运动会为建设目标,形成了"一场两馆"传统结构布局模式。1986年城乡建设环境保护部、国家体育运动委员会(以下简称国家体委)联合颁发的《城市公共体育运动设施用地定额指标暂行规定》中,要求市区一级体育设施应尽量创造条件集中布置,以便集中管理。从建设目标上看,为保障综合性大型体育赛事活动的成功举办,在建设用地上提出"集中布置、集中管理"要求,采用"一场两馆"集中型结构布局方式,在较长时间内影响着我国大型体育场馆的规划布局。

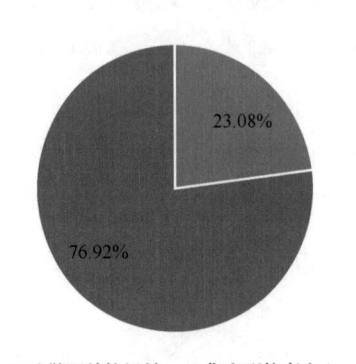

图2-1 我国大型体育场馆规模布局情况

[①] 陈元欣,王健. 国外关于体育场馆建设促进城市发展的观点、争议与启示[J]. 上海体育学院学报,2011,35(3):14-19.

随着我国举办的大型体育赛事级别越来越高，大型体育场馆的规模也越来越大，集中型结构布局方式使体育场馆在建设过程中需要投入巨额的资金并承担庞大的后期运营成本。大型体育场馆建设一般需要数亿元甚至数十亿元的建设资金，导致后期政府很难投入资金对场馆服务功能进行二次改造，难以保障服务功能融合的实现。例如，北京奥运会场馆建设投入至少130亿元，深圳大运会场馆建设投入超过80亿元，广州亚运会场馆建设投入超过60亿元，其中绝大部分是大型体育场馆建设资金。不仅如此，大型体育场馆在赛后的日常运营过程中，每年都需要投入庞大的养护和运营费用，依据不同类型，一座大型综合性体育场馆每年运营少则需要数千万元，多则需要上亿元。如此庞大的维护和运营成本成为地方政府的巨大负担，这为后期服务融合发展带来一定的困难。例如，广州市体育系统管理的公共体育场馆每年投入财政资金7亿元左右，这对于中、西部城市则是巨大的政府财政负担。

更为重要的是，"一场两馆"集中规划建设的传统规划模式逐步成为我国大型体育场馆结构布局的"普遍共识"。规划建设单位通常以便于集中用地规划和赛时统一管理为依据，将体育场、体育馆、游泳馆集中规划在城市某一区域，没有综合考虑大型体育场馆设施服务半径与城市区域需求均衡布局的问题，容易造成问题影响场馆服务功能融合，具体如下：一是集中型体育中心投资巨大，政府通常只投入建设经费，以满足大型体育竞赛的基本需求，缺乏对配套设施的投入，客观上导致场馆服务功能融合难以实现；二是"一场两馆"的传统布局理念对用地面积需求量要求较高，城市中心区难以提供符合"一场两馆"占地规模的土地，最后只能将"一场两馆"场馆群选址在偏远地区，这成为制约后期场馆运营的重大问题，同时增加了城市交通配套的难度。

四、场馆功能定位

目前，国内多数大型体育场馆的规划设计和建设都单纯以承办某一特定的体育赛事为依据，在规模体量和使用功能上以满足特定的竞赛需求为主，未充分考虑赛后场馆服务功能融合发展的需求。目前，国内体育场馆建筑设计主要参考《体育建筑设计规范》和《公共体育场馆建设标准》两项国家标准，根据体育赛事级别来区分体育场馆的级别，其他功能设施的构建和建筑面积要求都围绕体育竞赛单一用途来确定。调研发现,地方政府投资建设大型体育场馆都是为了满足某一特定的体育竞赛需求,兼顾运动训练和体育活动。因此,建筑设计单位都围绕单一体育竞赛功能进行规划设计,对相关功能融合发展的定位缺乏考虑。特别是建筑设计单位在设计图纸时,根据体育竞赛的相关功能进行标记,如竞赛场地、技术官员室、裁判员休息室、运动员休息室、兴奋剂检测室等。由于设计图纸中只标记了体育服务用途,并在消防、公安等部门进行了备案,赛后运营阶段若想将设施用于其他服务功能的开发,则难以通过商业资格审批。经与消防部门访谈了解到,设计图纸中若注明体育之外的其他服务用途,则后期申请商业资格审批符合国家有关规定。传统大型体育场馆前期只具备单一体育功能,特别是在规划设计阶段缺乏对后期运营管理的考虑,忽视赛后运营服务功能融合的需要,导致其在功能用途上和建筑要求上不符合赛后服务功能融合的要求。体育场馆赛事等级的主要使用要求如表2-9所示。

表 2-9 体育场馆赛事等级的主要使用要求

等级	主要使用要求
特级	举办亚运会、奥运会及世界级比赛主场
甲级	举办全国性比赛和单项国际比赛
乙级	举办地区性比赛和单项全国比赛
丙级	举办地方性、群众性运动会

由于前期功能定位单一,场馆建设资金主要用于符合竞赛要求的主体建筑设施建设,所以相当多的配套功能设施不能与大型体育场馆主体建筑同步建设,导致大型体育场馆主体结构因缺乏必要的配套服务功能而不能满足赛后除承办体育赛事之外的多功能运营的要求,这类场馆在赛后均须进行二次改造。地方政府缺乏对大型体育场馆二次改造的资金投入,造成场馆因配套设施滞后而影响多功能运营。例如,深圳大运中心在赛后利用阶段,由于配套设施和功能不完善,难以实现运营。2013 年,深圳佳兆业集团中标获得其 30 年运营权,成为新的运营主体后,再次投入资金实施二次改造,其中 3000 万元投入主体育馆及副馆制冰功能改造,2000 万元投入运动员公寓改造,对大型体育场馆的商业设施、人员流线、绿化环境等进行整体提升。从国内实践来看,新建的大型体育场馆需要 5 年以上的时间才能逐步成熟,完善配套功能设施是加速缩短运营成熟周期的重要途径。

例如，深圳湾体育中心因为区域市场环境良好、场馆内部配套功能较为完善，所以在 2011 年世界大学生运动会赛事任务完成后，于 2012 年就实现收支平衡。

五、场馆运营主体性质

长期以来，我国绝大部分大型体育场馆由政府投资建设，建成后采用事业单位机制运行和管理。2017 年中国体育场馆协会运营管理研究中心对全国 39 家大型体育场馆的调研数据显示，大部分体育场馆仍属于事业单位主体性质，占比为 56.41%，如表 2-10 所示。

表 2-10　我国大型体育场馆运营主体性质

项目	全额事业单位	差额事业单位	自收自支事业单位	国有企业	民营企业
数量/家	3	17	2	15	2
占比/%	7.69	43.59	5.13	38.46	5.13

随着供给侧结构性改革的推进，大型体育场馆服务功能融合供给面临的生产要素、服务对象和市场需求发生了重大变化，但我国大部分大型体育场馆长期沿用事业单位运行机制，已出现生产关系不适应生产力发展要求的阶段性矛盾。在市场经济环境下，我国的事业性质运营主体存在三大弊端。

其一，享有国家资源和财政支持，"等、要、靠"的思想比较严重，大多数事业性质运营主体还处在一种"守株待兔"的状态，等待社会资源找上门，极少运用营销手段去开拓市场，对场馆资源开发不全面、利用不彻底，直接影响服务功能融合的效率和质量，服务效率低下。

其二，运行机制僵化，事业性质运营主体接受政府行政部门领导，难以实现自主经营、服务功能融合创新。属于事业性质运营主体的大型体育场馆由体育行政部门或其他行政部门管理。虽然上级主管部门把经营权下放到各场馆，使大型体育场馆在一定程度上拥有自主经营的权力，但是运营主体与上级主管部门属于行政隶属关系，运营经费由上级主管部门核拨，运营主管由上级主管部门指派，导致场馆在经营过程中难免受到行政关系的约束，难以实现自主经营。例如，2016 年以来，广州天河体育中心经营性收入下降近 40%，而财政性收入增加近 20%，存在行政手段干预运营管理的情况，在服务资源引进方面缺乏自主权。此外，事业性质运营主体在开展文化、娱乐、会议、会展等大型活动资源引进过程中，行政审批手续繁多，各行政部门之间协调困难，严重制约场馆服务功能融合效率的提升。

其三，由于受到事业单位运行机制弊端的影响，部分事业单位编制人员缺乏创新和服务精神，缺乏市场经营理念，服务手段简单粗放，不能适应现代消费需求叠加升级和产业融合发展的市场环境，不能主动寻求场馆服务内容融合创新，不能按照当前市场规律提供融合服务。特别是受到行政级别"官办"意识的束缚，部分经营管理人员缺乏服务意识，习惯于"朝九晚五"的工作节奏，仅仅把场馆服务当成上级行政领导交代的任务而已。

第三节　我国大型体育场馆服务功能融合的时代要求

一、经济发展推动服务功能融合

马克思、恩格斯（Engels）从唯物主义的角度提出"经济基础决定上层建筑"，从因果关系上看，经济基础是原因，上层建筑是结果，经济基础决定上层建筑的产生、性质和发展。从经济发展的时间顺序来看，产业融合是经济发展后期才出现的经济现象，大型体育场馆服务功能融合也是经济发展到一定阶段才形成的。美国经济学家罗斯托（Rostow）在《经济成长的过程》中提出了"经济成长阶段划分"的观点，并以此形成经济成长阶段论。他在《经济成长的阶段》一书中正式提出经济成长分为传统社会阶段、准备起飞阶段、起飞阶段、成熟阶段和高额群众消费阶段。1971年，他在出版的《政治和成长阶段》一书中，在原划分的5个经济成长阶段的基础上新增一个阶段，为追求生活质量阶段，形成"罗斯托模型"[①]。从罗斯托经济成长阶段来看，在国家和区域经济处于成熟阶段以后，服务经济、消费主义将成为经济发展的重要驱动力，这与经济学家丹尼尔·贝尔（Daniel Bel）提出的"后工业化社会"的主要特征不谋而合。贝尔认为，"后工业社会第一个、最简单的特点，是大多数劳动力不再从事农业或制造业，而是从事服务业，如贸易、金融、运输、保健、娱乐、研究、教育和管理"[②]。服务业的发展和服务市场要素的健全推动服务功能融合。罗斯托国家经济成长阶段如表2-11所示。

---

① 佚名. 罗斯托的经济成长阶段论[J]. 前线，1997（9）：58-59.
② 孙群郎. 西方发达国家后工业社会的形成及其成因[J]. 社会科学战线，2003（6）：158-162.

第二章　我国大型体育场馆服务功能存在的问题、制约因素与时代要求

表 2-11　罗斯托国家经济成长阶段

阶段	特征
传统社会阶段	现代科学技术缺乏，生产力水平很低，以农业、畜牧业为主，家族和氏族关系在社会组织中起很大作用
准备起飞阶段	人类社会进入工业化的前夕，采用中央集权政权制度，第一产业或劳动力密集型产业为主导产业
起飞阶段	生产性投资率提高，占国民收入的比例提高到10%以上；经济中出现一个或几个具有很高成长率的领先部门；发明和革新十分活跃，生产过程吸收了科学技术所蕴藏的力量；适宜的政治、社会及文化风俗环境
成熟阶段	现代科学技术有效地应用于社会生产，高附加值的出口产业不断增多，投资的重点从劳动密集型产业转向资本密集型产业，公共服务和基础设施明显改善，企业向国外投资开放
高额群众消费阶段	主导部门转移到耐用品消费和服务方面，社会生产已经从供给转移到需求，从生产转移到消费，高科技得到广泛应用，休闲、教育、保健、国家安全、社会保障等项目消费力增强
追求生活质量阶段	人们对生态环境、生活方式及精神需求等方面的追求增多，以提高居民生活质量的现代服务业为主导生产部门

张丽伟认为，新常态下中国经济已基本完成成熟阶段任务，逐步进入高额群众消费阶段[①]。后工业社会时期的到来和服务经济的发展，意味着区域产业结构和资源配置方式的优化调整，形成新的经济供给动能；意味着消费主义、居民需求、价值观和生活方式的进一步升级。新时代大型体育场馆将成长为满足城市高质量生活需求的阶段性产物，文化、娱乐、休闲、商业零售等越来越多的城市服务选择大型体育场馆作为承载其服务内容的载体，推动服务功能融合。

从经济发展的空间来看，经济学家约翰·弗里德曼（John·Fredman）和戈岳认为，国家、区域和城市发展都是由经济空间与个人、社会生活空间叠加形成的，两者共同构成了一个对立统一体[②]。经济空间和生活空间的矛盾是城市发展不可避免的问题，两者之间是既"对立"又"统一"的关系。"对立"是指经济空间与生活空间此消彼长的关系。自工业革命以来，城市是区域和国家经济发展的重心，在追求城市经济生产功能的同时，城市生活环境和空间发展不足，20世纪50—60年代，欧美发达国家就出现城市人口流失现象。随着经济的发展和城市产

---

① 张丽伟. 新常态下中国经济增长阶段界定——基于罗斯托的经济成长阶段论[J]. 新丝路（下旬），2016（7）：42-44.

② 约翰·弗里德曼，戈岳. 生活空间与经济空间：区域发展的矛盾[J]. 国外城市规划，2005（5）：5-10.

业结构的转型升级,城市经济空间和生活空间也可以实现"统一"。执惠的研究结果显示,纵观全美,十几所城市都出现了开发商离开郊区,回到市里建设具有居住、零售、办公功能的体育场馆的现象,这种服务功能融合的开发方式促进了美国城市经济的复兴。2010—2016年,城市人口增长速度超过郊区。城市经济的发展和升级,特别是第三产业逐步成为城市经济的主要支撑后,加速推动了城市经济空间与生活空间的融合。大型体育场馆是现代都市重要的城市空间,也具有较强的经济属性,经济的发展推动原本功能单一的体育空间与城市经济空间融合共存,体育与文化、娱乐、商业、休闲等具备了融合发展的基础。反之,服务功能融合发展也使大型体育场馆成为城市经济发展的重要平台。

二、需求升级拉动服务功能融合

需要是指人类对生活的基本要求,既有对空气、水、食物的基本生存需要,也有对交流、情感等的精神需要。美国社会心理学家马斯洛(Maslow)在1943年发表的《人类激励理论》(*A Theory of Human Motivation*)一文中提出了需要层次论,随后在《动机与人格》(*Motivation and Personality*)一书中将需要分成生理需要(Physiological Needs)、安全需要(Safety Needs)、爱和归属感(Love and Belonging)、尊重(Esteem)和自我实现(Self-Actualization)5类[1]。根据马斯洛的观点,社会生活中人类都有需要,低层次的需要得到满足后,高一层次的需要才会出现,并呈波浪渐进式不断向高层次需要推进。低层次需要不会随着高层次需要的出现而消失,但会随着高层次需要的产生而对人类行为的影响逐步减弱。在现代社会生活中,人类生活需要发生了重要变化,由传统的"吃喝玩乐"到"玩乐吃喝",以"玩""乐"为代表的高层次的需要对人类行为的影响逐渐占据主体地位,而以"吃""喝"为代表的低层次生存性需要对人类行为的影响逐渐减弱,但不会消失。当前我国经济社会主要矛盾发生改变,人民群众对美好生活的向往是现阶段社会的主要特征。如同需要层次论所揭示的规律,当代社会人类多层次的需要出现叠加和相互依赖,而对美好生活的需要对人类行为的影响占主体地位。因此,以休闲、娱乐、运动为目的的健康生活需要成为现代社会生活的重要内容。体育是人类追求美好生活和健康生活的重要实现途径,大型体育场馆就是满足人类参与体育的需要、实现体育观赏或体验需要的物质空

---

[1] 胡家祥. 马斯洛需要层次论的多维解读[J]. 哲学研究, 2015(8): 104-108.

间。人类对体育运动的需要往往是与其他需要叠加存在和相互关联的，两者共同促进大型体育场馆向综合体方向演进，因此除了提供以体育为核心的服务产品，还要提供配套设施满足人们的多元需要。

从消费的角度来看，人的需要是基本的和客观存在的，是源于人的自然性和社会性需求，但不是所有的需要都能得到实现和满足，当有支付能力实现需要时才形成需求。我国城镇居民的消费能力不断增强，由改革开放初期的人均 301 元增加到 2017 年的 24445 元，如图 2-2 所示。当前我国经济总量已经位于世界第二，居民消费需求逐渐从满足温饱和物质富足向满足精神需要转变，客观上会带来消费行为的根本性转变，人民日益增长的美好生活需要促使消费需求发生革命性演化，基本生存消费逐步向以教育、文化和娱乐为主的享乐型消费演化。1978—2017 年我国人均教育、文化和娱乐消费支出如图 2-3 所示。

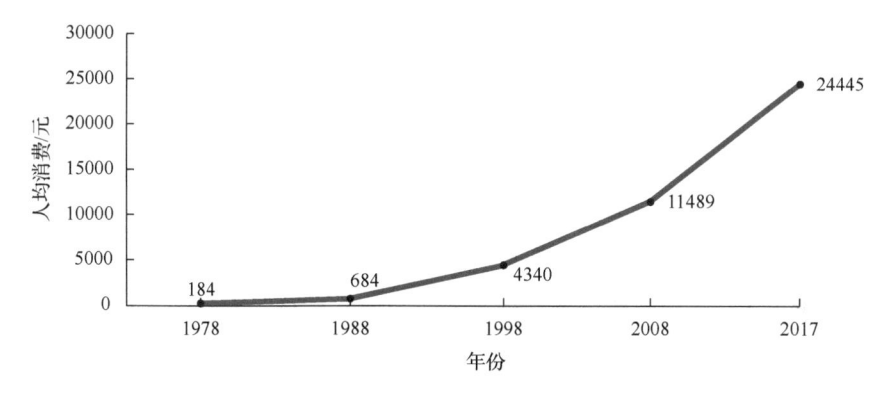

图 2-2　1978—2017 年我国城镇居民人均消费趋势

（数据来源：根据国家统计局网站数据整理而成。）

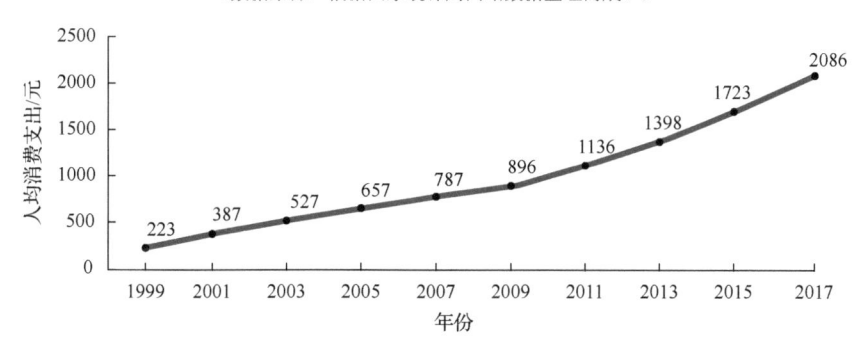

图 2-3　1978—2017 年我国人均教育、文化和娱乐消费支出

（数据来源：根据国家统计局网站数据整理而成。）

党的十八大以来，国内城乡居民消费逐步呈现快速升级的态势，居民的公共需求、服务型需求和新型需求全面快速增长。在新消费环境下，居民消费需求不仅仅满足于对物质的需求，对健康、休闲、社交、文化、娱乐等领域的消费需求已经成为日常生活中非常重要的部分，消费需求融合发展的趋势愈发明显。长期以来，我国大型体育场馆的消费内容、模式和体验都比较单一，这体现出场馆服务功能单一，而场馆服务功能单一也限制了国内大型体育场馆运营管理的水平和效益的提升。但大型体育场馆服务的产业价值链较长，不仅是满足单一体育服务的重要载体，还是满足文化、娱乐、休闲、商业等现代城市服务的大型设施。消费升级时代下的需求融合及人们对城市高质量生活的追求，要求大型体育场馆成为提供多元服务的城市服务平台，拉动服务功能融合模式的快速形成。

三、技术创新促进服务功能融合

技术创新是产业融合的重要驱动要素，产业融合也是建立在技术创新基础上的融合。技术创新最早由经济学家约瑟夫·熊彼特（Joseph Schumpeter）提出，他在其著作《经济发展理论》中将创新活动分为 5 个方面：把生产要素和生产条件的新组合引入生产体系；生产新产品；采用一种新的生产方法、新技术或新工艺；开拓新市场；获得新的供给来源和实行新的企业组织方式或管理方法[1]。熊彼特在研究中说明技术创新是创新活动的表现方式之一。日本学者植草益以信息通信产业为例，认为技术的革新促进通信产业不断融合[2]。杜伟在《关于技术创新内涵的研究述评》一文中提出了新思想来源和以后阶段的实现发展是技术创新的基本条件[3]。美国学者在 20 世纪 80 年代末对产业间的技术创新溢出效应做过有意义的研究，研究结果表明，技术创新溢出效应确实存在，并且产业关联度大、技术含量高的产业，技术创新引起产业融合后，其溢出效应较为明显[4]。于刃刚和李玉红在前人的基础上提出技术融合的观点，认为技术创新在不同产业间的扩散和应用，引发了产业间相互学习新技术，并对原有产业技术进行改造，促进了原有技

---

[1] 约瑟夫·熊彼特. 经济发展理论——对于利润、资本、信贷、利息和经济周期的考察[M]. 何畏、易家祥，张军扩，等译. 北京：商务印书馆，1990.

[2] 植草益. 信息通讯业的产业融合[J]. 中国工业经济，2001（2）：24-27.

[3] 杜伟. 关于技术创新内涵的研究述评[J]. 西南民族大学学报（人文社科版），2004（2）：257-259.

[4] 于刃刚，李玉红，麻卫华，等. 产业融合论[M]. 北京：人民出版社，2006.

术与新技术的融合，从而形成新的产品体系，这种现象称为"技术融合"[①]。

首先，现代建筑技术和工艺设计的新技术、新材料和新理念逐步渗透、扩散和应用到传统体育场馆建筑设计领域，从建筑技术上改变了传统体育场馆为体育竞赛服务的单一设计方式，从而为大型体育场馆的服务功能融合提供了物质动力。其次，技术创新在体育及其相关服务之间的渗透、扩散，导致了技术融合的产生，而技术融合使大型体育场馆体育服务与相关服务功能之间形成了共同的技术基础，并使服务业之间的边界趋于模糊，最终产生服务融合现象。再次，现代信息技术和移动互联网技术在各行各业的广泛渗透和应用，为体育、文化、会议、餐饮等生活型消费提供了技术融合平台。技术创新改变了体育场馆产业化发展的需求特征，给原有的单一体育服务带来了新的业态内容，从而为服务功能融合提供了更为广阔的市场空间和更为多元的消费需求。

四、产业政策引导服务功能融合

马克思主义政治经济学的观点认为，经济是政治的基础，政治不能离开经济而单独存在，政治必须在一定的经济基础上才能产生，并对经济发展有重要的反作用。产业政策是政府调控经济发展的重要手段，是政府管理经济的基本工具。顺应经济规律的政府调控行为会促进经济的发展，特别是在"弥补市场失灵的缺陷、实现赶超战略、促进产业结构合理化与高度化、实现产业资源的优化配置、增强产业的国际竞争力和保障国家的经济安全"[②]等方面有重要作用。一般而言，产业是社会总供给的基本来源，正常的产业政策应能够准确地反映市场经济的客观要求。进入 21 世纪以来，我国的体育事业快速发展，成为体育大国，但是在体育产业方面尤其是体育服务于经济社会发展方面仍然比较薄弱。现阶段，我国经济已进入新常态，正处于由高速增长转向高质量发展的阶段，需要新动能推动新发展。从世界主要发达国家的发展经验来看，体育产业在拉动消费、促进经济增长、带动国民就业方面表现出积极的张力，也体现了与其他产业融合发展的粘合力，其中大型体育场馆是体育产业发展的核心平台，对区域经济发展和环境改善有重要的促进作用。因此，国家颁发了一系列的产业政策，加快发展

---

① 于刃刚，李玉红. 论技术创新与产业融合[J]. 生产力研究，2003（6）：175-177.
② 苏东水. 产业经济学[M]. 2 版. 北京：高等教育出版社，2005.

体育产业，并明确提出将大型体育场馆打造为城市综合体的措施。

　　产业政策是我国大型体育场馆服务功能融合的重要引导因素。2010年，国务院办公厅印发的《国务院办公厅关于加快发展体育产业的指导意见》中提出"发挥体育产业的综合效应和拉动作用，推动体育产业与文化、旅游、电子信息等相关产业的复合经营"和"提高设施综合利用率和运营能力"。当前，消费成为我国经济发展的主要推动力，体育消费被列入"五大幸福产业"和"十大扩消费行动"。大型体育场馆是体育消费的核心平台，在产业融合发展的背景下还承担了城市发展的职能。因此，2013年以来国务院及相关部门相继颁发了十多项专项政策，明确提出逐步实现体育场馆服务功能融合发展。2018年，国家体育总局印发的《关于在全国开展公共体育场馆"改造功能、改革机制"试点工作的通知》中直接提出通过功能改造，实现服务功能融合。多项产业政策的出台呈现出以下特征：第一，规格高、范围广，大型体育场馆实现服务功能融合不仅是体育部门的任务，还是国务院和相关行政部门共同的任务，这说明大型体育场馆服务功能融合发展已成为全社会关注的问题。第二，有基础、有目标，大型体育场馆是服务功能融合发展的基础，城市综合体是体育核心功能与相关服务功能融合发展的目标。第三，强聚集、促消费，通过体育服务功能与相关服务功能融合发展形成聚集效应，构建产业融合机制，从而促进体育消费及相关消费。第四，深入贯彻、全面落实，随着国家产业政策的颁布，各地方政府逐步出台相关配套政策。2018年，江苏省体育局专门公布了《江苏省体育局关于加快体育服务综合体建设的指导意见》，明确要求江苏省体育场馆要实现服务功能融合发展。2013—2018年我国印发的关于大型体育场馆服务功能融合发展的政策文件如表2-12所示。

表2-12　2013—2018年我国印发的关于大型体育场馆服务功能融合发展的政策文件

发布时间	印发部门	政策名称	服务功能融合的核心内容
2013年10月28日	国家体育总局、国家发展改革委、公安部、财政部、国土资源部、住房和城乡建设部、国家税务总局、国家工商总局	《关于加强大型体育场馆运营管理改革创新　提高公共服务水平的意见》	延伸配套服务，积极发展体育旅游、体育会展、体育休闲、文化演艺等业态，在节能环保的前提下，融入演艺、会展、商业、休闲等多功能

续表

发布时间	印发部门	政策名称	服务功能融合的核心内容
2014年10月20日	国务院	《国务院关于加快发展体育产业促进体育消费的若干意见》	以体育设施为载体，打造城市体育服务综合体，推动体育与住宅、休闲、商业综合开发
2015年1月15日	国家体育总局	《体育场馆运营管理办法》	鼓励有条件的体育场馆发展体育旅游、体育会展、体育商贸、康体休闲、文化演艺等多元业态，建设体育服务综合体和体育产业集群
2015年11月22日	国务院办公厅	《国务院办公厅关于加快发展生活性服务业促进消费结构升级的指导意见》	引导健康的旅游消费方式，积极发展休闲度假旅游、研学旅行、工业旅游，推动体育运动、竞赛表演、健身休闲与旅游活动融合发展
2016年7月13日	国家体育总局	《体育产业发展"十三五"规划》	将场馆服务业归入重点行业，支持大型体育场馆发展体育商贸、体育会展、康体休闲、文化演艺、体育旅游等多元业态，打造体育服务综合体
2016年10月25日	国务院	《"健康中国2030"规划纲要》	进一步健全政府购买体育公共服务的体制机制，打造健身休闲综合服务体
2016年10月28日	国务院办公厅	《国务院办公厅关于加快发展健身休闲产业的指导意见》	提出加强健身休闲设施建设，完善健身休闲基础设施网络，鼓励健身休闲设施与住宅、文化、商业、娱乐等综合开发，打造健身休闲服务综合体
2018年7月16日	国家体育总局	《关于在全国开展公共体育场馆"改造功能、改革机制"试点工作的通知》	通过改造功能，增加全民健身设施和功能，激发体育场馆发展活力，提高其运营效能，满足人民群众对美好生活的需要

资料来源：根据网络资料收集整理而成。

第三章

我国大型体育场馆服务功能的变迁及特征

大型体育场馆服务功能的发展脱离不了经济社会发展的影响,在特定历史阶段相应表现出不同的发展特征。国内学者从不同侧重点,对中华人民共和国成立以来我国大型体育场馆的发展阶段进行了研究论证。郭敏等将第五次全国体育场地普查与前四次全国体育场地普查进行对比,从场馆建筑角度分析我国不同时期体育场地建设的历史背景和场地发展状况,对未来体育场地建设提出若干启示[1]。谭建湘等从我国体育场馆经营管理情况的角度,将我国体育场馆发展划分为"计划经济时期(1949—1978年)、改革开放初期(1979—1991年)和市场经济阶段(1992年至今)"3个阶段,并认为体育场馆在不同阶段呈现出不同的管理特征和经营特点[2]。陈元欣等从供给角度,对我国改革开放前期、初期和社会主义市场经济时期3个历史时期体育场馆供给的状况、促进因素与特点进行分析,提出"政府重视体育场馆建设、将体育场馆建设纳入地方发展规划、社会各系统积极参与体育场馆供给、体育场馆的市场化供给与大型体育赛事的申办机制促进了各地体育场馆的供给"等观点[3]。陆亨伯等从制度演进的角度,提出我国公共体育场馆制度发展分为"初建阶段(1949—1978年)、转型阶段(1979—1991年)、转型探索阶段(1992—2001年)和多元化制度发展阶段(2002年至今)"[4]。现有研究从建筑、管理、运营、制度等视野对我国大型体育场馆发展阶段及特征展开探讨,为梳理我国大型体育场馆服务功能变化提供有益的借鉴与参考。作者结合本书的需求,对我国大型体育场馆不同发展阶段呈现的服务功能与服务特征进行梳理和历史回顾。

---

[1] 郭敏,刘聪,刘买如,等. 我国体育场地建设的发展历程及其启示[J]. 北京体育大学学报, 2009, 32 (2): 12-16.
[2] 谭建湘,霍建新,陈锡尧,等. 体育场馆经营与管理导论[M]. 北京: 高等教育出版社, 2014.
[3] 陈元欣,王健,刘聪. 新中国成立以来我国体育场馆供给的历史回顾[J]. 西安体育学院学报, 2013, 30 (4): 411-418, 428.
[4] 陆亨伯,庄永达,刘遵嘉. 公共体育场馆民营制度选择与效益评价研究[M]. 北京: 人民体育出版社, 2015.

第一节　中华人民共和国成立初期我国大型体育场馆服务功能及服务特征

一、中华人民共和国成立初期满足单一体育功能

中华人民共和国成立初期，我国经济社会发展百业待兴，物质条件较为匮乏，国民体质较为羸弱，当时社会的主要矛盾是人民日益增长的物质文化生活的需要同落后的社会生产之间的矛盾，经济建设和国防建设是该阶段面临的重要任务。中华人民共和国成立初期，体育运动水平低下、体育场馆设施严重匮乏，中华人民共和国成立前保留下来的体育场馆设施仅有132所，其中体育馆、体育场共计26个[①]。为提高国民体质，中国人民政治协商会议制定并通过的《中国人民政治协商会议共同纲领》第四十八条中提出了"提倡国民体育"的规定，明确了我国体育事业发展为体育运动普及服务的方向。

为了破解当时体育场馆设施严重匮乏、难以为体育竞赛等体育事业服务的问题，我国在第一个五年计划中拨出专款建设体育场馆，在经费上给予支持，同时出台多个文件对体育场馆的建设进行规定。1953年，中央体育运动委员会党组在《中央人民政府体育运动委员会党组关于加强人民体育运动工作的报告》中提出要在全国厂矿、学校、部队、机关中广泛开展各类群众体育运动，并在有条件的情况下，尽量增加体育场地和体育设备，增加我国工矿系统、教育系统和军队系统体育场馆的数量。体育场馆设施建筑是发展体育事业的基础，这一时期加快和完善体育场馆设施成为政府体育部门的主要工作任务。1954年，体育事业基本建设经费占整个体育事业经费预算的71.52%，完工的重大工程项目有体育馆和体育场各4个、风雨操场1个，并提出修建中央体育馆的计划。1955年，中华全国总工会在颁布的《关于开展职工体育运动暂行办法纲要》中提出"为了更好地开展职

---

① 中国体育年鉴编辑委员会．中国体育年鉴（1979）[M]．北京：人民体育出版社，1981．

工群众的体育运动，必须有相当的体育场地和设备"[①]，对体育场馆的功能和用途做出明确的要求。1959年9月13日，我国第1届全国运动会成功召开，为了筹备这次全国综合性运动会而建成的北京工人体育场是当时全国最大的综合性体育中心，其建设和使用的目的是为政府举办大型体育竞赛服务。

第一个五年计划期间，党中央对体育工作高度重视，体育场馆建设也达到了第一个阶段性高峰。随后我国体育场馆建设陷入低谷。随着国务院颁布《国有体育锻炼标准》（1975年），教育部、国家体委、卫生部颁布《关于加强学校体育、卫生工作的通知》（1978年），国家体委转发《关于做好县的体育工作的意见》（1979年），国家体委、国家民委颁布《关于转发李梦华同志在全国少数民族体育工作座谈会上的报告通知》（1981年）等文件、政策，我国体育场馆建设得到恢复和进一步的发展。在我国第六个五年计划中，明确提出要"加强体育场地建设"。根据第一次全国体育场地普查数据，截至1974年年底，我国的各类体育场地（馆）总数为25488个。其中，体育场为152个，体育馆为113个；体委系统体育场地为4141个，工矿系统体育场地为8969个，学校系统体育场地为4603个[②]。第二次全国体育场地普查数据显示，截至1982年全国共有各种体育场地415011个，其中体育场为315个，体育馆为191个，游泳馆为13个；原体委系统体育场地为9959个，占2.4%；工矿系统体育场地为39655个，占9.56%，学校系统体育场地为294475个，占70.95%，解放军系统体育场地为21900个，占5.28%[③]。其中，我国体育场地数量总量增长15倍多，其中教育系统体育场馆数量增长更加显著，增长近63倍，为我国体育事业迅速发展提供了重要保障。第一次、第二次全国体育场地普查数据显示，虽然我国体育系统体育场馆数量有限，但大型体育场馆主要集中在体育系统，而这一时期大型体育场馆主要为体育竞赛服务，日常很少对外开放，服务功能较为单一。1949—1978年我国体育场和体育馆新增情况如图3-1所示。

---

① 国家体委政策研究室.体育运动文件选编（1949—1981）[M].北京：人民体育出版社，1982.
② 佚名.第一次全国体育场地普查历史回顾[EB/OL].（2004-08-10）[2023-09-23]. https://www.sport.gov.cn/n4/n15291/n15294/c964610/content.html.
③ 佚名.第二次全国体育场地普查[EB/OL].（2004-08-10）[2023-09-23]. https://www.sport.gov.cn/n4/n15291/n15294/c964609/content.html.

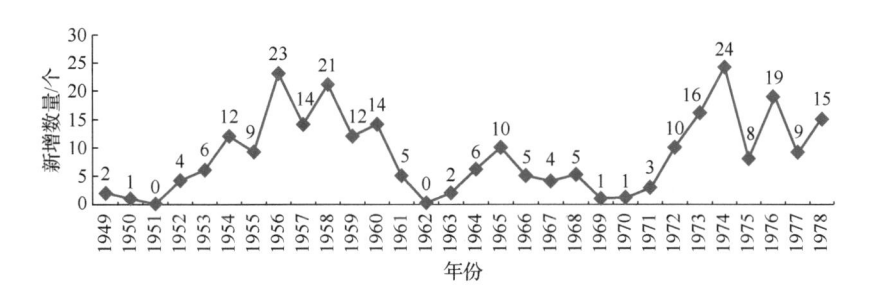

第三章 我国大型体育场馆服务功能的变迁及特征

图 3-1　1949—1978 年我国体育场和体育馆新增情况

（资料来源：根据中国体育年鉴数据整理而成。）

1983 年，国家体委在《关于进一步开创体育新局面的请示》中提出该时期体育工作的主要问题是"群众体育活动还不够普及、多数项目运动尚未达到世界水平、体育场地严重不足"等，并提出 20 世纪的目标是增强人民体质、提高竞技水平、拥有现代化的体育设施和成为世界体育强国，并提出"建成可以举办亚运会和奥运会的场地"及"凡承担全运会任务和有条件的省会所在城市建设一套能举办综合性全国运动会的比赛场地，县基本上达到'两场一房一池'的奋斗目标。从该政策可以清晰地看到，大型体育场馆建成后主要为举办亚运会、奥运会、全运会等大型体育竞赛服务。这一举措既带动了国内大型体育场馆建设，又保障了第 6 届全运会（以下简称六运会）、北京亚运会等大型赛事活动的举办；同时也成为日后大型体育场馆建设采用"一场两馆"综合布局模式的参考依据。

体育史专家崔乐泉和杨向东认为，该时期"国家对体育事业投入的总量不足，但是将这笔有限的经费集中起来发展竞技体育是可以有所作为的；与其平均使用、低水平同步，不如集中使用、重点突破"[1]，而大型体育场馆的单一体育服务功能成为实现体育"重点突破"的主要措施。这种为单一体育服务的局限性，既是中华人民共和国成立以来物质资料匮乏的客观表现，也是体育事业发展急需突破的内在要求。从中华人民共和国成立初期至改革开放初期，综合来看，这一阶段大型体育场馆建设在投入方式上采用政府单一投入模式，功能上主要为举办大型体育竞赛服务，满足了体育事业发展的需要。

---

[1] 崔乐泉，杨向东. 中国体育思想史（近代卷）[M]. 北京：首都师范大学出版社. 2008.

二、我国大型体育场馆初期阶段的服务特征

（一）服务对象唯一性特征

在计划经济体制下，我国大型体育场馆主要以政府投资为主，采用全额拨款管理体制，主要满足政府公共管理的要求，成为体育事业公共治理的主要工具。中华人民共和国成立初期，我国经济基础羸弱，国民体质孱弱，党和国家领导人提出"国民体育"的战略，通过开展体育运动增强国民体质，为国家经济建设和国防服务。1954年，中央人民政府体育运动委员会党组《关于加强人民体育运动工作的报告》和"劳卫制"的颁发，促进了我国体育运动的发展，也带动了我国体育场馆的建设。体育场馆是体育运动开展的必要基础，1953—1957年，全国共建成体育场地18191个[①]，体育场馆的快速发展也带动了我国体育运动的发展。

中华人民共和国成立初期，我国大型体育场馆基本上是由政府投入建设的，数量十分有限，政府是其主要的服务对象，具体表现在以下几个方面：第一，在政策制定上，大型体育场馆主要为我国经济、政治、国防等国家利益服务，采用顶层设计、自上而下的模式来制定体育场馆投入、建设和管理的要求。第二，国家体委作为国家管理体育的核心机构，以"红头文件"的形式和行政命令的方式上传下达，指导大型体育场馆的建设、管理、运行。第三，在经费投入上，政府投入是大型体育场馆建设资金的唯一来源，政府对大型体育场馆实行统包统揽的政府财政管理制度，而大型体育场馆主要根据政府的行政指令运行。第四，大型体育场馆在运行上采用政府计划经济形式，开展的竞技体育、运动训练和群体活动都被纳入体育行政部门计划，只承担上级机关分配的任务。第五，由于计划经济体制的限制，私人、企业等社会主体无法参与大型体育场馆的建设、管理和运行，政府是大型体育场馆服务的唯一对象。

在相当长一段时间内，这种以政府为唯一服务对象的模式对大型体育场馆的建设、管理和发展起到了积极作用。大型体育场馆投入资金多、运营成本高，在我国经济社会基础较弱的情况下，市场和社会难以支撑其建设、运行的基本需求，只有中央和地方政府才有足够的资源满足大型体育场馆发展的基本要求。然而，

---

① 孙葆丽. 中华人民共和国开基创业时期的群众体育[J]. 北京体育大学学报，2002（1）：7-9.

这种以政府为唯一服务对象的情况使大型体育场馆对政府财政、计划命令有较强的依赖性，自身经营开发能力和造血能力缺失，导致大型体育场馆长期处于闲置、使用效率低下的状态。

（二）服务方式粗放性特征

中华人民共和国成立初期，我国大型体育场馆属于体育行政部门下属单位，采用高度集中统一的计划管理体制，场馆服务生产要素流动性较低，场馆单位缺乏经营自主权，所有的任务由上级主管部门下达。体育场馆主要领导只对上级领导负责，重视完成上级部门交代的行政任务，不考虑服务效益和效率，不承担经营风险，大型体育场馆运营服务呈高度静态化特征，服务处于粗放型服务形式，并具有如下特征：第一，在管理结构上，大型体育场馆缺乏明确的责任分工体系，管理职能较为模糊，主要以完成上级主管部门交代的任务为主，对于大型体育场馆"服务什么"和"怎么服务"没有明确的要求或管理规范，导致场馆服务效率不高。第二，在服务形式上，大型体育场馆只注重完成上级交代的任务，对服务成本或代价缺乏考虑，服务的专业化程度不高，很容易出现浪费问题。第三，在服务形态上，由于行政体制的制约，大型体育场馆基本不对外开放，对社会信息的获取具有一定的短缺性，场馆运营管理呈高度静态化特征。第四，在服务要素上，因为运动队、赛事活动、场馆设施和运动训练等服务生产要素都属于政府管理范畴，所以大型体育场馆运营服务难以获取必要的市场资源，资源要素无法流动，服务的规则较为简单，场馆服务方式全要依靠政府计划。

中华人民共和国成立初期至改革开放初期，从国家颁布的有关政策导向来看，主要集中于解决我国大型体育场馆数量不足的问题，重点关注场馆设施日常管理，对运营服务关注不足，服务任务、服务内容、服务人员编制、服务指标都在上级主管部门控制管理范畴内，服务人员仅限于"开门"和"关门"的粗放型服务方式，使得服务效率、服务质量和服务效益无法得到体现。

（三）服务模式封闭性特征

中华人民共和国成立初期，受国际形势和国内贫穷现状影响，在所有制结构、管理体制等方面，我国选择向苏联学习，逐步形成了高度集中、封闭的计划经济体制。1952年，我国设立国家体委，主管全国体育工作[①]。1955年，中华全国总工会颁布的《关于开展职工体育运动暂行办法纲要》中规定"体育场馆实行场馆长负责制"，这具有明显的计划经济管理体制特征，体育场馆的产品生产、资源分配及服务消费都是通过上级主管部门事先进行计划而完成的，决策权归上级主管部门，体育场馆只是根据"红头文件"完成任务的"机器"。几乎所有的体育场馆资源都是由政府所拥有的，并且由上级主管部门分配资源，不受市场要素的影响，形成了封闭管理的模式。

国家是大型体育场馆唯一的投资方和管理方，实行集中统一的事业管理和强势的行政领导体制。这是一种由国家"全统全包全管"的封闭管理制度，在这一体制下，体育场馆建设立项由国家统一计划，体育场馆建设资金由国家财政无偿拨款和分配，体育场馆运营管理人员由国家统一安排或分配，大型赛事活动组织由国家统一计划和实施，场馆运行的费用由国家财政统一安排。国家既在宏观上进行场馆建设、布局的决策，又通过行政事业单位在微观层面担负着项目运行和管理任务，形成资源垄断性和管理封闭性。

市场经济制度建立之前，这种封闭的管理模式为我国大型体育场馆的建设和维护提供了大量的财政资金，促使场馆数量不断增加，为我国竞技体育、群众体育的开展奠定了重要的物质基础，对体育事业发展起到积极的推动作用。但是，大型体育场馆的运营受限于封闭管理体制，出现大量闲置，场馆服务供给效率低下，对政府财政的依赖性极高，这不利于破解社会生产中体育场馆服务的供需矛盾。

第二节　转型时期我国大型体育场馆的服务功能及服务特征

一、转型时期满足多元服务功能

改革开放后，各行各业的发展活力逐步被激发出来，国民经济和社会不断得到发展，逐步改变了积贫积弱和贫困落后的局面，物质生活的丰富和社会需求的

---

① 谭华. 体育史[M]. 北京：高等教育出版社，2005.

变化，使大型体育场馆由单一体育服务功能向多元服务功能转变。

1984年，中共中央印发的《关于进一步发展体育运动的通知》中提出体育运动应向新的高度和广度转变，使体育的内涵和外延进一步提升，同时提出了体育强国建设的目标，要求体育场馆服务有所转变，在数量增加和服务质量提高的基础上，首次提出"体育场馆要改善管理，提高使用率和实行多种经营"，为大型体育场馆服务功能转型提供了的新思路。1986年，国家体委制定的《关于体育体制改革的决定（草案）》中提出了体育社会化发展的思路。这两份文件的发布，引发了社会对体育场馆运营管理理念突破的讨论，场馆运营管理理念进一步发展和升级，并成为由单一体育服务功能向多元服务功能转变的新起点。

我国改革开放和现代化建设进入蓬勃发展的新阶段，改革开放的步伐全面加快，有效地激发了市场经济的活力，有力地推动了国民经济的高速增长。1992年，中共十四大上明确提出建立社会主义市场经济体制是我国经济改革的基本目标。随后，1993年，党的十四届三中全会通过《中共中央关于建立社会主义市场经济体制若干问题的决定》，指出市场在资源配置中的作用日益扩大，要求促进资源的优化配置。一系列经济领域的改革措施和市场经济制度的建立，成为推动我国大型体育场馆向多元服务功能转变的关键因素。1993年，国家体委结合国务院完善市场体系、优化资源配置的改革思路，在《国家体委关于深化体育改革的意见》中提出"本世纪末基本形成门类齐全的体育市场体系和多种所有制并存的社会化体育产业体系"和"积极开发以体育培训、体育健身娱乐和体育竞赛、信息服务为主体的，与经济贸易、文化、旅游、科技、卫生等相融合的体育产业"。该文件将"多种经营"的理念进一步细化，明确了"以体为主，多种经营"的发展要求，为大型体育场馆功能逐步向多元化转型提供了政策前提和基本要求。

城市居民生活方式的转变成为大型体育场馆功能转型的直接推动因素。国家统计局数据显示，1988年我国人均教育、文化和娱乐消费支出为101元，但其年均增长率速度超过111%。由于市场经济体制的初步建立，这一时期大型体育场馆传统的单一体育服务功能也存在"改革"和"开放"的要求，特别是群众对城市生活性服务消费的需要快速增长，参与体育运动的愿望日益增强。传统大型体育场馆单一体育服务功能已不能适应社会发展需求，必须积极融入社会多元需求服务。1994年，国家体委发布《国家体委关于公共体育场所进一步发挥体育功能、积极向群众开放的通知》，提出要注意体育场馆服务过程中的"社会效益和经济效益""以体为主和多种经营"两个基本关系，为体育事业和人民群众服务是体育场馆服务功能发展的方向。1995年，国家体委发布的《国家体委关于公共体育场馆向群众开放的通知》中要求"积极发挥体育的多元化功能，逐步探索出适应社会主义市场经济体制的群众体育社会化的新路子"。

20世纪末至21世纪初，全运会、亚运会、奥运会和世界大学生运动会等大型综合性运动会和高水平国际单项赛事相继在我国举办，在促进我国大型体育场馆建设的同时，也产生了赛后场馆利用的问题，具备多元服务功能逐步成为大型体育场馆赛后利用问题的解决方案。2010年年初，广州市人大代表在第十一届四次政协会议中提出了《关于做好广州亚运场馆赛后利用的建议》。亚运会结束后，广州市体育局发布了《广州亚运会场馆赛后利用总体方案》，通过"以体为主，多种经营"的思路，在突出全民健身、体育竞赛、体育培训等核心功能的基础上，充分发挥演艺、会展、文化、配套等其他多元服务功能，工作重点从满足竞赛需求转移到为全民健身服务上来，着力增强体育场馆公共服务功能。2010年，国务院办公厅发布的《国务院办公厅关于加快发展体育产业的指导意见》中要求提高公共体育设施综合利用率，发挥其提供社会体育服务、满足群众体育需求的作用。推动大型体育场馆向群众公益性开放和满足多功能服务需求，成为破解我国大型体育场馆赛后利用问题的宝贵经验。

二、我国大型体育场馆转型阶段的服务特征

（一）服务对象二元化特征

党的十一届三中全会的召开，重新确立了马克思主义实事求是的思想路线，将工作的重点转移到社会主义现代化建设上来，传统计划经济的经济结构逐步被打破，"以公有制度为主，多种所有制度共存"经济制度逐渐形成。尤其是对内改革、对外开放政策的实施，优化调整了生产关系同生产力、上层建筑同经济基础之间不相适应的结构问题，促进社会生产力快速发展和各项事业全面进步，经济建设和社会发展进入一个新的历史时期。经济环境和社会条件的改善也促进我国大型体育场馆全面发展。1981年，国家体委公布的《国家体委关于省、自治区、

直辖市体委主任会议的几个问题的报告》中提出"在体育工作时要积极设法广开门路，逐步改变那种什么事情、什么活动都由国家包下来的做法，把各类'民办'体育作为国家发展体育的辅助和补充"。为了贯彻落实1984年中共中央印发的《关于进一步发展体育运动的通知》中关于体育场馆发展的要求，1986年城乡建设环境保护部、国家体委联合颁发了《城市公共体育运动设施用地定额指标暂行规定》，首次提出体育场馆建设规模、用地面积要结合城市人口规模考量，这也成为我国《公共体育场馆建设标准》的制定依据。20世纪80年代竞赛体制改革的措施直接推动了大型体育场馆建设，以举办全运会为目的，直接带动了北京、上海和广州大型体育场馆的建设。例如，上海为承办五运会投入数十亿元资金，促进大规模、高标准的体育场馆建设；广州为承办六运会建筑了广州天河体育中心。截至1988年年底，第三次全国体育场地普查数据显示，全国已拥有各类体育场地528112个，其中体育馆为488个，体育场为652个，福建、广东、山西、湖北等省份还出现了外商合资、集资和华侨、个体户投资建设体育场馆的情况，其数量约占体育场地总数的0.005%[①]。这一时期，国内大型体育场馆在建设投入方面打破了传统的政府单一经费来源的限制，社会、市场和侨胞的投资直接促进大型体育场馆服务对象由传统的一元对象转为以政府为主、兼顾社会各方的二元服务对象。1987年，南京市体改委在发布的《南京市体改委关于单位服务设施向社会开放的试行办法的通知》中，提到为满足人民群众物质和文化生活的需要，全市范围内的行政机关单位服务设施要向社会开放，其中包括游泳池等。地方政府关于体育及相关服务设施向社会开放的政策在当时为数不多，从上海市、天津市、辽宁省颁布的体育场馆专项政策中看到，重点仍是强调体育场馆建设、维护和非法占用问题。

1993年，国家体委颁发的《国家体委关于深化体育改革的意见》中提出要逐步将有条件的体育事业单位推向市场，由福利型、公益型和事业型逐步向经营型转变。大部分大型体育场馆管理体制仍采用事业性质的管理体制，但随着场馆数量增加和市场经济条件的逐步成熟，部分传统全额拨款体育场馆开始实行差额拨款制度。大型体育场馆的上级主管部门和财政部门，根据场馆规模和人员数量制定业务目标和财政拨款比例，政府不再是场馆服务的唯一对象，大型体育场馆

---

① 陈元欣，王健，刘聪. 新中国成立以来我国体育场馆供给的历史回顾[J]. 西安体育学院学报，2013，30（4）：411-418，428.

还需要面向社会开展多种经营弥补财政拨款的不足，将服务对象转向政府、社会二元结构，一方面仍然获取政府财政拨款，另一方面面向社会开展经营弥补政府投入不足。进入21世纪以后，北京奥运会、广州亚运会等国际性综合运动会在我国成功举办，使得我国大型体育场馆的数量、功能和运行机制都有较大的变化。为了避免大型体育场馆成为政府的财政负担，积极吸引社会资源投入大型体育场馆建设、运营成为我国体育产业发展的创新尝试。例如，为举办九运会新建的广州体育馆运用了 BOT（Build-Operate-Transfer，建造-运营-移交）模式，由广州珠江实业集团投入1个亿，获得20年运营权，这开启了国内大型体育场馆社会运营新的时代。2006年，原国家体育总局副局长王钧在体育产业工作会议上提出，体育产业发展要结合"依托场馆，紧扣本体，全面发展，服务社会"16字方针，促使我国大型体育场馆服务社会的比重逐步增大。

20世纪80年代中期到21世纪初，随着我国市场经济体系的不断完善和体育事业的发展，大型体育场馆原有的一元服务对象已不能适应社会发展的需求。国家行政部门通过颁布多个文件来推动体育场馆运营管理适应现代生产关系的需要，使其逐步从为政府服务转变成为政府和社会服务，讲求社会效益和经济效益的平衡。但这种社会服务仍处于较低层次，大型体育场馆主要以物业出租、场地日常出租和大型活动场地出租的方式为社会提供服务，基本上属于"守株待兔"的服务模式。从大型体育场馆的收入结构发现，财政性收入仍占主导地位，通常占总收入的1/3左右，部分大型体育场馆可以占到50%以上；经营性收入以物业出租收入为主，占比通常在40%~50%，最高甚至达65%；事业性收入主要是日常全民健身场地服务收入和门票收入。根据2003年第五次全国体育场地普查数据，我国体育场地对外开放的情况不尽如人意，具体如下：有58.76%的体育场地不对外开放，有14.46%的体育场地部分对外开放，对外开放的体育场地仅为26.78%。2007年，国家体育总局体育经济司组织的全国公共体育场馆调研结果显示，该阶段全额拨款事业单位性质的大型体育场馆比例只占调研总量的11.1%，但绝大部分体育场馆仍属于事业主体性质。在收入结构方面，房屋出租成为大型体育场馆主要的收入来源，而开展体育活动的收入占总经营收入的比重相对较小，通常在20%~30%，最低在10%以下[①]。这一时期，政府对大型体育场馆服务不再

---

① 国家体育总局体育经济司. 我国公共体育场馆调研报告[Z]. 北京：国家体育总局体育经济司，2007.

采用统包统揽方式，社会资源逐步进入大型体育场馆服务体系，一方面弥补单一体育服务供给资源不足，另一方面形成了供给方要素的融合。在需求端，大型体育场馆的服务对象由"政府"一元主体向"政府+社会"二元主体转变，两大主体的诉求共同融合于大型体育场馆平台中。

虽然大型体育场馆服务对象从20世纪80年代中期开始逐步转变成为政府和社会二元主体服务，但仍以满足政府服务为主，以为社会服务为辅，造成这种现象既有主观原因，又有客观因素。在主观上，我国大型体育场馆长期依赖政府统包统揽，场馆经营管理人员习惯于通过"打报告"的形式向上级主管部门申请财政经费，不愿意主动走向市场提供社会需要的多元服务。在客观上，我国体育消费市场尚未成熟，群众消费能力难以支撑大型体育场馆的运营成本，大型体育场馆难以实现自收自支，再加上部分大型体育场馆前期规划设计只满足大型竞赛要求，不具备社会多元服务能力，综合造成了以政府服务为主、以社会服务为辅的二元服务模式。随着我国经济社会发展和居民消费能力的提升，社会服务的比重也在逐步加大。

（二）服务方式专业化特征

1995年9月，党的十四届五中全会上提出实行从传统的计划经济体制转向社会主义市场经济体制、从粗放型经济增长方式转向集约型经济增长方式的两个根本性转变，也引导和促进了大型体育场馆从粗放型服务方式向专业化服务方式转变。1994年，新奥特公司租赁经营英东游泳馆，并投资2000万元改造场馆设施，不仅扭转了每年须国家补贴350万元的亏损局面，至2004年10月还累计上交国家租赁、能源费近8000万元，安排200多人就业[①]。1995年6月，国家体委颁发了《体育产业发展纲要》，提出"以体为本、以体养体、以副助体、企业化管理"的体育场馆经营管理思路。上述案例的出现和政策的颁布，标志着我国大型体育场馆由事业粗放型服务方式向专业经营型服务方式转变，专业化的场馆运营管理机制也逐步出现。1995年8月，《中华人民共和国体育法》（以下简称《体育法》）正式颁布，这标志着我国体育工作进入有法可依、以法治体的时代。《体育法》中

---

① 佚名.新奥特集团董事长郑福双[EB/OL].（2004-10-14）[2023-08-20]. http://finance.sina.com.cn/crz/20041014/11021079270.shtml.

要求公共体育设施应该对社会开放并提高利用率，更为重要的是推进体育管理体制改革，鼓励企业事业组织、社会团体和公民投入体育事业。1995年是我国大型体育场馆服务方式向专业化服务转变的新起点，国家提出的"两个根本性转变"为大型体育场馆服务方式转型指明了发展方向；《体育产业发展纲要》的颁布成为大型体育场馆服务方式转变的直接推动因素；《体育法》的颁布为大型体育场馆服务社会提供法律依据；新奥特公司成为我国较早出现的体育场馆专业运营公司，这标志着我国大型体育场馆经营管理迎来了新的历史阶段。

虽然国家提出推动大型体育场馆多种经营，也采取了由全额拨款事业单位向差额拨款事业单位过渡的措施，迫使大型体育场馆开展多种经营、提高效益，但大型体育场馆经营服务只是通过将功能用房出租给各类租户来实现"多种经营"，仍是采用粗放式的物业出租服务方式。最为典型的是广州天河体育中心，1991年起转为差额拨款单位后，面临体育市场条件不成熟的经营环境，通过物业出租的形式引进装饰公司、证券公司等一大批与体育服务没有关联的商户入驻，号称"以商养体、以商养场"，造成各类违章建筑大肆侵占公共体育设施，造成惨痛的教训。

进入21世纪后，国家体育总局颁布了《2001—2010年中国体育改革与发展纲要》，将体育事业纳入现代化建设中，鼓励社会及个人投资兴建体育设施，支持企事业单位兴办面向社会的体育服务经营实体。2002年，中共中央、国务院下发的《中共中央、国务院关于进一步加强和改进新时期体育工作的意见》中提出要充分认识体育在经济、社会发展中的重要地位和作用，鼓励社会力量对体育设施建设的投入，形成产业氛围。2003年，国务院颁布的《公共文化体育设施条例》中明确提出体育行政部门对体育场馆的监督管理职能，体育场馆的主体设施主要用于体育功能。国家政策的引导推动我国大型体育场馆加快向专业化服务转型。广州市为了筹备九运会，新建了广州体育馆等一批体育场馆设施，其中在广州体育馆建设过程中采用了BOT模式。广州珠江实业集团投资1亿元，并成立了广州珠江体育文化发展股份有限公司，获得广州体育馆30年运营权，成为国内专业的国有体育场馆运营公司。九运会后，广州天河体育中心也开启了新一轮改革，从事业单位管理转变为事业单位企业化管理，打造大型体育场馆专业化服务。通过资产重组、机构整合，广州天河体育中心形成了统一管理、统一经营的组织架构。2002—2008年，广州天河体育中心举办各类体育赛事200多场和大型演艺活动超

120 场，年均举办大型活动 60 场以上，此外每年引进、举办各类展会、人才交流会近百场，获得国家体育总局和社会各界的广泛好评，成为国内事业性质大型体育场馆专业化服务的典范。21 世纪以来，我国大型体育场馆向专业化服务转变的步伐逐步加快，越来越多的体育场馆在面向市场的转轨中逐步引入、建立专业化服务方式，并形成了一批专业管理公司，如中体产业集团股份有限公司、华体集团有限公司、北京华熙集团、广州珠江实业集团有限公司、佳兆业集团（深圳）有限公司等。

大型体育场馆服务领域的分工日趋细化，除体育竞赛、运动培训、全民健身等核心领域外，还包括安保、卫生、绿化、餐饮、票务等大量配套服务。目前，部分国内大型体育场馆在运营过程中也会利用外部专业化管理企业来承担配套服务，从而专注于场馆的核心业务，实现降低成本、提高效益、增强场馆核心竞争力的目的。通过积极引入社会专业化资源，大型体育场馆将保洁、安保、绿化等业务外包给专业公司运营，采取服务外包的比例逐年上升，有效地改善了场馆经营管理单位的人员结构，降低了非核心服务人员的比例，相应降低了人员成本和经营风险，取得了良好的经营效果。

（三）服务模式开放化特征

改革开放以来，我国经济制度从单一的公有制（国营和集体经济）发展为以公有制为主体、多种所有制经济共存，促使大型体育场馆逐渐打破封闭型管理体制，不断向社会开放服务。国家积极推动体育社会化，倡导社会各行业多渠道投资建设体育场馆。国际性大型体育竞赛和全运会的举办，促进了我国大型体育场馆的规范化建设。1986 年城乡建设环境保护部和国家体委颁布了《城市公共体育运动设施用地定额指标暂行规定》，要求实现体育场馆建设与城市发展挂钩，自此我国体育场馆步入开放性发展阶段。国家针对改革开放前我国体育场馆运营管理过于封闭、资金投入不足、使用效率不高的问题，要求公共体育场馆在完成上级部门布置的体育竞赛、运动训练和群体活动等任务的前提下，主动服务社会，开展多种经营活动以增加收入，促进体育场馆向开放性经营模式转型。1983 年，国务院批转国家体委《关于进一步开创体育新局面的请示》的通知，提出"发动社会力量办体育应有新的较大突破"，进一步指出"体委系统不应只靠国家拨款，要进一步搞活政策，走宽路子，讲求效益，提高效率"。国务院根据体育事业发展存在诸多问题，在体育对经济社会发展的作用愈加重要的背景下，要求国家体委推动体育领域的改革，开创体育发展的新局面，提出发动全社会的力量来办体育，引导我国大型体育场馆服务模式由传统封闭型管理向开放型管理过渡。1984 年，中共中央印发的《关于进一步发展体育运动的通知》中指出"体育场馆要改善管理，提高使用率；要讲究经济效益，积极创造条件实行多种经营，逐步转变为企业、半企业性质的单位"。这份文件中提出体育场馆不仅有管理任务，还有经营任务，应实行多种经营服务，为下一步逐步转变为企业单位做好准备。随后，1985 年上海市政府颁布的《上海市体育场地管理办法》，1987 年南京市人民政府批转《南京市体改委关于单位服务设施向社会开放的试行办法》、1987 年辽宁省政府颁发的《辽宁省体育场地管理办法》、1988 年天津市政府颁发的《天津市体育场地管理暂行办法》中都提出要积极创造条件为社会服务的要求，逐步拉开了我国大型体育场馆转变为开放型服务设施的序幕。

我国大型体育场馆运营模式向开放型转变也表现在场馆建设资金投入渠道逐步开放方面，虽然财政拨款仍是主要资金来源，但并不是单一来源，还存在银行贷款、企业事业单位自有资金、社会捐赠和外资等[1]。大型体育场馆资金投入渠道的丰富推动了经营模式的多元化。20 世纪 80 年代中后期至 90 年代初期，出现了内部承包经营、外部承包经营、租赁经营等多元化模式，逐步打破了长期以来大型体育场馆的封闭式管理模式，通过广开门路、积极引入社会资源，不仅强化了大型体育场馆的经营服务意识，还提高了经营管理水平。大型体育场馆多种经营在短时间内不仅提高了体育场馆经营收入和人员工作积极性，还推动了传统全额拨款财政扶持模式的改革。各级体育行政部门为减轻政府的财政负担，将传统的全额财政补贴模式逐步向差额财政补贴模式过渡，既激发了场馆经营的活力，也带来了体育场馆经营收入结构的变化。例如，上海市体育场馆 1979 年体育服务创收 139 万元，占全年开支的 20%，至 1990 年体育创收达 4669.4 万元，占全年开支的 49.3%，11 年中体育收入增加 33.6 倍[2]。

---

[1] 陈元欣，王健，刘聪. 新中国成立以来我国体育场馆供给的历史回顾[J]. 西安体育学院学报，2013，30（4）：411-418，428.

[2] 陆亨伯，庄永达，刘遵嘉. 公共体育场馆民营制度选择与效益评价研究[M]. 北京：人民体育出版社，2015.

长期以来全额财政补贴的方式转变为政府拨款与经营创收相结合的方式，使大型体育场馆自身造血能力和社会服务功能有所增强，较好地缓解了我国大型体育场馆数量增长与资金短缺的阶段性矛盾，为体育市场培育和产业化升级奠定了基础。但是，在大型体育场馆开放型服务的过程中，放松了对承包人和承租人的责任监管，使一部分承包人和承租人唯利是图，单纯追求经济效益，忽视社会效益，不注重体育场馆的维护和保养，对体育场馆实行破坏性经营，造成承包期或租赁期结束后，场馆设施破损程度严重。这一时期体育场馆对外开放经营采取承包经营责任制，但因缺乏经验和缺少监督，导致场馆设施设备和体育功能受到损害。

20世纪90年代中期以来，我国经济建设朝着深化体制改革、提高质量的方向发展，特别是市场经济制度的初步建立，促使我国大型体育场馆在原有基础上进一步加快开放型服务模式的应用，在传统事业运行模式的基础上，形成了事业单位企业化、事业和企业双轨制、国有企业经营、民营企业经营和自主企业经营等多种开放型运营模式。1995年，国家体委下发《体育产业发展纲要》，要求在继续坚持依靠社会力量办体育的基础上，"开展多样化的体育经营，增强自我发展能力"，明确要求"充分发挥现有体育设施的社会服务功能，向社会全面开放，提供多样化的社会服务"。随着市场经济条件的成熟和社会资源配套的逐步丰富，我国大型体育场馆开放型服务的力量越来越强。各地逐步认识到社会力量在大型体育场馆建设和运营过程中的重要性，主动采用开放性的市场投入方式，如BOT、BT（Build Transfer，建设-移交）、PPP（Public-Private-Partnerships，政府和社会资本合作）等模式，在建设投资环节就引进社会资源。例如，北京华熙集团、北京体育之窗文化传播有限公司、佳兆业集团（深圳）有限公司等企业分别成为北京五棵松体育馆、北京工人体育场、深圳大运中心的投资或经营管理主体。

第五次全国体育场地普查数据显示，1996—2003年，国内财政投入体育场馆建筑资金累计约为667.7亿元，只占投资总额的34.9%，而单位自筹费用占比达到53.9%，这说明这一时期国内体育场馆建设在投资方面开放的幅度更加明显，已形成多元化的投资方式[①]。我国大型体育场馆开放型服务模式更加深入，在投入机制、运营模式方面都形成了逐步向社会开放的服务模式，并且程度愈加深入，培育了一批大型体育场馆专业化管理的国有企业和民营企业。但市场经济发展的主体应

---

① 姜同仁. 我国两次体育场地普查情况的比较分析[J]. 首都体育学院学报，2007（2）：116-119.

该是企业。总体来看，2013年第六次全国体育场地普查数据显示，只有8.38%的体育场馆属于企业管理，在体育场馆领域市场主体仍然是事业单位或其他非企业性质的单位；从体育市场核心生产要素来看，支撑大型体育场馆运营的大型赛事活动、专业运动队和运动员等没有进入市场，产业运营缺乏必要的生产要素；从大型活动运作流程来看，需要体育、公安、城管、工商、税务等行政部门的层层审批，缺乏市场化的运作方式；从功能机制来看，绝大部分大型体育场馆存在功能或机制的缺陷，暂不符合产业化发展要求。

第三节 新时期我国大型体育场馆的服务功能及服务特征

一、新时期满足服务功能融合要求

党的十八大以来，我国社会发展进入新的时期。2012年11月15日，习近平总书记在中外记者见面会上提出"人民对美好生活的向往就是我们的奋斗目标"，并逐步提出一系列新的发展理念和发展战略。在新的历史阶段，我国社会主要矛盾、环境、外部条件等方面均发生巨大变化，大型体育场馆服务功能被赋予新的要求，需要在多功能的基础上实现融合发展，承载更多的经济社会发展功能。2013年，国家体育总局等8部委联合印发的《关于加强大型体育场馆运营管理改革创新 提高公共服务水平的意见》中对大型体育场馆的服务功能提出了新的要求，要对"完善城市功能、推动全民健身、服务和改善民生具有重要作用"，突出体育功能，拓展服务领域，打造成体育综合体，要求场馆服务功能逐步实现融合发展。2014年，国务院印发的《国务院关于加快发展体育产业促进体育消费的若干意见》中再次强调促进融合发展，要求"增强大型体育场馆复合经营能力，拓展服务领域，延伸配套服务，实现最佳运营效益"，并逐步承载城市区域经济社会发展的功能。2017年，中国共产党第十九次全国代表大会上针对我国经济由高速增长阶段转向高质量发展的论断，提出了高质量发展的新理念，要求促进生产要素、生产力、全要素效率的提高。2018年，国家体育总局为提高公共体育场馆专业化、市场化水平，盘活场馆资源，提高运营效能，在全国开展"改造功能、改革机制"的试点工作，通过改造功能，逐步实现国内大型体育场馆服务功能融合。

新时代，国内对大型体育场馆服务功能有新的要求和期望，在"以体为主，多种经营"基础上，要求大型体育场馆逐步实现服务功能融合发展，为城市高质量的生活服务和区域经济发展做出贡献。当前，国内大型体育场馆已逐步开展服务功能融合的实践尝试，特别是部分存量场馆通过功能改造，实现满足城市服务的需要。例如，举办夏季青年奥林匹克运动会后，南京奥林匹克体育中心根据使用功能不同分为国际会议中心兼大剧院音乐厅、奥运博物馆、高星级酒店及配套餐饮等建筑群，将体育、会议、演出、旅游、文化、会展等服务融于一体。此外，北京五棵松体育馆目前已经成为北京文体综合体，年均举办体育、演艺活动近100场，场馆利用率达到70%。2018年，深圳体育中心改造时明确指出以体育综合体为方向实施场馆改造，推动服务功能融合发展，并以此为基础推动深圳福田区经济社会发展。在构建高质量服务体系和推动区域经济社会发展的要求下，对大型体育场馆的服务功能提出更高的要求，要求在多元功能的基础上优化体育服务功能与相关服务功能的产业关联，形成良性互动的融合发展体系，从而提高大型体育场馆的综合竞争力，使其真正成为区域经济社会发展的平台。通过对国内已在初步尝试服务功能融合发展的大型体育场馆与仍以单一体育服务功能为主的大型体育场馆的综合效益对比发现，大型体育场馆服务功能融合发展对经济效益提升、经济结构优化、场馆利用效率提升都有明显的促进作用。这说明服务功能融合发展，是新时代推动大型体育场馆转型升级、实现高质量发展的重要途径。

二、新时期我国大型体育场馆的服务特征

（一）服务对象多元化特征

从国际发展经验来看，人均GDP超过3000美元，娱乐性消费开始崛起；人均GDP超过5000美元，人们不再满足于单纯观赏性娱乐，互动和体验式娱乐需求显现；人均GPD超过8000美元，人们对健康、精神的消费支出发展非常迅速，体育产业迎来爆发[1]。2016年，我国人均GPD达到8102美元，北京市、上海市、广东省等9个省份人均GDP超过1万美元，人民对于体育、娱乐、健康等现代服务业的消费能力和需求骤然增加。然而我国体育服务产品供给严重不足，供给滞

---

[1] 王辉. 使命召唤下的中国体育产业[EB/OL]. （2018-12-11）[2023-09-23]. https://baijiahao.baidu.com/s?id=1619534246119010461&wfr=spider&for=pc.

后于市场消费需求，存在结构性矛盾，不能满足人民日益高涨的多元化体育消费需求。特别是我国经济发展进入新时代后，当前社会主要矛盾已经转化为人民日益增长的对美好生活的需要和不平衡、不充分的发展之间的矛盾，大型体育场馆应更好地满足人民日益增长的对美好生活的需要，满足社会多元主体的多层次需求，实现高质量发展。我国人均 GDP 与生活消费特征描述如表 3-1 所示。

表 3-1　我国人均 GDP 与生活消费特征描述

时间	人均 GDP	生活消费特征	重要事件
2008 年	超过 3000 美元	娱乐性消费开始崛起	北京奥运会
2011 年	超过 5000 美元	不再满足于单纯观赏性娱乐，互动和体验式娱乐需求显现	深圳大运会 广州亚运会
2016 年	超过 8000 美元	对健康、精神的消费支出增长非常迅速，体育产业迎来爆发	《"健康中国 2030"规划纲要》颁布并实施；国务院办公厅印发《关于加快发展健身休闲产业的指导意见》

国家为了促使大型体育场馆满足社会多元服务需求，颁布了一系列政策。2013 年国家体育总局等 8 部委联合印发《关于加强大型体育场馆运营管理改革创新 提高公共服务水平的意见》，强调充分认识体育需求快速增长与公共体育资源供给相对不足的结构性矛盾，以满足群众多元需求为目标，实现社会化运营。这标志着我国大型体育场馆由传统的以为政府体育事业服务为主转变为以满足群众多元需求为主。为了促进大型体育场馆为社会多元对象服务，2014 年国家体育总局联合财政部印发《大型体育场馆免费低收费开放补助资金管理办法》，通过财政补贴的方式促使大型体育场馆提高服务供给能力，要求大型体育场馆通过免费或低收费开放、举办公益性体育赛事、举办体育讲座和展览、开展体育健身技能培训、进行国民体质测试等方式满足群众日益增长的体育健身需求。为进一步推动大型体育场馆满足社会多元需求，2014—2017 年，中央财政已累计安排补助资金 35 亿元，有效推动了各地体育部门所属大型体育场馆向社会免费或低收费开放[1]。为了更好地满足群众体育健身需求、促进体育消费，应有效推动体育场馆提高运营活力，使其实现自身良性发展。2014 年，国务院印发《国务院关于加快发展体

---

[1] 王钊，谭建湘. 广州市公共体育场馆公益性开放财政补贴措施研究[J]. 体育学刊，2018，25（6）：73-78.

育产业促进体育消费的若干意见》，依托大型体育场馆设施，打造成体育综合体，提供适应群众需求、丰富多样的产品和服务。2016年，国务院办公厅印发的《国务院办公厅关于加快发展健身休闲产业的指导意见》中提出鼓励场馆设施与住宅、文化等融合发展，不断满足大众多层次多样化的健身休闲需求。2019年，国务院办公厅印发《体育强国建设纲要》，提出将体育场馆与商业、娱乐、文化、住宅综合开发与改造，实现融合发展。

从地方体育场馆的发展来看，如图3-2所示，通过对2012—2017年广州市公共体育场馆服务人次情况跟踪分析发现，2016年我国人均GDP已突破8000美元，同时颁布了一系列产业政策引导群众积极健身，但广州市体育场馆服务人次在2016年出现下滑，并且延续到2017年。数据显示，由于广州市体育场馆服务功能不适应现代社会发展需求的变化，不能满足群众多元化、多层次的需求，所以服务人次呈下降趋势，这直接推动了广州天河体育中心功能改造的实施。相反，如图3-3所示，2016年广州市马拉松报名人数却呈显著增长趋势。这说明群众体育消费能力逐步提升，群众体育消费意愿也在增长，但大型体育场馆在服务功能上不能满足群众对高质量、多元化服务的需求，因此，出现大型体育场馆服务人次与消费需求相反的发展趋势，这要求我国大型体育场馆以居民消费需求为中心，加快服务功能融合发展。

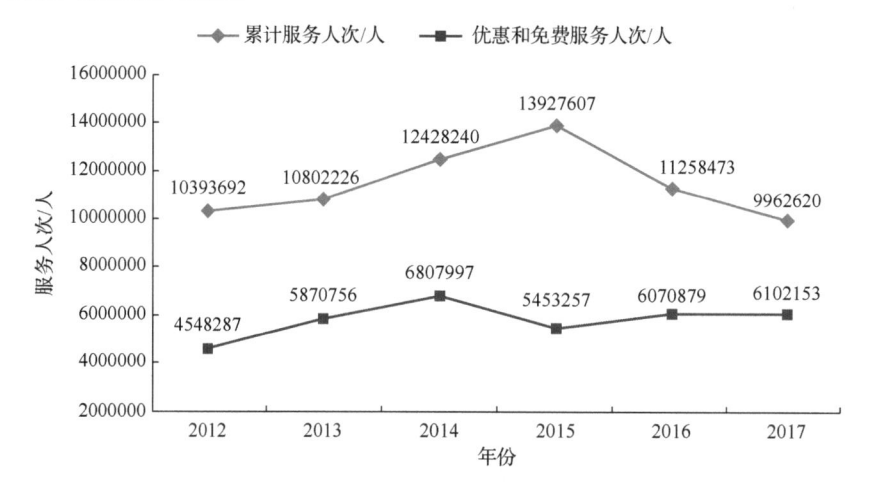

图3-2　2012—2017年广州市公共体育场馆服务人次情况跟踪分析[①]

---

① 王钊. 2017年广州市体育系统体育场馆全年经营开放情况分析报告[R]. 广州：广州市体育局. 2018.

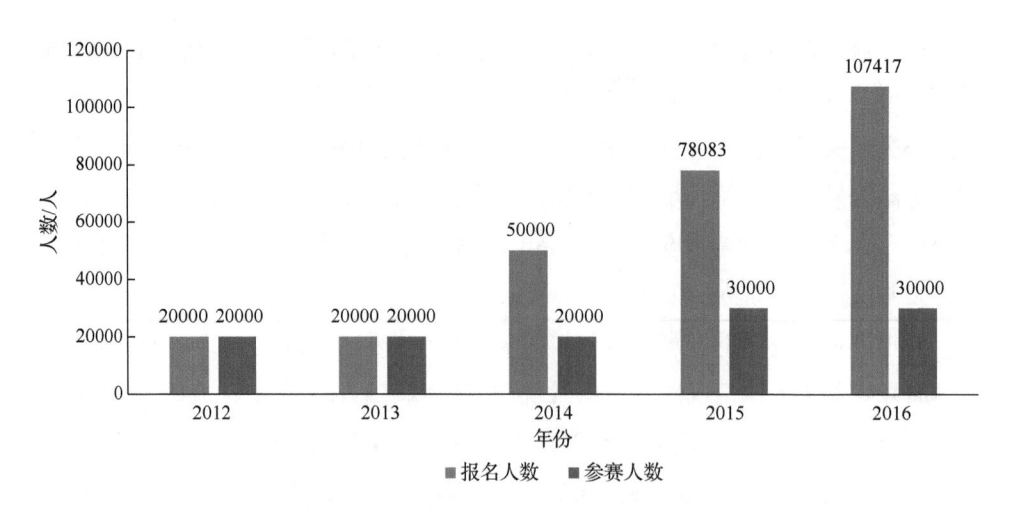

图 3-3　广州市马拉松报名人数与参赛人数跟踪调查（2012—2016 年）①

从国内消费需求增长趋势来看，2012—2016 年我国人均消费支出以每年 7% 左右的速度增长，其中人均体育、文化、娱乐消费支出以每年近 9% 的速度增长，群众对体育、文化、娱乐的消费支出增长速度高于消费需求增长速度。2018 年，中共中央、国务院印发《中共中央 国务院关于完善促进消费体制机制 进一步激发居民消费潜力的若干意见》，提出以消费升级引领供给创新、以供给提升创造消费增长的发展目标。同期，国务院办公厅印发的《完善促进消费体制机制实施方案（2018—2020 年）》中明确要求进一步放宽体育服务消费领域市场准入，增加群众体育消费对经济发展的推动作用。群众对文化、体育、健康、教育培训等高品质服务的消费需求迅速增长，成为经济增长的主要动力，要求从供给侧全面应对经济发展形势的变化。居民消费潜力的进一步释放，促使大型体育场馆服务对象发生重大改变，社会多元消费主体成为大型体育场馆运营管理的重要服务对象，因此大型体育场馆必须以满足多元服务对象的需求为目的，促进服务功能融合发展。

综上所述，新时期我国大型体育场馆的服务对象由传统的政府逐步向多元社会主体过渡。能承载多元服务功能的多元主体及其资源逐步进入大型体育场馆服务体系，如演艺商、会展商、承租商、市民等。大型体育场馆不再只是具有传统单一体育功能的大型体育建筑。多元服务对象的有效需求在大型体育场馆内融合

---

① 王钊. 2016 年广州市马拉松调研报告[R]. 广州：广州市体育局. 2017.

创新，促使大型体育场馆向城市体育综合体转型，加快实现服务功能融合。新时期，大型体育场馆应面对社会多元主体的体育文化需求，融合创新服务功能与服务内容，提供高质量的体育文化服务。

（二）服务方式现代化特征

我国大型体育场馆服务方式经过粗放化、专业化的演进，服务水平有一定的提升，但仍然存在服务内容窄、服务价值链短、服务效率低等突出问题。2013年，国家体育总局等8部委印发的《关于加强大型体育场馆运营管理改革创新 提高公共服务水平的意见》中明确提出运用现代企业制度提高场馆运营能力。2014年国务院印发的《国务院关于加快发展体育产业促进体育消费的若干意见》和2015年国家体育总局印发的《体育场馆运营管理办法》中也提出建立现代企业运营制度，激发场馆活力，"现代化"成为对大型体育场馆服务方式新的阶段性要求。国家发改委在2017年颁布的《服务业创新发展大纲（2017—2025年）》中对服务业现代化升级提出了进一步要求，提出"智慧化、平台化"的创新理念，以信息化、平台化促进服务业现代化，结合大型体育场馆服务方式的"现代化"发展要求，可以理解为服务手段的智能化升级和服务功能的平台化转型。

产业融合理论最初出现在计算机、通信和广播电视业的"三网融合"中。技术和信息化发展是产业融合的诱发因素，产业融合的发展过程也是从技术融合逐步过渡到产品和业务的融合，再到市场的融合，最后达到产业融合的。当前，随着信息技术的快速发展，智能化服务已成为城市综合体的重要服务手段。现代信息技术高速发展，促使大型体育场馆服务手段向智能化服务方向再次升级。2016年，国家体育总局公布的《体育产业"十三五"规划》中要求积极推动"互联网+体育"，鼓励开发以移动互联网技术为支撑的体育服务，提升场馆综合服务水平。2018年，国家体育总局办公厅印发《体育总局办公厅关于印发大型体育场馆信息化监管系统建设试点工作方案的通知》，要求提升大型体育场馆智能化服务硬件设施和软件服务能力。IMAX、3D屏幕与大数据促使传统影院转型为智慧影院，智能化服务串联整个观演业务，为观众提供综合服务，带动影视产业创新升级。同样，智能化升级将使大型体育场馆服务方式向现代化迈进，通过以智能化发展为代表的技术创新，促进大型体育场馆服务融合。目前，美国绝大部分职业联盟大型体育场馆已进入智能化服务时代，通过智能化服务进一步提升场馆的商业价值，提升场馆融合和聚集能力，提升球迷的现场观赛体验，丰富赞助商权益回报途径，催生出新的城市休闲生活需求。

从调研情况来看，我国大型体育场馆智能化服务手段明显滞后于社会发展水平，不能满足现代化都市生活智能化、信息化、便利化服务的需要。调研结果显示，截至2018年只有北京五棵松体育馆、徐州奥林匹克体育中心、浙江黄龙体育中心、河南省体育中心游泳馆具备了智能化服务功能，其中北京五棵松体育馆2015年就开始打造智能化平台，通过建立"平台+内容+终端+应用"智能化服务链，将体育、演艺、娱乐、商业等服务功能融合为综合服务平台。此外，浙江黄龙体育中心自主研发了较为全面的智能化服务系统。但国内绝大部分体育场馆仍采用传统的服务方式，有待于进一步提升服务水平。

作为世界经济重要引擎之一，我国消费经济发展的走向已成为全世界关注的焦点。国务院要求倡导健康生活和促进体育消费，通过扩大体育消费，确立文明的健康生活方式，推进健康关口前移，推动形成投资健康的消费理念和充满活力的体育消费市场。国家体育总局2015年11月16日公布的《全国全民健身活动调查公告》显示，有60%以上的人选择在公共体育场馆付费进行锻炼[1]。2019年8月，中国足球协会代表大会报告公布的数据显示，2018年中超联赛现场观众人数达577.6万人，场均2.4万人，场均观赛人数位列世界职业联赛第六位[2]。以上数据表明，大型体育场馆是体育、文化、娱乐、商业等多元服务功能的重要载体和枢纽，承载着体育、商业、购物、演艺、会展、酒店等城市生活要素，链接着赛事、俱乐部、运动员、球迷、媒体等体育市场要素，服务功能融合可以促使大型体育场馆成为城市生活的服务平台和消费平台。

智能化、平台化是现代大型体育场馆服务方式现代化的重要表现。随着服务功能的聚集、融合，大型体育场馆需要通过智能化的服务方式提高服务效率，在服务功能叠加的情况下，为各类服务对象提供方便、快捷的服务内容，有效降低服务成本。同样，服务功能融合促进了大型体育场馆融合城市生活的多元功能，聚集更为丰富的资源体系，成为城市生活、消费的重要平台。

---

[1] 国家体育总局. 2014年全民健身活动调查公报[Z]. 北京：国家体育总局，2015.
[2] 中国足协. 中国足协报告[Z]. 北京：中国足协，2018.

（三）服务模式产业化特征

经过改革开放，我国体育事业的物质条件有了极大的改善，场馆数量有了快速的增长，大型体育场馆功能和工艺也有了较大的提高，如备受关注的国家体育场"鸟巢"和国家游泳中心"水立方"体现了世界最先进的建筑工艺和理念，被载入世界体育建筑的史册。与此同时，体育产业已逐步成为国民经济新的增长点，体育产业与城市发展融合愈加紧密，体育产业与相关产业融合日益成熟，体育市场的要素逐步进入市场经济领域，体育消费需求和能力逐渐被激活，大型体育场馆的综合聚集效应逐步体现，这些促使我国大型体育场馆运营模式向产业化方向转型升级。丛湖平认为，体育产业化是将具有体育属性或以体育为载体的要素进行改造和重组，按照价值规律和市场供需机制，将其逐步纳入市场经济体系的过程，包括产品商品化、单位企业化和形成竞争3个方面的基本特征[1]。2014年，国务院印发《国务院关于加快发展体育产业促进体育消费的若干意见》，提出取消赛事审批、推动职业体育改革、运用现代企业制度创新场馆运营机制三大任务，取消赛事审批权将促进大型体育场馆产品的商品化，推动职业体育改革将促进大型体育场馆生产要素市场化，运用现代企业制度将促进大型体育场馆市场经济主体的转型，直接推动我国大型体育场馆进入产业化发展阶段。

近年来，大型体育场馆产业化发展趋势日益明显，具体如下：一是区域性事业单位整体向企业转轨。例如，2006年深圳市委、市政府下发《深圳市市属事业单位分类改革实施方案》，将深圳市体育馆、体育场、游泳馆和网球中心等事业单位纳入转轨企业，取消原有的事业编制，成立国有性质的体育场馆管理公司。二是在国家事业单位改革的大趋势下，新建的大型体育场馆由于无法获得新的事业编制，普遍采取委托企业运营管理的方式，如南京奥林匹克体育中心、武汉体育中心、济南奥林匹克体育中心、深圳湾体育中心、广州体育馆等。三是大型体育场馆运营单位从竞争中产生，龙头企业发展趋势明确。国内出现了中体产业、珠江文体、华体集团、佳兆业文体、华润文体、爱奇体育、绿茵天地、体育之窗等一批有实力的专业运营公司，大型体育场馆运营管理市场竞争日益激烈。其中，珠江文体成为国有企业运营机构龙头，管理了12个大型体育场馆；佳兆业文体则

---

[1] 丛湖平. 试论体育产业结构及产业化特征[J]. 浙江大学学报（人文社会科学版），2000（4）：154-158.

是民营企业运营机构龙头，管理了多个大型体育场馆。

新时代，随着我国经济发展阶段变化、生产结构优化和居民收入水平提高，经济增长由依靠投资、出口拉动向依靠消费、投资、出口协调拉动转变的趋势日渐明确。2018年，中共中央、国务院印发《中共中央 国务院关于完善促进消费体制机制 进一步激发居民消费潜力的若干意见》，明确提出"建立现代体育产业体系，推动体育与旅游、健康、养老等融合发展，积极培育潜在需求大的体育消费新业态"，可见多元服务功能融合发展是产业化服务的重要表现形式。针对国内绝大部分体育场馆不具备产业化运营和综合体形态发展能力的问题，2018年2月，国家体育总局办公厅下发了《关于在全国公共体育场馆"改造功能，改革机制"试点工作的通知》，提出在功能上以城市综合体为改造方向，实现产业融合；在机制上以现代企业运营机制为改革目标，优化产业运行机制，实现现代产业发展体系的要求。产业化的服务模式要求我国大型体育场馆转变发展方式、优化服务功能、转换增长动力，通过服务功能与相关功能融合发展，提高全要素生产率，推动收入结构优化、服务质量升级、服务效率提升和服务动力增强。

第四章

我国大型体育场馆服务功能融合的基本理论

第一节 大型体育场馆服务功能的基本内容

在中华人民共和国成立后的较长一段时期内,我国大型体育场馆主要承担运动训练、体育竞赛的单一体育服务功能,缺乏配套和延伸服务。经过改革开放后的发展,我国大型体育场馆逐步打破了封闭的格局,在承担体育服务功能的同时,不断拓展对外服务内容,初步形成了体育、文化、商业等多元服务功能。

根据国家统计局公布的《三次产业划分规定(2012)》修订版和《国民经济行业分类》(GB/T 4754—2017)[①]中对服务内容的分类,结合国内大型体育场馆的服务供给的基本情况,梳理出体育服务、餐饮服务、办公租赁等15项服务内容,对全国39家大型体育场馆进行调研(表4-1)。结果显示,体育服务是大型体育场馆的核心服务内容,围绕体育服务还形成了文化演艺、教育培训、会议会展、办公租赁、亲子娱乐、餐饮服务、商业零售等多种服务供给体系。调研结果显示,体育服务内容主要包括竞赛表演、健身休闲、体育培训等。此外,文化演艺、教育培训、会议会展等服务的选中频次较高,主要是因为体育服务与文化、教育、会议会展等服务之间具有一定的替代性,可以弥补当前体育服务资源供给不充分的现状。大型体育场馆的服务功能还包括餐饮服务、商务办公租赁、商业零售、亲子娱乐、康养保健、酒店、交通等配套内容。

从调研情况来看,住宅、公寓及旅游服务选中频次较低,结合对国内体育场馆专家的访谈,作者认为大型体育场馆旅游服务功能更多是通过体育赛事来体现

---

① 国家统计局. 关于修订《三次产业划分规定(2012)》的通知[EB/OL]. (2018-03-27)[2023-09-23]. http://www.stats.gov.cn/sj/tjbz/gjtjbz/202302/t20230213_1902764.html.

的，除水立方、国家体育场等个别有重大纪念意义的超大型体育场馆外，其他体育场馆一般很少提供专门旅游服务，不具有普遍性，不建议将旅游服务列入大型体育场馆服务功能的内容中。

表 4-1　大型体育场馆服务功能情况（*n*=39）

序号	服务内容	选中频次	选中率/%	排序
1	体育服务（含体育赛事、健身休闲、体育培训）	39	100.00	1
2	餐饮服务	17	43.59	7
3	办公租赁	21	53.85	5
4	文化演艺	29	74.36	2
5	亲子娱乐	18	46.15	6
6	商业零售	16	41.03	8
7	康养保健	10	25.64	10
8	会议会展	19	64.10	4
9	酒店服务	9	23.08	11
10	休闲娱乐（公园）	15	38.46	9
11	教育培训	26	66.67	3
12	住宅、公寓	0	0	15
13	旅游服务	3	7.69	14
14	交通运输	7	17.95	12
15	其他	2（体育产业基地、户外运动基地）	5.13	13

一、体育服务功能的基本内容

（一）竞赛表演服务

竞赛表演是我国体育事业的重要组成部分，更是体育产业的核心，也是大型体育场馆服务功能的重要内容。国内学者李燕燕在其博士论文《我国体育产业融合成长研究》中较为详细地提出，竞赛表演业处于体育产业链的上游，具有较强的拉动作用[1]。我国体育竞技水平的提升，尤其是职业体育的快速发展，推动了国内竞赛表演市场的兴旺。改革开放以来，我国成功举办了奥运会、亚运会等世界

---

[1] 李燕燕. 我国体育产业融合成长研究[D]. 武汉：武汉体育学院，2014.

级综合性运动会及顶级单项体育赛事,推动了大型体育场馆的建设,使各地体育场馆设施基本满足了举办各种级别和规模的体育赛事的技术要求。竞赛表演服务是大型体育场馆体育服务功能实现的重要方面,大型体育场馆主要用于承办大型的竞赛表演活动。随着我国体育事业的发展,竞赛表演服务的社会需求增加,竞赛表演活动的种类越来越多,每年除国家计划的各类各级竞赛表演活动外,还有越来越多的商业性竞赛表演活动,形成了种类繁多、项目丰富的竞赛表演市场,使大型体育场馆体育服务供给拥有良好的市场前景。

调研显示,在我国大型体育场馆投入使用的过程中,竞赛表演服务呈现两极化特征,具体如下:首先,8家服务功能融合较好的大型体育场馆年均举办大型体育赛事活动22场(表4-2),明显优于其他大型体育场馆,如北京五棵松体育馆、佛山岭南明珠体育馆、南京奥林匹克体育中心、上海虹口足球场和合肥体育中心等,其体育竞赛收益也较为可观。但其他31家功能单一的大型体育场馆年均举办大型体育赛事活动只有8场(表4-3),如恩施市体育中心、新乡市体育中心、唐山市体育中心等全年没有举办过体育竞赛活动。深入调查发现,专业竞技场地、设备和座椅是保障竞赛表演服务功能实现的基础,部分大型体育场馆由于前期体育工艺不达标或者不满足举办现代大型体育竞赛的要求,不具备实现竞赛表演服务功能的条件。其次,从运营机制来看,采用企业机制运营的大型体育场馆的竞赛表演服务功能的实现要优于采用事业单位机制运营的大型体育场馆,如位于三线城市的济宁体育中心、任城文体中心、微山县体育中心、兖州体育中心等体育场馆,年均举办大型赛事活动14场左右。

表4-2 2017年8家融合功能较好的大型体育场馆大型赛事场次及收入

序号	场馆名称	大型赛事场次/场（平均数=22）	大型体育赛事收入/万元	运营机制
1	北京五棵松体育馆	30	1200	民营企业
2	佛山岭南明珠体育馆	30	855	国有企业
3	深圳湾体育中心	2	—	国有企业
4	江苏省五台山体育中心	31	405	事业运营
5	南京奥林匹克体育中心	30	877	国有企业
6	合肥体育中心	20	881	国有企业
7	广州体育馆	5	100	国有企业
8	上海虹口足球场	25	600	国有企业

表 4-3 2017 年我国其他 31 家功能单一的大型体育场馆大型赛事场次及收入

序号	场馆名称	大型赛事场次/场（平均数=8）	大型体育赛事收入/万元	运营机制
1	恩施市体育中心	0	0	事业单位
2	莆田市游泳健身馆	3	2.82	事业单位
3	淮北市体育中心	3	0	事业单位
4	花都东风体育馆	10	30	国有企业
5	济宁体育中心	14	325	国有企业
6	任城区文体中心	20	15	国有企业
7	微山县体育中心	10	12	国有企业
8	兖州体育中心	13	18	国有企业
9	广州大学城体育中心	2	68.58	事业单位
10	广州亚运城综合体育馆	11	421	国有企业
11	新乡市体育中心	0	0	事业单位
12	北京丰台体育中心	15	288	事业单位
13	湖北洪山体育中心	10	—	事业单位
14	徐州奥林匹克体育中心	2	20	国有企业
15	贵港体育中心	14	150	民营企业
16	莆田体育场、莆田综合体育馆	4	—	事业单位
17	阆中市体育运动中心	5	32	事业单位
18	江门体育中心（2017 年建成）	0	—	国有企业
19	淄博市体育中心	4	30	事业单位
20	世纪莲体育中心	2	80	事业单位
21	唐山市体育中心	0	0	事业单位
22	湖南省体育场	8	0	事业单位
23	桂林市体育中心	8	0	事业单位
24	安徽省体育馆	15	349	事业单位
25	长沙贺龙体育中心	9	422.16	事业单位
26	兰州市体育馆	6	26.32	事业单位
27	河北省体育馆	20	60.25	事业单位
28	工人体育场	20	—	事业单位
29	河南省体育中心	3	98.39	事业单位
30	河北奥林匹克体育中心	0	0	事业单位
31	浙江黄龙体育中心	15	301.31	事业企业并轨

（二）健身休闲服务

改革开放以来，随着国民生活水平的提高和生活方式的转变，群众性健身休闲活动呈现生活化的趋势，健身休闲已成为人们文化生活中的重要组成部分，居民体育消费水平逐年攀高，参与体育运动的人群不断增加，全民健身成为社会新时尚。为推动大型体育场馆向社会开放、满足人民群众日益增长的健身需求，2014年国家体育总局、财政部联合印发《国家体育总局、财政部关于推进大型体育场馆免费低收费开放的通知》，对大型体育场馆的社会开放时间和内容做出要求，强调扩大体育场馆服务供给，缓解我国大型体育场馆服务供给不足与群众健身热情高涨的结构性矛盾。李克强总理在2019年8月28日主持召开的国务院常务会议上再次强调，要大力倡导全民健身和促进体育消费，通过加大体育场馆服务供给，满足群众健身需求。新时期大型体育场馆供给高质量的健身休闲服务内容至关重要[1]。

全民健身需求的快速提升不仅为体育事业的发展带来了新的机遇，还为大型体育场馆服务功能的发挥注入了新的活力。体育场馆运营要根据全民健身需求的发展趋势，在满足大众参与喜闻乐见的体育运动项目需求的同时，充分利用体育场馆的空间，设立多元化的全民健身服务内容，进一步拓展健身休闲服务的内容与范围。调研结果显示，健身休闲服务是我国大型体育场馆体育服务功能的主要内容，也是我国部分大型体育场馆的主要收入来源，全国大型体育场馆健身休闲服务收入占经营性收入的平均比重为26%。通过进一步分类对比发现，北京五棵松体育馆等8家服务功能融合较好的大型体育场馆的健身休闲服务收入占经营性收入的平均比重为9.07%，而其他31家大型体育场馆健身休闲服务收入占经营性收入的平均比重为30.00%，明显高于服务功能融合较好的8家大型体育场馆（表4-4和表4-5）。结合表4-1和表4-2的对比发现，8家服务功能融合较好的大型体育场馆的大型竞赛表演活动举办情况明显优于其他31家功能单一的大型体育场馆，举办大型体育竞赛活动的功能更为突出。

---

[1] 连建明. 财经早班车｜国常会：确定进一步促进体育健身和体育消费的措施[EB/OL].（2019-08-29）[2023-09-23]. https://baijiahao.baidu.com/s?id=1643157736035423189&wfr=spider&for=pc.

表 4-4 2017 年我国服务功能融合较好的 8 家大型体育场馆健身休闲服务收入情况

序号	场馆名称	经营性收入/万元	健身休闲场地开放收入/万元	健身休闲收入占经营性收入的比重/%
1	北京五棵松体育馆	16000	800	5
2	佛山岭南明珠体育馆	3384	268	7.92
3	深圳湾体育中心	23000	2500	10.87
4	江苏省五台山体育中心	9538	463	4.85
5	南京奥林匹克体育中心	10960	1860	16.97
6	广州体育馆	4960	280	5.65
7	上海虹口足球场	1950	80	4.10
8	合肥体育中心	3536	609	17.22

表 4-5 2017 年我国大型体育场馆健身休闲服务收入平均数

项目	健身休闲收入占经营性收入比重/%
上述 8 家平均数	9.07
其他 31 家平均数	30.00

（三）体育培训服务

体育场馆是各类体育运动技能培训开展的平台，也是体育培训服务开展的重要依托。利用大型体育场馆设施资源，举办各类体育培训班，满足不同运动爱好者的运动技能培训需求，是大型体育场馆服务供给的重要内容。大型体育场馆体育培训服务既包括专业训练，也包括业余培训。在国家统计局公布的《国家体育产业统计分类》中，体育培训服务包括体校培训及其他体育培训。大型体育场馆开展的体校培训主要是指围绕业余体校开展的体育培训服务；其他体育培训主要是指面向社会开展的体育培训服务。中华人民共和国成立以来，我国竞技体育建立了相对完善的业余运动后备人才培养体系，大型体育场馆成为我国青少年运动训练和高水平竞技后备人才成长的主要基地，为我国竞技体育培养了一批又一批优秀人才，为我国竞技体育可持续发展做出了巨大的贡献。随着我国经济社会发展，传统运动训练的环境和条件发生了较大的变化，大型体育场馆在承担体育系统传统专业训练或业余训练任务的同时，也逐步面向社会，积极引进社会资源，通过市场化的手段充分利用自身资源优势，开展多种形式的体育培训服务。

从调研情况来看，体育培训服务已成为大型体育场馆服务功能的主要内容之一，绝大部分大型体育场馆都提供体育培训服务，部分大型体育场馆体育培训服务收入占经营性收入的比重达到20%左右，如任城区文体中心、兖州体育中心、江苏省五台山体育中心、阆中市体育运动中心、河南省体育中心。通过对比分析发现，8家服务功能融合较好的大型体育场馆体育培训服务收入占经营性收入的平均比重与其他31家大型体育场馆体育培训服务收入占经营性收入的平均比重相差不大，分别为9.56%和11.61%，没有明显差别（表4-6和表4-7）。

表4-6　2017年我国服务功能融合较好的8家大型体育场馆体育培训服务收入情况

序号	场馆名称	经营性收入/万元	体育培训服务收入/万元	体育培训服务收入占经营性收入比重/%
1	北京五棵松体育馆	16000	—	—
2	佛山岭南明珠体育馆	3384	533	15.75
3	深圳湾体育中心	23000	2500	10.87
4	江苏省五台山体育中心	9538	1893	19.85
5	南京奥林匹克体育中心	10960	811	7.40
6	上海虹口足球场	1950	45	2.31
7	广州体育馆	4960	580	11.70
8	合肥体育中心	3536	304	8.60

表4-7　2017年我国大型体育场馆体育培训服务收入情况

项目	体育培训服务收入占经营性收入比重/%
上述8家平均数	9.56
其他31家平均数	11.61

二、其他服务功能的基本内容

（一）文化演艺服务

当前中国经济进入新常态，在产业结构转型、经济增速放缓、居民消费升级的前提下，人们对精神文化生活的需求日益增长。为了满足人民不断增长的物质文化需求,各地举办大型文化演艺活动及城市大型节庆活动日趋频繁,文化演艺市场异常火爆。大型体育场馆较为封闭的广阔空间,为承办各类大型文化演艺活动和大型节庆活动等提供了良好的条件;同时,大型体育场馆的座位数量为文化演艺活动的举办提供了获得市场收益的基础,满足了承办大型文化演艺活动和大型节庆活动的需要。从调研情况来看,目前大型文化演艺活动和大型节庆活动等的举办都将大型体育场馆作为首选,主动融入大型体育场馆服务功能体系。

调研显示,我国大型体育场馆或多或少都在逐步融合文化演艺服务功能,基于国内文化演艺市场的增长和群众需求的高涨,文化演艺服务也在逐步融入大型体育场馆服务功能之中。数据显示(表4-8和表4-9),国内大型体育场馆年均举办文化演艺活动约8场,文化艺演服务收入占经营性收入的平均比重为12.34%,其中北京五棵松体育馆等8家大型体育场馆年均举办文化演艺活动25场左右,其他31家大型体育场馆年均举办文化演艺活动仅为3场左右,文化演艺服务功能明显不足。深入调查发现,部分大型体育场馆无法举办大型文化演艺活动的原因主要是场馆地理位置偏远、公共交通服务不便、场馆配套服务缺乏、场馆建筑结构不适应大型演艺活动举办的工艺要求等。产生这些问题的原因如下:一方面,在前期规划、建设过程中,没有考虑文化演艺活动举办的功能需要,或者大型体育场馆因设施老化而不满足举办现代大型文化演艺活动的设施要求;另一方面,由于商业、餐饮、交通等服务功能不配套,不具备针对大型演艺活动资源的吸引力。因此,文化演艺服务形成两极分化的情况。

表4-8 2017年我国服务功能融合较好的8家大型体育场馆文化演艺服务场次及收入情况

序号	场馆名称	文化演艺活动场次/次	文化演艺服务收入/万元	文化演艺服务收入占经营性收入比重/%
1	北京五棵松体育馆	40	2000	12.5
2	佛山岭南明珠体育馆	20	340	10.05
3	深圳湾体育中心	50	5000	21.74
4	江苏省五台山体育中心	15	209	2.19
5	南京奥林匹克体育中心	22	816	7.45
6	上海虹口足球场	7	550	28.2
7	合肥体育中心	19	629	17.79
8	广州体育馆	20	1300	26.21

表 4-9 2017 年我国大型体育场馆文化演艺服务场次及收入比重平均数

项目	文化演艺活动场次/次	文化演艺服务收入占经营性收入比重/%
上述 8 家平均数	25	15.77
其他 31 家平均数	3	11.15

（二）教育培训服务

教育培训是指通过具体知识和技能的传递，将学员培训成为某个专业需要的人员的过程。近年来，人们将更多的收入投资于教育培训，同时社会对教育的有效需求不断增加，相应地扩大了教育投资的来源。大型体育场馆充分利用空间形态多样且相对独立的功能用房，开发各类教育培训服务，既能与体育培训服务形成互补、相互衔接，又能满足人的全面发展，有利于充分发挥多元功能，提高场馆收益。调研发现，深圳湾体育中心通过详细的市场调研，将教育培训服务定位为建设寓教于乐、少儿一站式培训中心，有别于国内多数大型体育场馆以娱乐、零售为主的业态，将文化、艺术、教育、体育等多元培训融于一体，吸引 23 家品牌教育培训机构入驻，并配套供给餐饮、休闲、酒店等服务，延伸体育场馆服务产业链，打造深圳首个以"寓教于乐"为主题的综合服务平台。通过准确的科学服务定位、高品质的资源导入，深圳湾体育中心已成为幼儿、青少年培训的服务综合体，带来巨大的经济效益。

（三）会议会展服务

会议会展服务因其具有附加值高、产业关联度大、集聚性强、经济效益高等特征，成为企业展示和城市服务不可或缺的内容。传统专业会议、会展通常在城市会议中心、会展中心或展览馆等专业设施中举办。近年来，由于各类会议会展活动的增加，部分相关活动逐步选择在大型体育场馆举办，进一步拓展了大型体育场馆的服务功能。会议会展服务功能对场地规模、条件要求较高，因此大型体育场馆利用其宽敞的空间环境和优越的配套设施，与会议会展服务功能相融合，这逐渐成为我国运营管理发展的新方向。

举办各种会议会展不仅能集聚人气，提升体育场馆的文化品位，还可以充分利用大型体育场馆的建筑空间和结构资源，提升大型体育场馆的使用效率和经济效益。大型体育场馆可以利用宽阔的场地和功能用房，为各类大、中型会议会展活动提供设备租赁、会议场地、会场搭建布置等服务。例如，广州体育馆、济宁体育中心、浙江黄龙体育中心在运营过程中，着重开发会议会展服务功能。通过对美国体育场馆的考察发现，会议会展服务功能也是国外体育场馆的重要功能之一，如纽约麦迪逊花园广场多次举办各类大型会议和集会。此外，大型体育场馆的广阔空间也经常成为举办专业展览的重要场所。

调研显示（表 4-10 和表 4-11），国内大型体育场馆年均举办会展 4 场左右、会议 2 场左右，其中北京五棵松体育馆等 8 家服务功能融合较好的大型场馆年均举办大型会展 8 场左右、大型会议 2 场左右，其会议会展服务功能强于全国平均水平。通过功能对比分析发现，会议会展服务功能的实现明显强化了大型体育场馆的服务功能。通过场馆分类对比发现，服务功能融合较好的 8 家场馆的会议会展服务功能明显强于其他 31 家大型体育场馆。虽然国内部分大型体育场馆已主动融合会议会展服务功能，并产生一定的经济效益，如北京五棵松体育馆、佛山岭南明珠体育馆、南京奥林匹克体育中心、广州体育馆等，但国内大型体育场馆会议会展服务功能的提升还存在一定的空间。特别是因场馆空间、结构和设备不能满足高质量会议、会展活动举办的要求而出现会议会展服务水平层次低等问题，导致会议会展服务功能不能较好地融入体育场馆服务体系。例如，淮北体育中心、兰州体育馆、莆田体育馆举办的大部分会展活动是地方农产品、特产等低端展销活动，不仅未能产生良好的经济效益，还影响了场馆的整体形象，不利于大型体育场馆服务功能的融合发展。

表 4-10　我国服务功能融合较好的 8 家大型体育场馆会议会展服务场次及收入情况

序号	场馆名称	大型会展场次/次	大型会议场次/次	会议会展收入/万元	会议会展服务收入占经营性收入比重/%
1	北京五棵松体育馆	5	3	800	5
2	佛山岭南明珠体育馆	10	0	383	11.32
3	深圳湾体育中心	4	0	—	—
4	江苏省五台山体育中心	0	0	0	0
5	南京奥林匹克体育中心	10	4	498	4.54
6	上海虹口足球场	3	2	30	1.54
7	合肥体育中心	22	0	290	8.20
8	广州体育馆	15	0	1200	24.19

表 4-11 我国大型体育场馆会议会展服务场次及收入比重平均数

项目	大型会展场次/次	大型会议场次/次	会议会展服务收入占经营性收入比重/%
上述 8 家平均数	8	2	7.83
其他 31 家平均数	3	2	10.96

(四) 商业配套服务

大型体育场馆的商业配套服务包括餐饮服务、商务办公租赁、商业零售、亲子娱乐、康养保健、酒店住宿、停车等，上述商业配套服务功能主要是通过物业租赁等方式来实现。商业配套服务功能一方面延伸了大型体育场馆服务的产业链，另一方面完善了体育场馆服务功能体系，将体育服务与城市生活服务有机融于一体，以满足城市居民多元化的体育消费需求。在居民消费升级和需求叠加、升级的背景下，传统的大型体育赛事活动、大型文化演艺活动的举办，都离不开餐饮、零售、娱乐等商业配套服务功能的支撑。只有将体育服务功能与商业配套服务功能融合发展，形成满足城市居民多层次消费需求的服务功能融合体系，才能使大型体育场馆人气聚集、提高体育场馆服务品质，提升体育场馆的综合效益。长期以来，我国大型体育场馆在"以体为主，多种经营"的经营理念下，通过物业租赁的方式形成多元商业配套服务。

调研显示（表 4-12 和表 4-13），从经济指标上观测，通过物业租赁完善商业配套服务功能成为我国大型体育场馆收入的主要来源，物业出租收入平均占经营性收入的近 1/3，部分大型体育场馆在自主经营上主要依靠物业租赁服务收入，如淮北市体育中心（55.97%）、新乡市体育中心（66.15%）、浙江黄龙体育中心（52.52%）、桂林市体育中心（51.77%）、兰州市体育馆（57.70%）等体育场馆的物业出租收入在经营性收入中的比重超过 50%。

表 4-12 我国服务功能融合较好的 8 家大型体育场馆物业出租收入情况

场馆名称	物业出租收入/万元	物业出租收入占经营性收入比重/%
北京五棵松体育馆	3000	18.75
佛山岭南明珠体育馆	565	16.70
深圳湾体育中心	5000	21.74

续表

场馆名称	物业出租收入/万元	物业出租收入占经营性收入比重/%
江苏省五台山体育中心	1837	19.26
南京奥林匹克体育中心	4684	42.74
上海虹口足球场	600	30.77
合肥体育中心	472	13.35
广州体育馆	1000	20.16

表 4-13 我国大型体育场馆物业出租收入比重平均数

项目	物业出租收入占经营性收入比重/%
上述 8 家平均数	22.93
其他 31 家平均数	31.20

通过对国内大型体育场馆商业配套服务功能具体内容的进一步调研发现，部分大型体育场馆商业配套服务引进的服务资源与体育服务毫无关联，甚至相互冲突或损害体育服务功能。例如，恩施市体育中心将功能用房全部租赁给茶叶批发市场，新乡市体育中心将功能用房租赁给水泥、五金销售商等。

通过数据对比发现，北京五棵松体育馆等 8 家服务功能融合较好的大型体育场馆物业出租收入在经营性收入中的平均比重仅为 22.93%，低于其他 31 家大型体育场馆，并且商业配套服务资源明显优于其他 31 家大型体育场馆，这有利于围绕体育服务功能形成相关产业链。

（五）城市服务

结合对国内体育场馆领域部分学者的访谈发现，我国大型体育场馆服务功能还包括城市经济服务功能、城市形象展示功能、城市应急服务功能等城市服务功能。特别是越来越多大型体育场馆在建设过程中，积极融入区域经济社会发展环境，强化城市服务功能。具体途径如下：通过充分利用大型体育场馆的内外空间或功能用房，开发教育培训、商业配套等服务功能，融合城市居民生活需要；通过引进大型体育赛事、举办大型文化演艺活动或大型会议会展活动，形成城市复合型新型产业；通过创新健身休闲服务功能，满足群众日益增长的消费需求，从而提升城市生活品质。

大型体育场馆因其占地面积大、建筑空间广而通常作为城市的标志性建筑，其建筑结构、外形设计、绿化灯光成为城市公共景观的重要组成部分，它对增加城市文化内涵、彰显城市活力、提高城市环境质量具有重要的作用。此外，大型体育场馆还是城市灾害应急处理的重要设施，由于公共体育场馆具有面积大、空间广阔、交通便利等特点，一般还具有自然灾害、突发事件发生时的紧急疏散和集中救治功能。

整体来看，大型体育场馆城市服务功能主要依托体育服务功能实现多元服务功能融合发展，形成完善的功能体系，对区域经济社会发展和城市生活产生一定的影响。因此，本书着重于大型体育场馆的体育服务功能与多元功能之间的融合关系，兼顾大型体育场馆服务功能融合对城市发展的影响。

第二节 大型体育场馆服务功能融合的内在机理

从产业经济学视角来看，大型体育场馆服务功能融合的实质是体育服务与相关服务在功能或内容上相互融合发展的现象，而服务业的产业特征则是大型体育场馆服务功能融合内在机理的理论基础。

一、服务业的产业特征

大型体育场馆市场服务属于服务业的范畴，具有服务业的一般产业特性。大型体育场馆服务功能的融合主要是体育服务与其他服务之间的融合，这种服务功能的相容性主要源自服务业的产业特征。

国内外学者对服务业的产业特征进行了讨论。Sasser 等较早提出服务业具有无形性、异质性、生产与消费的不可分离性和易逝性 4 个特征[1]。Lovelock 在其《服务营销管理》一书中，根据服务与实物产品之间的差异性，提出服务产品具有服务产品无形性、顾客参与生产过程、顾客不能获得服务所有权、其他顾客可能成为服务产品的组成部分、服务运作多变性、服务质量难以评估、非储存性、时间

---

[1] SASSER W E, OLSEN R P, WYCKOFF D D. Management of service operations[M].Boston: Allyn &Bacon,1978.

因素十分重要、分销渠道多样化等特征[1]。Edgett 和 Parkinson[2]及 Gummesson[3]也支持这一观点。有学者从生产、产品、消费和市场角度，较为全面地总结服务业的主要特征，具体如表 4-14 所示。

表 4-14 服务业的主要特征[4]

特征类型		主要特征
服务生产	技术、厂房和设备	固定设施投入少，营业场所投资大
	劳动力	部分服务对专业技能要求高；部分服务对技能要求低，只需要一定的专门知识，包括临时和兼职工作
	劳动过程的组织	以技能性生产活动为主，对员工的工作细节只能进行有限的管理控制
	生产特征	非持续性生产，经验规模有限
	产业组织	政府公共服务组织、国有企业、民营企业等多元立体
服务产品	产品特征	无形性，难以储存或运输，服务过程与产品难以分离
	产品特色	根据客户个性化需求定制
	知识产权	难以保护，很少能申请专利保护，服务创新容易被复制，声誉至关重要
服务消费	产品交付	生产与消费密不可分，顾客和供应商必须有一方去会见另一方
	顾客作用	客户导向型，设计、生产过程需要客户参与或考虑客户体验
	消费活动的组织管理	生产和消费难以分离
服务市场	对市场的组织管理	存在公共部分行政管理、企业管理等多种方式
	管制	服务行业以管制为主
	营销	难以预先证实服务的品质

资料来源：李美云. 服务业的产业融合发展[M]. 北京：经济科学出版社，2007.

国内学者李江帆系统地分析了服务产品和服务生产过程，他认为服务行业属于第三产业的范畴，主要生产服务产品，"服务产品因具有非实物性、非贮存性、生产交换同时性、非转移性、作为劳动产品的必然性、再生产的被严格制约性等特点而区别于实物产品"，服务业的产业特征为其融合发展提供了基础[5]。曲立从

---

[1] LOVELOCK C H. Service marketing and management[M]. New Yersey:Prentice Hall,1999.
[2] EDGETT S, PARKINSON S. Marketing for service industries[J]. The services industries journal, 1993, 13 (3): 19-39.
[3] GUMMESSON E R P. Services marketing self-portraits: Introspections, reflections, and glimpses from the experts[M]. Chicago:American Marketing Association, 2000.
[4] 李美云. 服务业的产业融合发展[M]. 北京：经济科学出版社，2007.
[5] 李江帆. 第三产业的产业性质、评估依据和衡量指标[J]. 华南师范大学学报（社会科学版），1994（3）：1-9，13，124.

服务业经营的角度认为，服务业具有生产经营灵活、易转移、投资少收益高、质量难以控制、一般没有明显生命周期、多数物品有时效性、与制造业渗透性与融合性等特点①。李迎君从产业特性的角度认为，服务业具有服务生产呈现排队性、产品的综合性和难以储存性、质量的波动性、价格机制的弱化、设施的依赖性、服务顾客的亲和性六大特点②。谢春昌通过总结现有关于服务业特征的文献，提出服务业是一种社会生产活动或过程，服务业强化了消费者市场反应③。综上所述，对服务业产业特征的研究，主要从大型体育场馆服务内容、服务供给、服务市场3个方面探讨大型体育场馆服务功能的产业特征。

二、大型体育场馆服务功能的产业特征

（一）大型体育场馆服务功能的内容特性

（1）大型体育场馆服务的非实物性。与服务产业类似，体育服务与文化演艺、会议会展、教育培训等服务以非实物形态为主，城市居民只有在体验或观赏式消费的过程中，才能感受其服务功能的存在。非实物的产品特征决定了体育服务功能与文化演艺、会议会展、教育培训服务功能之间存在一定程度的叠加、互补，因此它们可以利用体育场馆的空间和场地交织在一起，体育服务供给不足时，可以采用文化演艺、会议会展等大型活动予以补充，提高体育场馆利用效率。

（2）大型体育场馆服务生产与消费的同步性。一般的实物产品是独立的显性存在，产品生产、交换与消费的过程可以独立开展，在时间、地点上可以独立分离。大型体育场馆供给的体育竞赛、体育培训、文化演艺、会议会展等内容，在供给的过程中伴随着消费，生产与消费在时间和空间上具有高度一致性，不会形成额外的服务时间，这有利于在大型体育场馆中有阶段性地安排不同服务功能的突显时间，使其与城市居民生活时间及消费时间形成一定的契合度。

（3）大型体育场馆服务的非贮存性。由于体育服装、体育器材和运动饮料等实体产品可以在一定时间内贮存，供给单位可以根据市场需求变化情况进行适

---

① 曲立. 服务关键特性与服务业经营特点分析[J]. 商场现代化，2006（22）：60-61.
② 李迎君. 基于产业特性视角的服务业创新特点研究[J]. 北方经济，2012（2）：26-27.
③ 谢春昌. 服务特性研究综述与展望[J]. 江苏商论，2015（4）：41-45，49.

度调节。大型体育场馆供给的体育服务与文化演艺、会议会展、教育培训等服务在客观上不具有贮存性，体育赛事结束，服务供给也就结束。同样，体育培训、会议会展等活动结束，相应的服务供给也同步结束。因为这种非贮存性，服务生产与消费过程中缺乏时间和空间的缓冲，所以在大型体育场馆服务供给过程中容易形成局部供不应求的供给结构，造成短期拥挤情况。大型体育场馆是城市中稀缺的大型公共设施，其本身具有资源稀缺性，不能完全满足城市居民的多元需求，因此需要融合多元功能，扩大大型体育场馆服务的功能体系，形成高质量的服务功能聚集体。当然，体育服务与文化演艺、会议会展、教育培训等服务可以借助实物化的方式来贮存，如通过视频、图片、文字、光盘等实物产品进行保存。

（4）大型体育场馆服务的非转移性。因为实物产品具有可贮存性，所以产品可以从地理位置出发，以消费者为中心进行转移。大型体育场馆服务内容的非贮存性、生产和消费的同时性，意味着其无法实现转移。在大型体育赛事、文化演艺活动、体育培训等服务产品供给过程中，城市居民主动向大型体育场馆聚集，体验各类服务功能。

（二）大型体育场馆服务功能的供给特性

（1）大型体育场馆服务功能对建筑条件的依赖性。体育服务与文化演艺、会议会展、教育培训等服务在供给过程中，不能完全脱离大型体育场馆物质基础而独立存在，对体育场馆建筑空间、结构有一定的依赖性，在服务价值传递过程中只有依赖体育场馆建筑设施才能实现。体育场馆设施条件是展示大型体育场馆服务功能融合效果的重要参考指标。例如，大型体育竞赛的举办需要与之相适应的场地标准和座位数量，这是体育竞赛规程和标准的基本要求。大型文化演艺活动由于演出的需要和市场需求，也需要场地空间和座位数量达到一定的规模。两者在大型体育场馆的建筑空间内容易形成融合。

（2）大型体育场馆服务供给的非独立性。在体育服务与文化演艺、会议会展、教育培训等服务供给过程中，消费者只有出现在生产现场才能发生消费，如体育比赛需要现场观众形成观赏性消费、教育培训需要消费者形成体验性消费，服务供给与消费不能分开存在。因此，大型体育场馆服务功能融合供给必须以消费需求为中心，对消费市场和需求的升级进行融合创新。

（3）大型体育场馆服务供给的多变性。由于服务产品的非贮存性，大型体育场馆服务供给主要用来满足即时的市场需求，一旦市场需求发生变化，服务功能的供给内容也存在变动的可能性。一方面，国内体育市场中的运动员、体育赛事、体育职业俱乐部等核心生产要素供给不足，无法满足大型体育场馆服务供给的需求，大型体育场馆服务供给必须增加服务内容的广度来弥补单一体育服务供给的局限性。此外，随着城市居民消费的升级，大型体育场馆除了供给体育服务内容，还需要供给文化、餐饮、会展、酒店等多元服务内容，满足居民多元消费叠加的需求。另一方面，居民消费逐步向需求叠加型、内容复合型的一体化方向发展，若大型体育场馆在现代城市生活服务快速发展过程中，只提供单一体育服务，则很难吸引消费者以场馆为中心产生定向消费，只有以消费需求为导向，形成多元服务内容融合体系，才能形成"赛时+赛后"可持续发展的模式。

（三）大型体育场馆服务功能的市场特性

（1）大型体育场馆服务功能的生产要素稀缺。我国大型体育场馆主要是为大型体育竞赛、运动训练和全民健身服务的体育设施，从其服务供给的生产要素来看，需要体育赛事、运动员、运动队或体育俱乐部等体育市场要素的支撑。由于举国体制战略和奥运争光计划的实施，我国体育赛事、运动员、运动队等体育资源没有完全进入市场，大型体育场馆体育服务供给无法获取体育市场资源。虽然国内建立了职业篮球、足球联赛制度，但无论是俱乐部数量还是比赛场次，都无法完全满足全国数万个大型体育场馆的服务需要。加上我国体育市场刚刚兴起，在体育场馆服务消费市场上还存在消费行为不稳定、消费层次水平不高和消费内容单一等缺点，特别是体育观赏性消费和参与性消费整体水平不高，无法完全满足体育服务供给的生产需要。只有加快促进大型体育场馆服务融合，形成综合服务体系，才能弥补体育市场资源不足的缺陷。

（2）大型体育场馆服务的自然垄断性。大型体育场馆规模大、占地广、设施多、投资高，在较长年限内重复投资建筑的可能性较小，其设施本身具有自然垄断性特征。这种自然垄断性要求大型体育场馆充分发挥功能和作用，实现高质量利用与发展。大型体育场馆在举办大型活动期间，由于安全等因素的要求，短时间内将形成单一供给的自然垄断型市场结构，外部资源难以临时进入其内部，这促使大型体育场馆必须围绕大型活动的举办延伸服务供应链，形成多元服务融合体系，满足消费者的需求。

三、大型体育场馆服务的产业特征与服务功能融合

（一）大型体育场馆服务的内容特性与服务功能融合

（1）大型体育场馆服务的非实物性特征为服务功能融合提供了基础性条件。体育服务、文化演艺、会议会展、教育培训等服务不具有实物属性，没有明显的形状或质量，对空间条件的适应能力较强，因此它们可以在大型体育场馆的建筑空间中存在、叠加。通过体育服务功能与相关服务功能之间的边界模糊化，实现融合发展。

（2）大型体育场馆服务生产与消费的同步性为服务功能融合提供了根本动力。大型体育场馆服务生产与消费的同步性要求服务供给的内容与市场消费的需求相一致，即大型体育场馆服务功能的规划、布局、供给都要围绕消费需求进行调整。从服务功能的消费需求来看，体育、文化、娱乐等服务都属于城市文化生活服务的组成部分，在消费需求由生存型消费向发展型、享受型消费转变的过程中，需求结构升级和融合发展的趋势日趋明显。从大型体育场馆体育服务功能的供给来看，存在短时间供求关系阶段性不平衡的情况。当举办大型活动时，人流集聚，各类服务供不应求，经常出现排队现象；在日常开放过程中，体育场馆设施服务能力不足，面临利用率不足的问题。服务功能融合发展是调节大型体育场馆供求矛盾的根本性战略选择，可以解决单一体育服务所带来的利用率不高的问题，也可充分发挥其他服务功能的优势，提升大型体育场馆服务资源的有效配置，促进大型体育场馆转型升级。

（3）大型体育场馆服务的非贮存性为服务融合提供了可能性。大型体育场馆服务的非贮存性使得体育服务、文化演艺、会议会展等服务功能不能像实物用品一样被长期贮存、随时适应市场调节。体育竞赛、会议会展、文化演艺活动之间，

以及全民健身、体育培训、教育培训之间都需要相互融合、穿插，这样才能避免大型体育场馆出现功能单一、效率低下的问题，才能持续不断地为居民提供丰富的文化精神服务内容。

（4）大型体育场馆服务的非转移性为服务功能融合提供了直接动力。体育服务、文化演艺、教育培训等服务功能只有依托大型体育场馆的物质空间才能实现，因此形成消费者以场馆为中心的聚集行为。居民消费具有复合叠加的特征，传统单一的服务功能已不能满足消费需求升级的需要，也不能吸引消费者前往消费目的地，只有为消费者提供"一站式"的多元服务，才能避免体育场馆运营受单一体育功能的限制，从而获取更大的服务范围和消费半径。

（二）大型体育场馆服务的供给特性与服务功能融合

大型体育场服务功能对其建筑空间与结构的强依赖性，促使其服务功能与建筑条件有效衔接，实现功能与建设的融合。首先，大型体育场馆建筑设施是其服务功能融合的基础，是承载多元服务功能的空间载体。这就要求大型体育场馆在前期规划设计阶段考虑后期服务功能融合的需要，在场馆的规模、结构、空间和工艺等方面满足服务功能融合发展的物质要求与工艺标准。其次，大型体育场馆建筑设施从内到外分为体育场地、配套设施和相关设施3个层次，单一体育服务功能并不足以支撑大体量建筑空间的有效利用，庞大的建筑空间与结构需要融合多元服务功能，提高使用效率，充分发挥大型体育场馆的效用。大型体育场馆的物质条件可以在3个层次形成融合。体育场地主要提供竞赛表演、运动训练和全民健身等体育服务功能，也可以与大型文化演艺活动、大型节庆活动等活动互补融合；配套设施可以为商业零售、餐饮、酒店、培训等服务功能提供条件，相关设施则可以为城市文化、娱乐、休闲、展览等服务供给提供条件，与体育竞赛、大型文化演艺活动等形成延伸型融合。最后，在多元服务功能融合过程中，不同类型的服务功能与场馆建设空间结构之间进行有效融合，形成不同的功能分区和功能渗透，创新服务内容，既可以满足举办大型活动的配套服务功能的需要，又可以满足日常运营的高效利用的需要。

大型体育场馆服务供给的非独立性要求以需求为导向，融合多元服务功能。在现代城市居民消费需求叠加、升级和追求高质量服务的趋势下，大型体育场馆服务供给要适应新的时代要求，由传统的以满足竞赛为导向转变为以满足消费需求和运营需求为导向，提供多元服务融合的综合体系。在大型体育场馆前期规划设计阶段，要围绕后期运营的需求进行功能定位、规模定位、工艺定位、市场定位和运营定位，优先考虑多元服务功能融合的需要；在后期运营管理阶段，要考虑社会多元消费需求，形成体育服务功能与相关服务功能的融合供给，满足城市居民"一站式"消费需求。

大型体育场馆服务供给内容的多变性要求服务功能融合互补。大型体育场馆服务供给具有明显的周期变动性特点。例如，大型活动供给期间形成供不应求的区域市场环境，但是在日常运营中则门可罗雀、闲置严重。大部分大型体育场馆举办大型活动的资源匮乏，若功能利用不足，则无法发挥综合作用。例如，广东奥林匹克体育中心年均举办大型活动不超过10次。供给内容多变性特征促使大型体育场馆体育服务与相关服务业态之间加快融合，通过增加服务内容、扩大服务平台、提高服务效率，缓解日常服务供给过程中的闲置问题。

（三）大型体育场馆服务的市场特性与服务功能融合

（1）传统大型体育场馆单一体育服务资源的市场稀缺性，需要其他服务功能的融合互补。随着人们的生活水平和消费能力逐步提高，体育运动成为全面建设小康社会的重要内容，并成为社会各阶层人士生活消费的主要方式，形成了一定规模的体育消费市场。但由于我国经济发展不平衡，再加上体育消费市场刚刚兴起，体育服务市场消费尚未成为社会的消费热点。特别是部分大型体育场馆周边的市场环境不成熟、配套设施不完善，不能形成具有一定规模的体育消费市场，应通过融合其他服务功能，解决单一体育功能供给效率不高的困难。商业零售、餐饮、文艺演出、会议会展、酒店、商务等多元服务功能可以与竞赛表演、体育培训、健身休闲等体育服务形成互补、结合或替代型融合，提高大型体育场馆市场服务的供给能力和效率。

（2）大型体育场馆服务的自然垄断性，需要服务功能延伸融合，增强范围经济。大型体育场馆自身属于垄断性资源，建成后较长时间或周边较广范围内很难有同类型大型体育场馆设施，尤其是其占地面积广、体量大，需要融合相关服务功能增强范围经济效应，提升土地综合利用价值和场馆综合服务效益。在大型活动举办期间，由于市场开发、安全保障等因素，大型体育场馆的服务供给形成一种短暂的自然垄断，其间通过服务功能融合降低平均成本，增强了体育场馆服务的范围经济效应。大型体育场馆服务功能融合后，通过体育竞赛、体育培训、全民健身等服务吸引消费者，并在体育服务价值链前、后阶段引流到餐饮、教育、培训、零售等相关服务，形成多元服务融合体系，降低各服务单一供给的时间、精力、成本。

第三节　大型体育场馆服务功能融合的理论框架

一、产业边界模糊化是大型体育场馆服务功能融合的理论基础

王慧敏在研究旅游产业融合过程中发现，产业边界呈现不确定性，表现出易与其他产业融合的特征，应以消费者不断变化的需求为核心，通过动态集成创新，形成旅游产业融合发展的新模式[1]。李燕燕认为，我国体育产业成长过程中，其产业边界与相关产业逐步融合[2]。产业融合理论揭示了大型体育场馆服务功能与相关服务功能之间的融合，实质上是其产业边界模糊化的过程。同理，传统大型体育场馆服务功能的边界相对固定且明确，就是以体育竞赛、体育培训和全民健身等服务内容为主的单一体育服务功能。在逐渐变化的市场环境中，由于服务对象、服务方式和服务模式的变化，传统大型体育场馆单一体育服务的产业边界不可避免地发生演变，与文化演艺、教育培训、会议会展等其他服务功能的边界呈现出模糊化的趋势，产业边界模糊化是大型体育场馆服务功能融合的理论出发点。

产业融合的最早研究源于对计算机、印刷和广播三者之间产业边界模糊化出现的交叉和融合现象的研究。传统的产业边界分为3类，包括产品供给形成的业务边界、产品生产形成的技术边界和产品销售形成的市场边界[3]。国内学者周振华

---

[1] 王慧敏. 旅游产业的新发展观：5C 模式[J]. 中国工业经济，2007（6）：13-20.
[2] 李燕燕. 我国体育产业融合成长研究[D]. 武汉：武汉体育学院，2014.
[3] 许道友. 信息通讯产业融合下的产业边界和市场结构分析——以电信、广播电视、出版三大产业融合为案例[J]. 科技和产业，2007（9）：9-14.

在此基础上提出运作边界维度,建立了产业边界理论模型(表 4-15)[①]。从静止的状态来看,体育服务与相关服务之间的边界清晰、相对分离,这在一定程度上成为政府进行宏观管理和制定产业政策的依据,如文化产业、体育产业、旅游产业等。周振华认为,每个产业用一种特定的技术、方法、工艺、流程来进行生产,从而形成技术边界;每个产业消费者提供特定功能的服务或产品,从供给到消费过程中,形成特定的产业价值链,导致产生业务边界;每个产业在经济运行或生产过程中,需要专有的基础平台、配套条件等,进而形成运作边界;每个产业生产的产品或服务将在特定的市场范围内完成交易、消费等经济活动,形成市场边界。

表 4-15 产业边界的理论模型[②]

边界类型	定义	定义符	表征指标
技术边界	由生产的技术手段与装备及其相适应的工艺流程来定义	生产	专用性程度
业务边界	由产业提供的产品与服务的活动方式来定义	产品	差异性程度
运作边界	由产业活动的基础平台及配套条件来定义	组织	专用性程度与可容量
市场边界	由同一或替代产品与服务的竞争关系来定义	交易	市场结构性质

资料来源:周振华. 信息化与产业融合[M]. 上海:三联书店,2004.

但是从系统、发展和变化的观点来看,随着技术、需求、市场等环境因素的变化,产业边界之间存在动态化、模糊化和融合化的发展趋势,特别是 21 世纪以来,体育服务与文化演艺、教育培训、会议会展及商业配套等服务之间相互渗透与融合,它们的服务边界正在由相对静止走向动态发展、由传统的固化走向创新融合,而大型体育场馆庞大的建筑空间则成为多元服务融合发展的载体或容器。根据周振华的产业边界理论模型,由于产业经济活动的技术、业务、运作和市场的动态演化,产业融合往往出现在不同产业的边界处,从而促使原有产业边界模糊化,使原来相对独立的产业之间相互交叉、渗透,并最终融为一体。

从产业经济活动的主要历程来看,技术是产业活动的起点,在一般情况下,不同产业之间使用的技术方法、手段、工艺存在一定的差异,因此存在技术边界。

---

① 周振华. 信息化与产业融合[M]. 上海:三联书店,2004.

随着建筑技术、信息技术、传播技术、智能技术的发展，大型体育场馆的场地规模、建筑空间、结构布局、工艺标准既能满足体育服务功能的实现要求，又能满足融合文化演艺、会议会展、教育培训、商业配套等多元服务功能的要求，在服务设施和技术要求上能较好地融于一体。体育服务、文化演艺、会议会展、教育培训都具有一定的创意性，其内容策划、市场营销等运作方法存在一定的类似性。正如弗兰克·凯尔奇（Frank Koelsch）在《信息媒体革命——它如何改变着我们的世界》中提出的，"两种或更多种技术融合后形成的某种新的且不同的技术，融合后产生的新技术和新产品功能大于原先各部分的总和"[1]。体育服务功能与相关服务功能的物质基础在技术方法、运用手段上存在一定相似性，为服务功能融合提供了技术支持，融合后的服务功能将提升大型体育场馆的使用价值。

从产业经济活动生产的过程来看，不同服务功能的使用价值存在一定区别，这也形成了体育服务功能与相关服务功能之间的业务边界。但是，随着产业的发展和产业价值链的延伸，体育服务功能与相关服务功能都属于城市生活中不可或缺的服务功能，由于城市居民需求升级的驱动，它们之间逐步形成某种产业关联。大型体育场馆体育服务功能与相关服务功能在供给上都属于城市生活服务供给的重要内容，都以满足居民生活消费需求和提高生活服务品质为目的。体育服务功能与文化演艺、会议会展、教育培训及商业配套服务功能之间形成互补、渗透或重新组合的产业关联，从供给到消费的价值链传递的业务边界逐步模糊化。

从产业运作的基础平台和配套条件来看，大型体育场馆的规模体量、建筑空间、设施设备和建筑技术完全可以满足体育服务功能与相关服务功能融合发展的物质需要。特别是在现代建筑理念和智能化创新的背景下，体育服务功能的发挥依赖于相关服务功能的融合发展。从产业政策引导方向可以看出，为促进消费、构建高质量服务体系和深化供给侧结构性改革，要求体育场馆服务供给端提供融合创新的功能体系，适应消费升级和叠加的趋势。

大型体育场馆体育服务与文化演艺、会议会展、教育培训、商业配套等服务

---

[1] 弗兰克·凯尔奇. 信息媒体革命——它如何改变着我们的世界[M]. 沈泽华，顾春玲，张弛，等译. 上海：上海译文出版社，1998.

之间，在运作方式、受众群体、营销方法等方面的市场边界逐步模糊化。基于居民消费需求的多元化、消费一体化的趋势和"一站式"服务的市场需求，促进原本相对独立的服务市场在彼此边界处相互渗透、相互交叉，并融合成新综合服务体。随着体育产业融合的现象逐步深入，今后很难区分传统的体育、文化、娱乐、教育等产业的分界线，市场边界模糊与融合交叉形成新的大文化产业、大娱乐产业和大健康产业。

二、服务创新是大型体育场馆服务功能融合的演进基础

改革开放以来，我国确立了市场经济体制，社会资源的配置机制由传统的国家计划经济机制转变为市场化的资源配置机制，社会产品和服务生产的活力不断增加，有效地刺激了市场主体的发展。体育场馆服务业得到快速发展，体育场馆服务业增加值由 2006 年的 18.24 亿元发展到 2016 年的 567.6 亿元，10 年间增加近 30 倍，如图 4-1 所示。当前，我国经济发展进入新常态，经济增长方式由高速增长向高质量增加逐步转变，大型体育场馆服务发展方式也符合国家经济发展整体形势。为促进服务业的发展，2017 年国家发改委印发《服务业创新发展大纲（2017—2025 年）》，提出"培育服务业融合发展新载体，推动服务业内部细分行业生产要素优化配置和服务系统集成，创新服务供给，拓展增值空间，支持服务业多业态融合发展"。

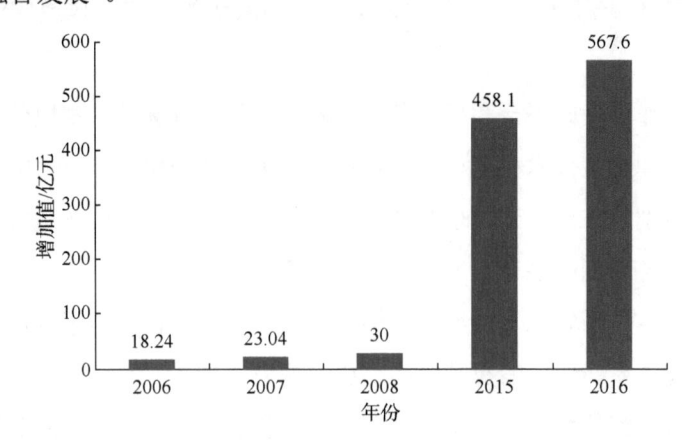

图 4-1　我国体育场馆服务业增加值发展趋势

（资料来源：根据国家统计局、国家体育总局数据整理而成。）

如同技术融合促进计算机与通信业的融合，服务业的创新将促进服务业的融合发展，而服务业的融合也是服务业创新的表现形式之一。从产业经济学的视角来看，城市居民体育消费需求已基本形成并不断升级，成为城市生活需求的重要内容；现代互联网技术、建筑技术的发展为大型体育场馆服务供给提供了较好的物质条件和基础；体育场馆经营管理人员的服务理论和经营思路不断创新，在运营实践中培养了一批高水平的经营管理人员；各地方政府的大型体育场馆数量不断增加，区域和城市对大型体育场馆的功能效用要求越来越明确，区域间体育场馆服务竞争形势逐步加剧，最终导致传统的大型体育场馆服务体系结构和模式被打破、重构和革新。

创新是一个在社会各领域广泛应用的概念，适用于经济社会发展的多个领域。按照熊彼特的理论，创新是经济发展的"引擎"和"推动力"，创新就是"生产要素的重新组合"，形成新的生产要素或生产条件后，重新被引入生产体系中[1]。为进一步阐释"创新"，他将创新分为产品的创新、生产方法的创新、销售市场的创新、生产资料或来源的创新和组织的创新。1939年，熊彼特在《经济周期》一书中进一步完善了对"创新"的定义，认为创新是"在经济生活的范围内以不一样的方式做事"[2]。Carland进一步提出，创新是指"对创造性想法采取行动，并形成了具体且确实存在的差异性"，企业创新通常是对不同类型的知识、资源、技术和运营能力的重新组合[3]。

根据创新理论，大型体育场馆服务功能融合的实质就是对服务供给过程中的要素、资源、技术和服务方式的重新组合，将多元服务功能要素与体育服务功能融为一体，打破传统体育服务业价值链静态模式，形成新的综合服务功能与供给方式。大型体育场馆单一体育服务功能转变为多服务功能融合发展本身就是一种理念上的创新与升级，拓展了大型体育场馆服务功能的内涵与外延；在多元服务功能融合供给的过程中，对体育、餐饮、零售、会议、教育等服务的生产要素进行优化配置与融合创新，打破传统单一体育服务功能供给的局限性，

---

[1] 约瑟夫·熊彼特. 经济发展理论[M]. 何畏，易家详，等译. 北京：商务印书馆，1990.

[2] 代明，殷仪金，戴谢尔. 创新理论：1912—2012——纪念熊彼特《经济发展理论》首版100周年[J]. 经济学动态，2012（4）：143-150.

[3] CARLAND J. Innovation: The soul of entrepreneurship[J]. Small business institute journal, 2011(1): 78-99.

创新服务产品供给的内容，扩张市场范围，在现有体育市场生产要素稀缺的情况下，为大型体育场馆服务内容的丰富和质量的提升提供空间。服务功能融合将转变社会对大型体育场馆服务功能单一的局限性认识，这种认识的转变直接促使大型体育场馆服务供给向更高级的模式创新发展，也将推动大型体育场馆逐步实现高质量发展。

三、建筑设施是大型体育场馆服务功能融合的物质基础

大型体育场馆服务功能融合就是"平台+内容"的耦合发展，建筑设施是服务功能融合发展的物质基础，而服务功能融合则是价值和内容创新的重要表现。长期以来，我国大型体育场馆服务功能单一，其主要的制约因素是场馆设施物质基础与后期服务功能融合的基本要求分离，客观上导致大型体育场馆不具备多元服务功能融合发展的基础，场馆的建筑结构、空间布局、工艺要求不能满足服务功能融合发展的基本要求。

大型体育场馆由内到外可以分为3个层次，包括体育场地、功能配套和公共空间。体育场地是大型体育场馆核心功能的承载基础，主要满足体育竞赛、运动训练和体育培训等服务的要求，同时满足文化演艺、会议会展等服务的场地要求。体育竞赛与文化演艺活动、大型会议、大型会展等的举办有一定的共性，但是也存在差异性。不同级别和项目的体育竞赛对体育场地的规格、材料、工艺、座位等有不同要求，但文化演艺活动重点强调灯光、音响、布景等物质要求，而会议会展则强调电源、电线、网络等物质要求。传统的大型体育场馆在建筑设计过程中往往只考虑了体育竞赛的要求，没有考虑其他服务供给的要求，产生场馆功能单一、无法实现服务功能融合的问题。融合发展理念要求场馆前期规划设计考虑后期服务功能融合的需求，通过建筑理念、技术的提升，实现服务功能融合发展的建筑要求。

功能配套设施主要包括场馆的功能用房和配套设施，在举办大型赛事期间，这些设施主要用于满足竞赛活动服务需要，在赛后利用过程中，它们又可满足餐饮、商务、酒店、教育培训、商业零售等服务的要求，是大型体育场馆服务功能

融合的重要物质保障。在传统大型体育场馆建筑设计过程中，通常只是根据《体育建筑设计规划》的要求，满足竞赛功能使用的需要，缺乏对运营需求的考虑，不能实现功能用房、配套设施在体育服务功能及多元服务功能之间的转换，无法满足商务、餐饮、商业零售等多元服务功能融合的需要。服务功能融合发展的前提是大型体育场馆功能用房和配套设施要满足体育服务功能与相关服务功能融合发展的需要，以满足运营需求和消费需求为中心，突破功能用房和配套设施的静态封闭状态，通过互动性、可变性和高效性建筑理念，实现服务功能融合创新发展。

公共空间主要是指除场馆主体建筑和配套设施之外与城市空间连接的公共区域，包括公共广场、道路、绿化空间等。客流量是影响项目运营的重要指标，因此，大型体育场馆服务功能与城市功能的融合往往将公共空间与城市空间紧密联系在一起，建立通道树型体系，提升交通的可达性和空间的拓展性，将体育场馆功能融入城市生活，如北京五棵松体育馆、深圳湾体育中心、纽约麦迪逊广场花园球场、波士顿 TD Garden 球场等都是通过体育场馆公共空间与城市交通的无缝对接，来提升观众消费的便利性的。

四、大型体育场馆服务功能融合理论框架的构建

大型体育场馆服务功能融合理论框架的构建基于对其内涵的基础阐述。上述研究表明：第一，大型体育场馆建筑设施是服务功能融合的基础，也是服务功能融合的重要保障；第二，产业融合理论表明，产业边界的模糊化是大型体育场馆服务功能融合的理论基础，体育服务与相关服务的产业特征是其服务功能融合的内在机理；第三，大型体育场馆服务功能融合的过程实质上是其服务价值创新的过程；第四，大型体育场馆服务功能融合形成新的综合服务体系，对体育场馆内部发展和区域发展都有一定的影响。基于以上考虑，作者构建了"原因—过程—结果"的逻辑分析框架，对大型体育场馆服务功能融合的内外动因、融合的过程及融合的结果进行理论分析。大型体育场馆服务功能融合的理论分析框架如图 4-2 所示。

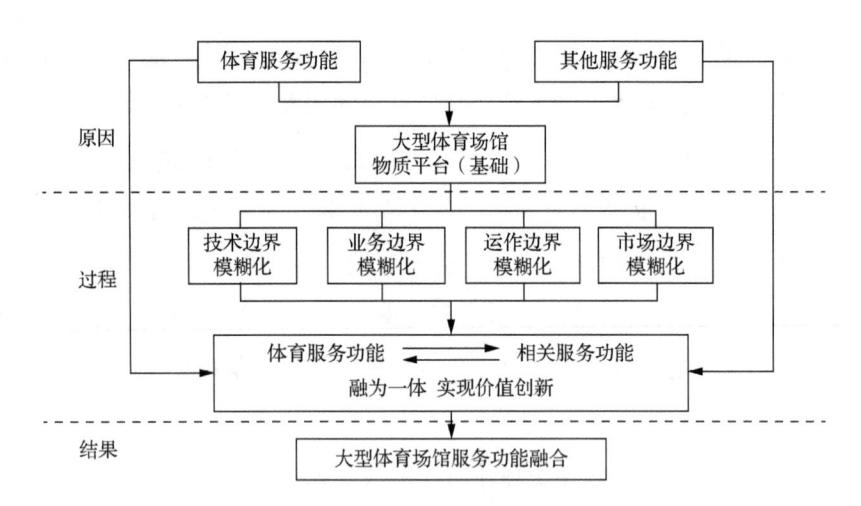

图 4-2　大型体育场馆服务功能融合的理论分析框架

在体育产业与国民经济、社会发展关系日益紧密的趋势下，体育服务的产业边界呈现出不确定性和扩张性，这成为体育服务功能与相关服务功能融合的理论根源。大型体育场馆由于其体量、规模、空间、结构等建筑因素，可以同时成为体育服务功能与相关服务功能融合的物质平台或"容器"。随着居民生活水平的提高和生活质量的攀升，人们不再满足于单一的体育服务，越来越多的消费者提出了服务功能融合的消费需求，期待大型体育场馆能够在单一体育服务功能之外，实现多元服务功能融合供给并提供"一站式"服务。在这一需求的拉动下，大型体育场馆服务功能融合逐步实现。在大型体育场馆运营实践过程中，只有供给多元服务功能满足消费者的个性、多元需求，才能适应市场经济的发展需求，这也是大型体育场馆服务功能转型升级的重要方向。

产业融合的过程是大型体育场馆服务功能创新与价值提升的过程。由于体育服务功能及相关服务功能的边界模糊化，大型体育场馆由单一体育建筑向服务综合体演进，其内部的竞赛表演、体育培训、全民健身等体育服务功能跨越边界，与相关服务功能逐步融合，创新大型体育场馆服务的价值和效用。

从结果来看，大型体育场馆服务功能融合后，将形成新的体育场馆服务内容结构和盈利模式。大型体育场馆服务功能融合过程包括两个方面：一方面，基于体育场馆服务功能属性和资源的延伸，通过融入相关服务功能促使传统体育场馆服务的创新升级；另一方面，基于相关服务功能之间共用场馆平台，根据创新的应用和发展，最终培育新型服务内容，如体育主题酒店、体育秀、智能服务等。

第五章

我国大型体育场馆服务功能融合的模型及内涵

第一节 大型体育场馆服务功能融合的方式

从产业融合的视角来看大型体育场馆服务融合的方式，其本质是一个多层面多形式的融合过程，既有服务业之间的两者融合，又有多元服务功能融合形成扩张型的服务创新。从大型体育场馆服务融合的实质来看，其源于技术、市场、功能、需求等因素的融合。大型体育场馆服务功能融合主要包括互补型、延伸型和渗透型3种融合方式。

一、大型体育场馆服务功能互补型融合

大型体育场馆服务功能互补型融合主要是指在大型体育场馆建筑框架内，体育服务功能与相关服务功能形成互补关系并引起更大范围的功能、市场融合，更充分地促进场馆设施的有效利用。具体如下。

第一，从体育场馆的使用效率和供给来看，体育服务功能需要与其他非体育服务功能融合，弥补单一体育服务供给不足和形式单一的缺陷。例如，大型体育场馆在体育竞赛、文化演艺、会议会展等服务功能上，可以形成较强的互补关系，从而满足消费者多元化的消费需求，提高场馆使用效率。从调研情况来看，国内部分大型体育场馆已在该方面进行尝试。对全国8家服务功能融合较好的大型体育场馆进行调查发现，体育竞赛、文化演艺与会议会展之间，基本上形成2∶2∶1的比例关系。三者在市场、业务、运作和技术方面都能不同程度地实现边界模糊化，从而形成互补关系。特别是体育竞赛服务功能与文化演艺服务功能之间，由于对体育场馆的空间、规模及座位等硬件的要求较为接近，容易形成1∶1的互

补融合比例关系。例如，深圳湾体育中心、北京五棵松体育馆、佛山岭南明珠体育馆等甚至出现了专门投资、举办、运作大型文化演艺活动的行为。大型体育场馆体育竞赛、文化演艺、会议会展服务功能比例关系如图 5-1 所示。

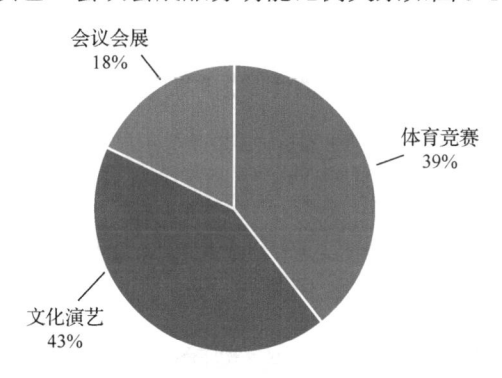

图 5-1 大型体育场馆体育竞赛、文化演艺、会议会展服务功能比例关系

（会议会展 18%；体育竞赛 39%；文化演艺 43%）

第二，从培训服务功能的供给来看，体育培训、文艺培训、教育培训都是人类实现全面发展、提高综合素养不可或缺的途径。大型体育场馆体育场地丰富、功能配套用房众多，因此体育培训与其他培训之间相互补充，既能充分利用体育场馆各类资源，提升体育场馆使用效率和效益，又能形成培训聚集体，减少消费者的时间、精力成本，满足群众自我实现的需求。

二、大型体育场馆服务功能延伸型融合

大型体育场馆服务功能延伸型融合主要是指依托大型体育场馆建筑设施，围绕体育服务的产业链，通过产业延伸实现功能融合发展。在现代城市生活中，体育竞赛服务功能、健身休闲服务功能和体育培训服务功能的实现，都需要围绕其产业链进行延伸，融合相关服务功能和内容，进行综合供给。大型体育场馆服务功能延伸型融合的形式有很多种，既可以立足于体育竞赛、文化演艺、会议会展大型活动的举办，与餐饮、酒店、零售等服务功能进行延伸型融合；又可以依托健身休闲服务功能，与体育用品零售、体育彩票销售、小型文体活动等领域进行延伸型融合；还可以依托培训服务功能，与餐饮、休闲、零售等服务功能进行延伸融合。但无论采用哪种形式，都要以体育服务功能为核心，对产业链进行上下延伸，实现服务功能融合发展。

大型体育场馆服务功能延伸型融合发展对于增强场馆服务品质、提高体育场馆效益、发展区域经济具有积极意义，目前国内个别场馆已清晰显现服务功能融合发展的优势。例如，深圳湾体育中心通过打造以青少年培训为中心的产业链，形成全民健身、体育培训、亲子教育、外语培训、文艺培训、特色餐饮多元服务功能延伸融合体系，共吸引17家知名少儿培训机构、23家商业配套及餐饮机构入驻，每年产生约2000万元的全民健身场地开放收入、2000万元的体育培训收入和近5000万元的商业租赁收入，成为国内首个第一年运营就实现收支平衡的大型体育场馆。2017年，该场馆实现经济效益2.3亿元，为国内其他大型体育场馆服务融合发展提供了较好的经验借鉴。

三、大型体育场馆服务功能渗透型融合

大型体育场馆服务功能渗透型融合是指由于技术、理念创新，大型体育场馆体育服务功能与文化演艺、会议会展、商业配套等服务功能相互渗透，形成功能创新或服务内容创新的过程。融合后的新功能或服务内容融合了原产业的价值链内涵，因而具有更强的增值能力。技术边界、市场边界、运作边界或业务边界的模糊化，为大型体育场馆服务功能渗透型融合提供了条件。一方面，大型体育场馆运营管理发展要突破单一的体育服务功能，其体育竞赛、体育培训、健身休闲等传统体育服务功能，需要与其他相关服务功能通过技术、业务或运作进行融合，增加体育服务功能的活力、内容和创造性。另一方面，其他相关服务功能也要向体育服务功能靠拢，借助体育服务的人气、活力和场地，创新原有的服务方法、渠道。

大型体育场馆服务功能渗透型融合主要表现在以下两个方面：第一，在建筑空间上渗透融合。大型体育场馆的功能用房，与酒店、餐饮、商业零售等服务功能的建筑要求相互配备，可以形成融合。例如，北京工人体育场看台下的空间与星级酒店功能融合形成 A Hotel 四星级酒店，成为世界上为数不多的建筑于体育场馆内部的酒店，给消费者带来新颖的体验，除正常对外开放经营之外，还能为北京工人体育场举办大型活动、运动员集训提供高质量的服务。第二，在功能内容上渗透融合。在理念创新的促动下，体育运动与文化娱乐在内容上渗透融合形成新的服务内容，如"星跳水立方""中国星跳跃"等体育文化融合的表演服务，在大型体育场馆内，将体育明星、文艺明星、体育培训等服务渗透融合于一体，

形成新的文体演艺娱乐服务内容。这种大型体育场馆创新服务内容的出现，指明了大型体育场馆服务产品供给新的发展方向，也对大型体育场馆利用率的提升产生深刻的影响。

第二节　大型体育场馆服务功能融合的结构模型

2019年，国家体育总局、国家发改委联合颁发的《进一步促进体育消费的行动计划（2019—2020年）》中指出要进一步"丰富体育消费业态、拓展体育消费的空间"。研究表明，大型体育场馆已初步形成了体育服务、文化演艺、会议会展、商业配套等多元服务功能供给体系。然而，在与体育相关的每类服务功能中都存在多种多样的具体内容，有的内容能与体育服务功能之间形成良性互动，实现大型体育场馆服务的内容升级和空间拓展；但实践证明，有的服务内容也可能会对大型体育场馆的体育服务功能造成损害、制约，影响大型体育场馆的本质属性。为评价大型体育场馆体育服务功能与相关服务功能的融合情况，从理念上厘清大型体育场馆服务功能融合的认识，需要从内容与强度两个维度构建大型体育场馆服务功能融合的结构模型。

一、大型体育场馆服务功能融合结构模型构建的原则

（一）坚持紧扣本体

紧扣本体是大型体育场馆服务内容融合体系构建的根本原则，融合是在以体为主基础上的融合，形成以竞赛表演、全民健身、体育培训等服务内容为核心的、围绕大型体育场馆体育服务功能延伸实现的相关服务内容融合。体育服务功能是大型体育场馆的本质功能，体育服务是大型体育场馆的核心服务，无论是文化演艺、会议会展和教育培训等相关服务功能的融合，还是餐饮、零售、酒店等配套商业服务功能的融合，都必须以体为主实现融合，确保服务内容融合发展沿着正确方向推进。要把紧扣本体、融合发展的正确导向贯穿大型体育场馆业态融合的各环节、全过程，保障融合后的体育服务继续作为主体服务、体育功能仍然是本质功能。

（二）坚持理念创新

解放思想，更新观念。首先强化服务理念，建立以运营和需求为导向的融合发展理念，注重市场需求、服务体验，满足多样化、个性化的生活需求。其次树立创新发展理念，产业融合是现代产业发展的必然趋势，服务功能融合也是大型体育场馆服务创新的必要方式。最后树立价值提升理念，大型体育场馆服务功能融合促进了具体服务结构的优化，促进了综合价值的提升。

（三）坚持依托场馆

大型体育场馆设施是发展体育产业的主要载体，也是承载社会生活服务的重要平台。构建服务内容融合的结构模型要依托大型体育场馆建筑空间、结构要求，不能脱离大型体育场馆建筑空间而空谈功能融合。

（四）坚持动态调整

大型体育场馆服务功能的内容结构模型是动态调整的，其空间建构、地理位置、区域环境存在一定的差异性，其运营管理面临的任务与挑战不同，其服务内容也要有所调整。应该结合具体情况调整服务功能融合的结构。

二、大型体育场馆服务功能融合内容结构模型的构建

（一）指标总体情况

为构建大型体育场馆服务功能融合的模型，选择39家大型体育场馆的负责人与17名具有10年以上国内体育场馆运营管理经验的专家，就多个具体的服务内容与体育服务之间的融合度进行问卷调查或专家访谈。参照国家统计局、中国标准化研究院于2017年联合公布的《国民经济行业分类标准》相关标准，结合国内大型体育场馆运营管理的实际情况，选取了百货零售等27个与体育服务业相关的服务内容，主要目的在于考察相关服务业态与体育服务的融合情况。在计量方法上，国外学者Alwin通过对1978年生活质量调查中使用的7级和11级评定量表的比较，认为11级量级能表达更多信息，并且效度和信度更高[①]。国内有学者采

[①] ALWIN D F. Feeling thermometers versus 7-point scales: Which are better?[J]. Sociological methods research, 1997, 25 (3): 318-340.

第五章 我国大型体育场馆服务功能融合的模型及内涵

用不同等级（5、6、7、10级）的李克特量表，通过在线调查和电话调查分析消费者对商品的满意度，结果发现李克特10级量表的内部一致性最好，并且量表等级越多，其辨别力越高。本章主要借助大型体育场馆负责人和国内体育场馆领域专家对体育服务功能与其他相关服务功能的融合度进行评价，运用SPSS22.0数据统计软件，构建服务功能融合的模型。考虑到体育服务与其他相关服务的融合可能存在多个层次，对融合度的鉴别度需求较高，因此采用李克特11级量表。

本次调查对象主要包括场馆长与中国体育场馆协会的专家，共计56名，就27项服务内容与体育服务之间的融合度进行评价。在评价过程中，运用李克特11级量表进行赋值，中位数为5分，分值越高表示专家认为该项指标与体育服务的融合度越高，反之则表示融合度越低，低于5分可以判定为专家评价融合度较低。如表5-1所示，对超级市场、百货零售、其他零售、电影院、洗浴保健、酒吧、歌舞厅7项中位数低于5的指标进行删减，从而将原有的27个服务内容指标缩减为20个中位数在5分以上的服务内容指标，说明这20个服务功能的具体内容与体育服务功能具有较高的融合度。

表5-1 大型体育场馆服务内容融合评价数据描述（$n=56$）

代码	服务内容指标	计数	最小值	最大值	平均值	中位数	标准差	平均标准差
1	百货零售	56	0.00	9.00	3.29	3.00	2.54	0.34
2	超级市场	56	0.00	10.00	3.71	4.00	2.83	0.38
3	便利店	56	0.00	10.00	6.14	7.00	3.25	0.43
4	体育用品专卖	56	0.00	10.00	8.23	9.00	2.11	0.28
5	其他零售	56	0.00	9.00	3.77	4.00	2.31	0.31
6	酒店	56	0.00	10.00	5.91	6.50	3.09	0.41
7	正餐	56	0.00	10.00	5.30	5.50	2.90	0.39
8	快餐	56	0.00	10.00	7.32	8.00	2.91	0.39
9	咖啡馆	56	0.00	10.00	5.71	6.00	3.31	0.44
10	茶馆	56	0.00	10.00	4.77	5.00	2.90	0.39
11	酒吧	56	0.00	9.00	3.61	3.00	2.91	0.39
12	商务办公	56	0.00	10.00	6.46	6.50	2.52	0.34
13	会议会展	56	3.00	10.00	8.21	9.00	1.87	0.25
14	洗浴保健	56	0.00	10.00	3.75	3.50	3.18	0.42

续表

代码	服务内容指标	计数	最小值	最大值	平均值	中位数	标准差	平均标准差
15	体育康复	56	0.00	10.00	8.04	8.50	2.26	0.30
16	文化艺术培训	56	0.00	10.00	7.66	8.00	2.59	0.35
17	教育培训	56	0.00	10.00	6.38	7.50	3.06	0.41
18	大型文艺表演	56	1.00	10.00	8.57	9.00	2.09	0.28
19	群众文体活动	56	2.00	10.00	8.93	10.00	1.80	0.24
20	歌舞厅	56	0.00	7.00	2.55	1.50	2.54	0.34
21	电影院	56	0.00	8.00	3.77	4.00	2.83	0.38
22	体育博物馆	56	0.00	10.00	5.89	6.00	3.17	0.42
23	游乐园	56	0.00	10.00	5.16	5.00	3.30	0.44
24	彩票销售（包括体彩）	56	0.00	10.00	6.45	7.50	3.12	0.42
25	公共电汽车客运	56	0.00	10.00	7.57	9.00	3.13	0.42
26	城市轨道交通	56	0.00	10.00	7.73	9.00	3.28	0.44
27	停车场	56	2.00	10.00	9.04	9.00	1.35	0.18

（二）构建过程

为进一步剖析多个服务内容指标之间的内部关系，对修正后的20个服务内容指标进行因子分析。KMO（Kaiser-Meyer-Olkin，取样适切性量数）和Bartlett球形度检验结果如表5-2所示，KMO值为0.804，说明变量之间的偏相关度较高，取样适合度较高，适合做因子分析；Bartlett球形度检验显著性P值为0.000，达到极其显著的水平。两个检验结果表明指标适合进行因子分析。

表5-2 KMO和Bartlett球形度检验结果

KMO取样适切性量数		0.804
Bartlett球形度检验	上次读取的卡方	700.462
	自由度	190
	显著性（P）	0.000

变量共同度如表5-3所示，数据显示变量中大部分信息均能被因子所提取，说明因子分析的结果是有效的。总方差解释如表5-4所示，初始特征值大于1的指标共计4个，说明因子分析共提取了4个公因子。第一个公因子特征值为8.408，解释方差百分比为42.042%，高于其他因子。根据旋转载荷平方和，第一个公因

子特征值为 5.549，解释方差百分比为 27.745%，也高于其他因子。因子分析提取的 4 个公因子方差解释总量为 66.013%。

表 5-3 变量共同度

序号	变量名称	初始值	提取
1	便利店	1.000	0.815
2	体育用品专卖	1.000	0.598
3	酒店	1.000	0.568
4	正餐	1.000	0.624
5	快餐	1.000	0.822
6	咖啡馆	1.000	0.668
7	商务办公	1.000	0.623
8	会议会展	1.000	0.543
9	体育康复	1.000	0.665
10	文化艺术培训	1.000	0.643
11	教育培训	1.000	0.637
12	大型文艺表演	1.000	0.674
13	群众文体活动	1.000	0.644
14	游乐园	1.000	0.686
15	彩票销售（包括体彩）	1.000	0.693
16	公共电汽车客运	1.000	0.727
17	城市轨道交通	1.000	0.777
18	体育博物馆	1.000	0.498
19	茶馆	1.000	0.560
20	停车场	1.000	0.735

表 5-4 总方差解释

组件	初始特征值 总计	方差/%	累积/%	提取载荷平方和 总计	方差/%	累积/%	旋转载荷平方和 总计	方差/%	累积/%
1	8.408	42.042	42.042	8.408	42.042	42.042	5.549	27.745	27.745
2	2.177	10.883	52.925	2.177	10.883	52.925	3.274	16.369	44.114
3	1.351	6.757	59.681	1.351	6.757	59.681	2.776	13.881	57.995
4	1.266	6.332	66.013	1.266	6.332	66.013	1.604	8.018	66.013
5	0.937	4.687	70.700						
6	0.887	4.437	75.137						

续表

组件	初始特征值			提取载荷平方和			旋转载荷平方和		
	总计	方差/%	累积/%	总计	方差/%	累积/%	总计	方差/%	累积/%
7	0.792	3.961	79.098						
8	0.711	3.556	82.654						
9	0.604	3.020	85.674						
10	0.570	2.851	88.525						
11	0.482	2.410	90.935						
12	0.335	1.675	92.610						
13	0.294	1.468	94.078						
14	0.277	1.387	95.464						
15	0.263	1.313	96.778						
16	0.223	1.115	97.893						
17	0.160	0.801	98.694						
18	0.105	0.527	99.221						
19	0.086	0.431	99.652						
20	0.070	0.348	100.000						

因子旋转在16次迭代后收敛，旋转后的指标矩阵表如表5-5所示，生成了4类新的变量，具体分析如下。

因子1包括城市轨道交通、体育康复、彩票销售（包括体彩）、游乐园、公共电汽车客运、体育博物馆、体育用品专卖、酒店、咖啡馆、茶馆相关服务功能的具体内容。上述内容主要以商业配套服务为主要特征，可以命名为商业配套服务因子。从大型体育场馆运营管理实践来看，适当的商业配套是大型体育场馆开展体育竞赛、全民健身和体育培训服务的重要保障，也可以成为大型体育场馆经济收益的重要来源。在体育消费市场尚未成熟的情况下，我国大型体育场馆采用以商养体、以体促商的运营模式是深挖体育场馆资源的有效尝试。

因子2包括商务办公、大型文艺表演、群众文体活动、会议会展、文化艺术培训、教育培训相关服务功能的具体内容。大型文艺表演、群众文体活动、会议会展等内容可以与体育竞赛服务形成互补，在体育赛事资源缺乏时，可以较好地弥补场馆使用效率低的缺陷；教育培训、文化艺术培训、商务办公等服务功能的具体内容，既可以通过场馆配套设施和功能用房形成融合供给，又可以与体育培训共同形成满足自我全面发展要求的途径，是消费者自我实现的重要内容。因子2的服务内容与体育服务具有较好的产业关联性，可以命名为相关服务因子。

因子3包括便利店、快餐、正餐3类餐饮配套服务功能的具体内容。无论是举办大型活动，还是开展各类培训服务，便利店和餐饮都是必不可少的配套服务内容，是体育服务、文化演艺、会议会展及教育培训等服务的产业延伸。因子3可以命名为餐饮配套服务因子。

因子4是停车场，包括大型体育场馆必要基础配套服务功能的具体内容。大型体育场馆举办活动期间，人流密集，停车配套功能是提高体育场馆交通集散效率和保障交通安全的重要功能，国家体育总局颁布的《大型体育场馆基本公共服务规范》中明确大型体育场馆要具备与其规模相适应的停车车位，并将其列入基本公共服务范畴，这说明停车配套功能是大型体育场馆必不可少的基础配套功能之一。因子4可以命名为基础配套服务因子。

表5-5 旋转后的指标矩阵表

序号	指标内容	组件 1	组件 2	组件 3	组件 4
1	城市轨道交通	0.745	0.211		0.419
2	体育康复	0.737	0.292		0.178
3	彩票销售（包括体彩）	0.727		0.380	-0.118
4	游乐园	0.716	0.265	0.132	-0.291
5	公共电汽车客运	0.704	0.145	0.225	0.400
6	体育博物馆	0.699			
7	体育用品专卖	0.675	0.117	0.280	0.225
8	酒店	0.626		0.408	
9	咖啡馆	0.601	0.218	0.509	
10	茶馆	0.552	0.191	0.458	
11	商务办公	0.194	0.759		
12	大型文艺表演		0.757	0.132	0.282
13	群众文体活动		0.686		0.417
14	会议会展	0.134	0.679	0.201	0.154
15	文化艺术培训	0.338	0.667	0.282	
16	教育培训	0.368	0.525	0.342	-0.329

续表

序号	指标内容	组件 1	2	3	4
17	便利店		0.148	0.862	0.222
18	快餐	0.569	0.159	0.668	0.162
19	正餐	0.484	0.154	0.596	-0.101
20	停车场	0.213	0.259	0.185	0.767

从因子旋转后的指标矩阵来看，4个因子的载荷介于0.552~0.862，大于0.30的最小可接受值，说明问卷结构效度较好。为进一步厘清4个因子之间的关系，更好地掌握商业配套服务功能、相关服务功能、餐饮配套服务功能、基础配套服务功能与体育服务功能的融合关系，运用系统聚类分析法，以上述4个因子为变量进行分析，使具有相同或相似特征的变量聚集在一起，进一步提炼、整合服务内容，融合体系内具有代表性的指标。分析后形成FAC1（商业配套服务因子）、FAC2（相关服务因子）、FAC3（餐饮配套服务因子）、FAC4（基础配套服务因子）4个因子变量。经过系统聚类分析后，变量之间的层次关系非常明确，如图5-2所示，商业配套服务、餐饮配套服务、基础配套服务3类因子被聚为一类，三者都具有配套服务功能；相关服务因子单独为一类。这说明大型体育场馆服务功能融合结构上形成体育服务功能、相关服务功能、配套服务功能的融合功能体系。

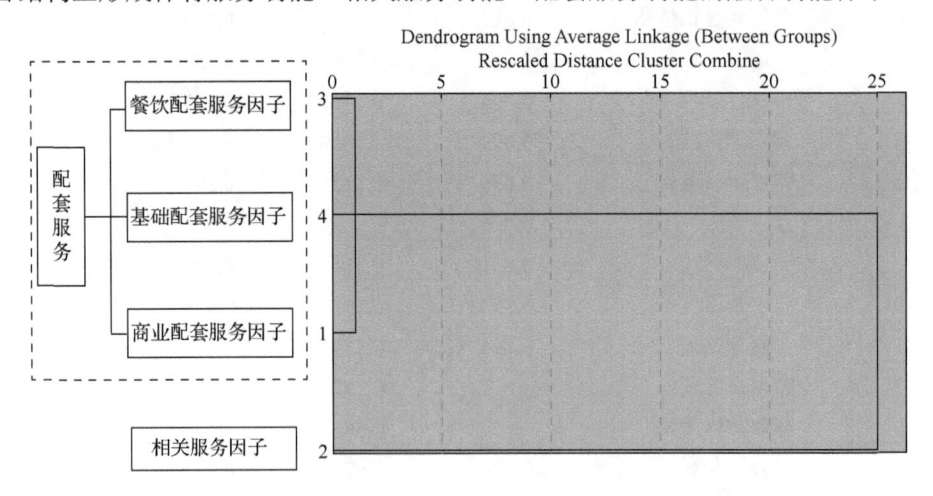

图 5-2 大型体育场馆服务功能融合的内容体系聚类分析谱系

（三）构建结果

根据上述数据分析，大型体育场馆服务功能融合在内容结构上可以分为体育服务功能、相关服务功能和配套服务功能 3 个模块，通过互补、延伸、渗透型融合，构建大型体育场馆服务融合结构模型。体育服务功能、相关服务功能和配套服务功能以体育服务功能为核心，在两者边界处形成互补型融合或延伸型融合，在重叠处形成渗透型融合，如图 5-3 所示。例如，体育竞赛与大型文艺表演、会议会展之间形成互补型融合；教育培训与体育培训之间也可以形成互补型融合；体育竞赛、大型文艺表演、会议会展等服务功能与餐饮、酒店、零售之间可以形成延伸型融合；体育竞赛与大型文艺表演之间的渗透型融合形成新的娱乐表演服务，体育竞赛与酒店之间的渗透型融合形成体育主题酒店等。3 个模块之间融合发展，共同形成大型体育场馆服务功能融合的内容结构模型。

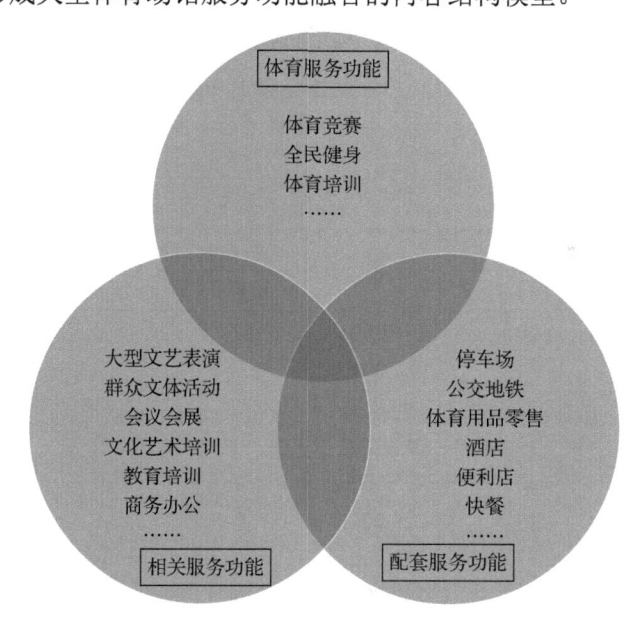

图 5-3　大型体育场馆服务功能融合的内容结构模型

三、大型体育场馆服务功能融合的强度结构模型

（一）构建目的

大型体育场馆体育服务功能、相关服务功能和配套服务功能分别包括大量特

征各异的具体服务内容或服务业态,在大型体育场馆运营管理实践过程中存在经济效益决定服务功能、体育服务功能唯一、全民健身功能主体论等观念性问题,不利于服务功能融合的实践。因此,以体育服务功能为核心功能,对相关服务功能和配套服务功能的具体内容融合强度进行评判,通过科学的途径厘清对大型体育场馆服务功能融合的认识。

(二) 构建过程

邀请39名大型体育场馆的馆长与17名场馆领域的专家对相关服务内容与体育服务的融合度进行评价,分值越高意味着专家认为该具体内容与体育服务的融合度越高。因此,27个服务内容指标的赋值蕴含着专家对融合度的评价信息。借助系统聚类分析(R型聚类)方法,以27个服务内容指标的专家赋值为变量,进行系统聚类分析,如表5-6所示。如图5-4所示,本次聚类总共进行了26步,首先合并的是14号变量和20号变量,然后依次对距离较近的变量进行合并,随着聚集的发展,系数逐步变大,这说明聚类变量之间的差异也在加大,反映了系统聚类的基本原理。

表 5-6 聚类过程表

步骤	组合的集群 集群1	组合的集群 集群2	系数	首次出现阶段集群 集群1	首次出现阶段集群 集群2	下一个阶段
1	14	20	146.000	0	0	6
2	6	7	187.000	0	0	21
3	21	22	190.000	0	0	14
4	18	19	217.000	0	0	16
5	2	10	223.000	0	0	9
6	13	14	226.000	0	1	7
7	9	13	240.000	0	6	9
8	26	27	298.000	0	0	13
9	2	9	343.250	5	7	10
10	2	11	385.833	9	0	20
11	5	17	401.000	0	0	16
12	3	4	406.000	0	0	17
13	25	26	445.000	0	8	15
14	21	23	447.000	3	0	19
15	24	25	473.333	0	13	19

续表

步骤	组合的集群 集群1	组合的集群 集群2	系数	首次出现阶段集群 集群1	首次出现阶段集群 集群2	下一个阶段
16	5	18	516.500	11	4	20
17	3	16	555.000	12	0	21
18	8	12	565.000	0	0	23
19	21	24	586.167	14	15	26
20	2	5	599.143	10	16	23
21	3	6	605.500	17	2	22
22	3	15	668.000	21	0	24
23	2	8	685.591	20	18	25
24	1	3	794.667	0	22	25
25	1	2	888.055	24	23	26
26	1	21	1375.179	25	19	0

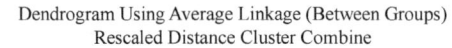

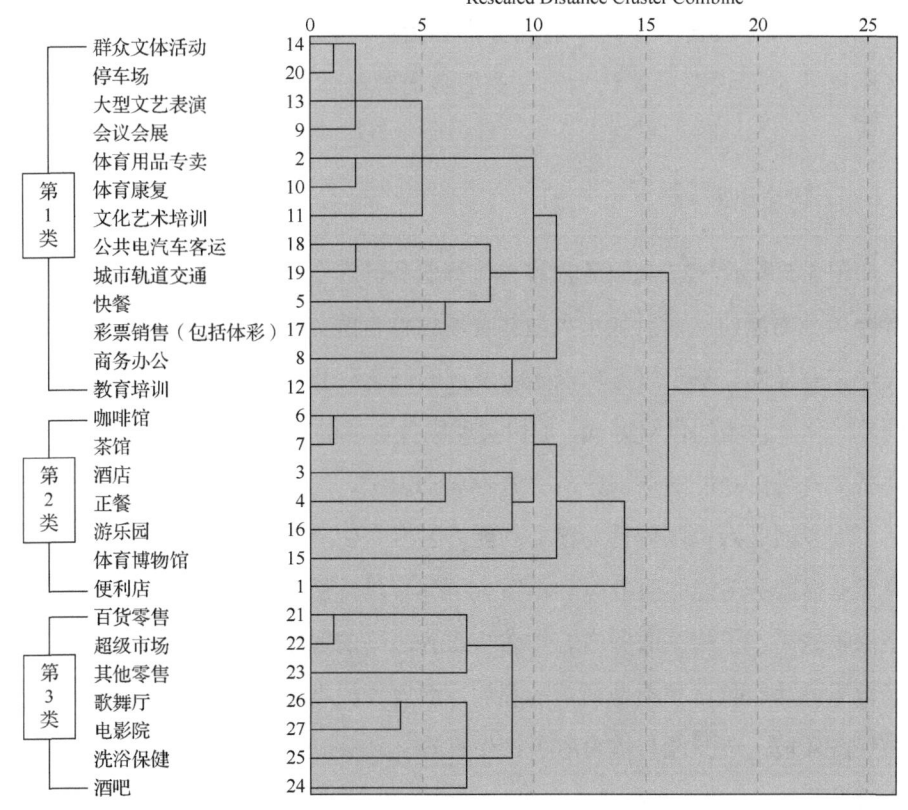

图 5-4 大型体育场馆服务内容融合体系聚类分析谱系图

图 5-4 直观地反映了聚类结果，变量之间的层次关系较为明确。从图 5-4 中可以看出，根据与体育服务的融合强度，27 个服务内容指标被分成 3 类。

第 1 类包括群众文体活动、停车场、大型文艺表演、会议会展、体育用品专卖、体育康复、文化艺术培训、公共电汽车客运、城市轨道交通、快餐、彩票销售（包括体彩）、商务办公、教育培训。专家对上述 13 个具体的服务内容指标的服务融合度赋值中位数为 7~10（不包括 7），说明专家认为这 13 类服务内容与体育服务具有较高的融合度。

第 2 类包括咖啡馆、茶馆、酒店、正餐、游乐园、体育博物馆、便利店。专家认为上述 7 个具体的服务内容指标的服务融合度赋值中位数为 5~7（包含 5 和 7），说明专家认为这 7 类服务内容与体育服务具有中度的融合度。

第 3 类包括百货零售、超级市场、其他零售、歌舞厅、电影院、洗浴保健和酒吧。专家对上述 7 个具体的服务内容指标的服务融合度赋值中位数在 5 以下（不包括 5），说明专家认为这 7 类服务内容与体育服务的融合度较弱或无法融合。

（三）构建结果

如图 5-5 所示，27 类服务内容与体育服务的融合强度分为弱融合、中融合和强融合 3 个圈层，从而反映出大型体育场馆体育服务功能与相关服务功能的融合存在一定差异性。基于服务功能融合发展的理念，我国大型体育场馆要加快摆脱传统单一体育功能的供给方式，加快实现服务功能的供给侧改革，实现融合发展。对大型体育场馆功能的认识应从"进行运动训练、运动竞赛及身体锻炼的专业性场所"逐步演进为"以体育为核心功能，融合文化演艺、会议会展、教育培训和配套商业等服务功能的服务综合体"。大型体育场馆服务功能融合的内容强度结构模型清晰地展示了相关服务内容与体育服务之间的融合度，客观上反映出大型体育场馆服务功能融合并不是简单的叠加，而应该根据体育场馆的服务设施基础和区域经济环境，选择能与体育服务产生良好互动关联的服务功能与服务内容，实现融合发展。

第五章 我国大型体育场馆服务功能融合的模型及内涵

超级市场、其他零售、歌舞厅、电影院、洗浴保健和酒吧

咖啡馆、茶馆、酒店、正餐、游乐园、体育博物馆、便利店

群众文体活动、大型文艺表演、会议会展、体育用品专卖、体育康复、文化艺术培训、停车场、公共电汽车客运、城市轨道交通、快餐、彩票销售（包括体彩）、商务办公、教育培训

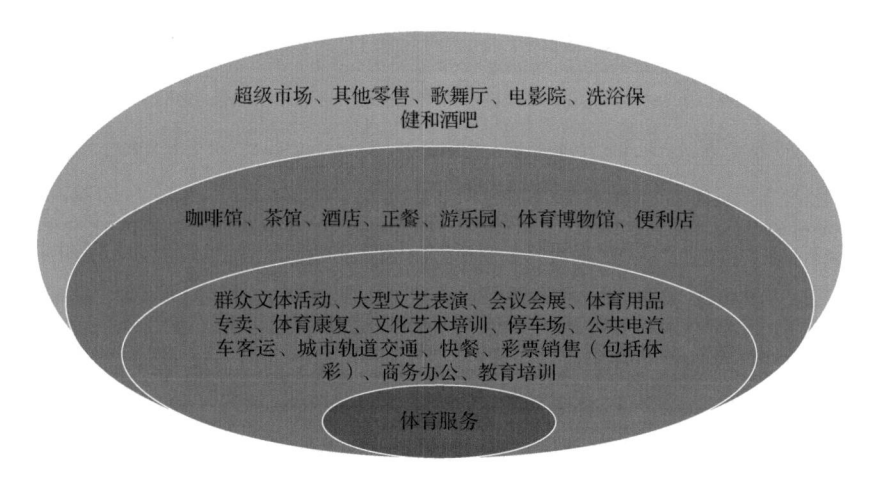

体育服务

图 5-5　大型体育场馆服务功能融合的强度结构模型

结合大型体育场馆服务功能融合的强度结构模型分析发现，大型体育场馆服务功能融合应形成以体育服务为核心功能，以大型文艺表演、会议会展、商业办公、教育培训等为相关服务功能，并配套快餐、体育用品零售、体育康复、停车场、城市公共交通等适当的商业配套服务内容，组成最优组合，与正餐、酒店、茶馆、游乐园、体育博物馆、便利店等商业配套服务进行较好的融合互动，同时体育服务与百货零售、超级市场、歌舞厅、电影院、洗浴保健服务内容之间的融合度较弱。在此基础上，构建了大型体育场馆服务功能融合的最优内容结构与补充结构，如图 5-6 所示。

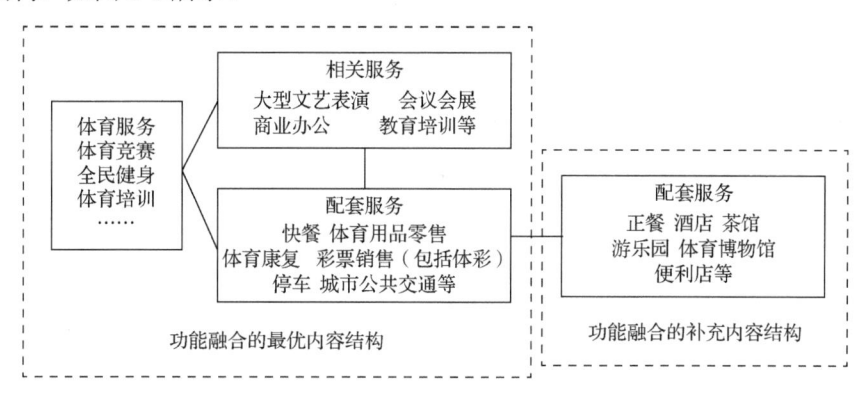

```
                    ┌─────────────────────────────┐
                    │ 相关服务                      │
                    │ 大型文艺表演　会议会展         │
                    │ 商业办公　　　教育培训等       │
┌──────────┐       └─────────────────────────────┘
│ 体育服务  │  ╱
│ 体育竞赛  │ ╱
│ 全民健身  │─┤                                        ┌─────────────────────┐
│ 体育培训  │ ╲                                        │ 配套服务             │
│ ……       │  ╲    ┌─────────────────────────────┐   │ 正餐　酒店　茶馆     │
└──────────┘       │ 配套服务                      │   │ 游乐园　体育博物馆   │
                    │ 快餐　体育用品零售             │   │ 便利店等             │
                    │ 体育康复　彩票销售（包括体彩） │   └─────────────────────┘
                    │ 停车　城市公共交通等           │
                    └─────────────────────────────┘
       功能融合的最优内容结构                                功能融合的补充内容结构
```

图 5-6　大型体育场馆服务功能融合的最优内容结构与补充结构

在区域产业环境较好、体育市场成熟的条件下，我国大型体育场馆要实现以体育竞赛、会议会展、大型文艺表演等大型活动为主，兼顾全民健身、体育培训、商业办公、教育培训等服务融合供给，配备以体育为主的商业配套服务、便利的餐饮服务和必要的基础配套服务，争取形成服务功能融合的最优内容结构。在体育市场尚未成熟的条件下，适当通过正餐、酒店、游乐园等相关配套商业服务内容弥补体育市场资源要素不足的缺陷。随着大型体育场馆服务融合的趋势逐步增强，应着重发展和规划、布局和引进与体育服务能产生良性互动关系的服务内容，推动大型体育场馆服务供给侧改革，对现有不适宜的服务内容进行调整、优化和升级。

第三节 大型体育场馆服务功能融合的内涵、实证研究与影响

一、大型体育场馆服务功能融合的内涵

基于产业融合的理论分析框架和大型体育场馆服务功能融合的内容强度结构模型，发现大型体育场馆服务功能融合具有以下内涵：第一，大型体育场馆服务功能融合依托其场馆建筑及配套设施建筑；第二，形成包括体育服务功能、相关服务功能和配套服务功能的融合体系；第三，大型体育场馆服务功能融合要满足城市消费的需求，并与城市空间和城市功能产生互动的联系，推动区域经济社会发展。因此，大型体育场馆服务功能融合的内涵是以大型体育场馆设施为基础，以体育服务功能为核心，融合文化、教育、会议、会展、配套等多元服务功能于一体，满足城市居民生活需求，并与城市空间和城市功能产生互动联系的价值创造和实现的过程。体育场馆建筑条件是物质基础，服务功能融合是内在要求，两者之间不能相互脱离，只有实现体育场馆建筑与服务功能融合相结合，才能促进体育场馆价值提升，才能使大型体育场馆成为推动区域经济社会发展的重要载体。

现有研究对大型体育场馆服务功能融合体系从不同角度进行探讨。第一种观

点从综合体的角度研究，认为大型体育场馆作为一种城市综合服务体，应该形成包括"体育健身、体育会展、体育商贸、体育演艺、健康餐饮等服务功能"的融合体系，具有"公共服务"与"体育经济"双重属性[①]。这种观点是基于复合性，围绕体育与相关功能的两两结合，从内容上提出多元服务功能融合。第二种观点借助定位理论，认为大型体育场馆将形成整体功能和子系统功能的融合体系，整体功能包括"资源整合功能、创新服务功能、城市发展功能"，子系统功能包括"体育服务功能、配套服务功能和延伸服务功能"[②]。这种观点从整体与局部角度提出构建融合功能体系。第三种观点认为"文化生活、体育休闲"为核心服务功能，具体包括文体活动、休闲娱乐，集中商业、主题餐饮、健康居住、特色酒店等服务功能[③]。该观点从城市生活功能的角度提出大型体育场馆承担了多元城市功能，其中"文化生活与体育休闲"是核心服务功能。

已有研究从不同视野对大型体育场馆的服务功能展开分析。第一种观点从"体育+"的视野出发，认为大型体育场馆服务功能融合体系是体育与另一种功能渗透融合形成的服务功能体系，这种观点相对狭隘。从融合发展的观点来看，大型体育场馆服务功能融合不仅是体育服务功能与相关服务功能的渗透型融合、延伸型融合或互补型融合，还是多种服务功能之间的融合，如大型演艺活动与商业配套服务的融合。第二种观点从整体和子系统两个维度来分析大型体育场馆的服务功能，但服务功能来源于场馆的基本属性，"资源整合"和"创新服务"不是场馆的基本属性，而是场馆运营的方法或途径。第三种观点认为大型体育场馆属于城市综合体，并运用城市综合体的相关特征分析大型体育场馆的服务功能融合体系。但从城市综合体的服务功能来看，其本质服务功能通常只有一类。例如，酒店综合体的核心服务功能是酒店服务功能；商业综合体的核心功能是商业服务功能；大型体育场馆的核心功能是体育服务功能。这也是大型体育场馆与

---

① 丁宏，金世斌. 江苏发展城市体育服务综合体的路径选择[J]. 体育与科学，2015，36（2）：34-37.
② 蔡朋龙，王家宏，李燕领，等. 城市体育服务综合体的内涵、功能定位与长效机制[J]. 南京体育学院学报（社会科学版），2016，30（6）：63-68，78.
③ 滕苗苗，陈元欣，何于苗，等. 我国城市体育服务综合体的发展：进程·困境·对策[J]. 首都体育学院学报，2018，30（2）：113-116.

文化综合体、旅游综合体、商业综合体、酒店综合体的本质区别。

综合来看，大型体育场馆服务功能融合体系可分为内部与外部两个融合体系，内部融合体系形成"体育服务功能、相关服务功能与配套服务功能"的融合体系，这也是本研究的重点。外部融合体系主要是指大型体育场馆与城市功能融合形成的体系。

二、大型体育场馆服务功能融合的实证研究

将大型体育场馆服务功能融合的内容结构模型和强度结构模型应用于我国大型体育场馆运营管理的实践过程中，对现有 8 家服务功能融合较好的大型体育场馆进行实证研究，围绕体育服务功能、相关服务功能和配套服务功能的经济指标进行测算，可以进一步形成不同的融合结构关系，为国内大型体育场馆服务功能融合转型升级提供借鉴和参考。在实证研究过程中，将全民健身场地开放收入、体育培训收入和大型体育竞赛收入归类为体育服务功能的经济效益；将大型文艺表演收入、会议会展收入及相关投资收入归类为相关服务功能的经济效益；将商业零售、商业租赁、停车场等配套服务收入归类为配套服务功能的经济效益。测算后发现，我国大型体育场馆服务功能融合体系可形成以下发展方式。

（一）均衡型融合发展方式

均衡型融合发展方式是指体育服务、相关服务、配套服务三者经济效益比例相对接近，形成类似 1∶1∶1 的融合体系，如深圳湾体育中心、南京奥林匹克体育中心、上海虹口足球场等。

1. 场馆情况

深圳湾体育中心建成于 2011 年，位于深圳市次中心区域，占地 30 万平方米，总建筑面积达 33.5 万平方米，包括有 20000 座的体育场、有 13000 座的体育馆、有 675 座的游泳馆、五星级酒店、大众健身设施及儿童"寓教于乐"主题商业设施。目前，深圳湾体育中心采用国有企业运营管理模式，属于华润集团下属运营企业。

南京奥林匹克体育中心建成于 2005 年 9 月，位于南京市次中心区域，总投资 21.67 亿元，占地面积为 89 万平方米，建筑面积为 40 万平方米，主要建筑包括"四场馆二中心"，即有 63000 座的体育场、有 13000 座的体育馆、有 4000 座的游泳馆、有 4000 座的网球馆、体育科技中心和文体创业中心。南京奥林匹克体育中心于 2005 年进行国有资产管理体制改革，专门成立南京奥林匹克体育中心经营管理有限公司进行运营，2015 年 7 月正式划归江苏省体育产业集团，属于国有企业运营管理模式。

上海虹口足球场建成于 1999 年，是中国第一座专业足球场，总建筑面积为 7.29 万平方米，有观众席位 3.5 万个，建设耗资超过 3 亿元，总建筑面积为 72557 平方米，配套有商场、餐厅等服务设施。上海虹口足球场于 1999 年和 2004 年经过两次改革，资产划入上海长远集团，现采用国有企业运营管理模式。

2. 实证分析

如表 5-7 所示，对上述 3 个大型体育场馆的体育服务功能、相关服务功能和配套服务功能的经济效益进行测算，发现其服务功能融合体系的结构比例相对均衡，接近 1∶1∶1，呈现均衡发展。分析发现，上述 3 个大型体育场馆具有如下特征：第一，其场馆功能相对完善，其中上海虹口足球场和南京奥林匹克体育中心建成后，通过二次改造，其服务功能得到完善；第二，均采用国有企业运营管理机制，几乎没有获得任何政府财政补贴；第三，均位于城市次中心区域，交通相对便利、配套完善，区域经济环境良好，这些条件为大型体育场馆多元服务融合均衡发展提供了可持续性的资源要素；第四，3 个大型体育场馆运营单位的母公司实力都较为雄厚，资源丰富，能为体育场馆引入高质量服务资源提供支持。

表 5-7 均衡型融合结构测算表

场馆名称	总收入/万元	体育服务收入/万元	体育服务收入比重/%	相关服务收入/万元	相关服务收入比重/%	配套服务收入/万元	配套服务收入比重/%
深圳湾体育中心	25000	5000	20	5000	20	5000	20
南京奥体中心	11128	3548	32	3152	28	4000	36
上海虹口足球场	1950	725	37	580	30	600	31

（二）以体为主型融合发展方式

以体为主型融合发展方式主要是指体育服务功能是其主要经济来源，与相关服务功能、配套服务功能形成融合发展，如佛山岭南明珠体育馆、合肥体育中心、江苏省五台山体育中心等。

1. 场馆情况

佛山岭南明珠体育馆建成于 2006 年，位于佛山市次中心区域，占地 22.3 公顷（1 公顷=10000 平方米），主体育馆建筑面积为 75967 平方米，包括有 9000 座的主体育馆、训练馆、大众馆、全民健身广场等设施。佛山岭南明珠体育馆采用国有企业运营管理模式，属于中体产业集团。

合肥体育中心建成于 2006 年，位于合肥市中心区域，占地 521 亩（1 亩≈666.67 平方米），总建筑面积约 152800 平方米，包括有 60000 座的主体育场、有 8000 座的综合体育馆、有 3000 座的游泳跳水馆及部分配套设施。合肥体育中心采用国有企业运营管理模式，属于中体产业集团。

江苏省五台山体育中心建成于 1953 年，于 2013 年进行改造，位于五台山市中心区域，占地面积约 220 亩，包括有 10000 座的体育馆、有 22000 座的体育场、有 500 座的游泳馆、保龄球馆、网球馆、羽毛球馆、健身会馆等大型体育场馆及健身餐厅、行政楼、商务楼等配套设施。江苏省五台山体育中心属于差额拨款事业单位，于 2018 年进行企业化改革，资产划拨至江苏省体育产业集团。

2. 实证分析

如表 5-8 所示，通过对上述 3 个大型体育场馆体育服务功能、相关服务功能及配套服务功能的经济效益测算，发现其体育服务收入在总收入中占比接近一半，其中佛山岭南明珠体育馆为 49%，合肥体育中心为 51%，江苏省五台山体育中心为 45%，均明显高于相关服务功能、配套服务功能的经济效益，呈现出明显的以体育服务功能为主体的融合结构特征。分析发现，上述 3 个大型体育场馆存在如下特征：第一，佛山岭南明珠体育馆和合肥体育中心均采用国有企业运营管理模式,江苏省五台山体育中心虽然是事业单位性质,但通过成立公司采用企业化运营;第二,3个大型体育场馆基本上都位于城市中心区域或次中心区域,周边市场较为成熟;第三,服务功能融合发展方式主要是以体育服务功能为中心向外拓展,实现功能融合发展;第四,佛山岭南明珠体育馆和合肥体育中心由中体产业集团管理,江苏省五台山体育中心是江苏省体育局下属事业单位,改制后属于江苏省体育产业集团,体育资源较为丰富,这为体育服务功能的充分发挥奠定了基础。

表 5-8　以体为主型融合结构测算表

场馆名称	总收入/万元	体育服务收入/万元	体育服务收入比重/%	相关服务收入/万元	相关服务收入比重/%	配套服务收入/万元	配套服务收入比重/%
佛山岭南明珠体育馆	3504	1731	49	723	21	924	26
合肥体育中心	3536	1794	51	919	26	472	13
江苏省五台山体育中心	10410	4761	46	209	2	1837	18

（三）以大型活动为主型融合发展方式

以大型活动为主型融合发展方式是指在经济效益上以体育赛事、演艺活动、会议会展等大型活动为主要收入来源,与体育服务、配套服务形成一定比例关系,并带动体育场馆无形资产收益的服务功能融合结构。

1. 场馆情况

北京五棵松体育馆建成于2007年,现更名为北京凯迪拉克中心,位于北京市次中心区域,建筑面积为6.3万平方米,拥有约18000个座位。2008年北京奥运会后,华熙集团投入数亿元资金,按照世界顶级演唱会场馆标准对该场馆进行了改造,使之成为适合举办大型体育及娱乐活动的综合性场馆。北京五棵松体育馆采用民营企业运营管理模式,由华熙国际文化体育发展有限公司运营管理,其场地利用率高达70%。

广州体育馆建成于 2001 年，位于广州市次中心区域，由广州珠江实业集团有限公司参与投资和负责全面建设，其面积为 39635 平方米，包括有 9000 座的主体育馆、练习馆、大众活动中心、行政楼、餐厅、停车场等配套设施。

2. 实证分析

如表 5-9 所示，体育竞赛、大型演艺演出、会议会展等大型活动服务是上述两个场馆主要的收入来源，大型活动收入占比较高，并带动配套服务收入及无形资产收入的增长，其服务功能融合结构呈现出明显的以大型活动服务为主体的特征。分析发现，该类型大型体育场馆具有如下特征：第一，该类场馆大型活动资源丰富。北京五棵松体育馆 2017 年举办大型活动近 80 场，其中大型文艺表演数量占比超过 50%；广州体育馆 2017 年举办大型活动 40 场左右，远高于国内大型体育场馆平均水平。第二，服务功能融合主要围绕大型体育竞赛、大型文艺表演、大型会展活动的供给，进行互补型融合或延伸型融合。第三，大型活动的举办带动了体育场馆无形资产的开发，这也是国外大型体育场馆融合发展的主要路径，即以举办大型活动和开发无形资产为主，形成服务功能融合发展。

表 5-9 以大型活动为主型融合结构测算表

场馆名称	大型活动数量/场	大型活动收入/万元	大型活动投资/万元	大型活动收入比重/%	配套服务收入/万元	配套服务收入比重/%	无形资产收入/万元	无形资产收入比重/%
五棵松体育馆	78	4000	3200	45	3000	18.75	5000	31.25
广州体育馆	40	2600	500	62.5	1000	20.16	—	—

三、大型体育场馆服务功能融合的影响

（一）大型体育场馆服务功能融合的内部影响

1. 加快大型体育场馆功能改造

2003 年第五次全国体育场地普查数据显示，国内体育场、体育馆、游泳馆

等大型体育场馆共计 5680 个，其中至少有 5600 多个大型体育场馆已使用超过 15 年，部分场馆功能弱化、设施老化情况严重，影响了场馆服务功能，难以实现服务融合发展。调研数据显示，有 19 家大型体育场馆投入使用已超过 15 年，占调研总量的 48.72%，由于投入使用时间过长或施工存在质量问题，有 25 家大型体育场馆存在设施设备老化问题，占调研总量的 66.67%。例如，北京丰台体育中心、河南省体育中心、安徽省体育馆、唐山市体育中心、新乡市体育中心等大型体育场馆现有基本体育功能都存在问题，更难以实现服务功能融合发展，亟待进行功能改造。我国大型体育场馆老化情况如表 5-10 所示。

表 5-10　我国大型体育场馆老化情况（n=39）

项目	存在老化问题的场馆	投入使用 15 年以上的场馆
场馆数量/家	25	19
占比/%	66.67	48.72

从国内体育产业统计情况来看，场馆服务业是体育产业的核心内容之一。如表 5-11 所示，2015—2017 年国内场馆服务产业统计数据显示，场馆服务业是我国体育产业的重要组成部分，也是除体育用品及相关产品制造、销售之外的第三大体育产业门类，其总产值已突破千亿元，成为展示体育产业的核心平台。为提高国内大型体育场馆存量资源，促进其提档升级，破除大型体育场馆因设施陈旧而产生的服务弱化、功能退化、无法形成服务功能融合的问题，国家体育总局于 2018 年 2 月印发了《关于在全国开展公共体育场馆"改造功能、改革机制"试点工作的通知》；2018 年 12 月，国务院办公厅印发的《国务院办公厅关于加快发展体育竞赛表演产业的指导意见》中明确提出"推进现有场馆改造功能、改革机制工程"，改善消费条件；2019 年 1 月，国家体育总局、国家发改委发布的《进一步促进体育消费的行动计划（2019—2020 年）》中再次提出"持续推进公共体育场馆改造功能、改革机制两改工程，增加体育场地设施和功能，改造成体育综合体"。

表 5-11 2015—2017 年国内场馆服务业产业统计数据

年份	总量/亿元	增加值/亿元	总量占比/%	增加值占比/%
2015	856.2	458.1	5.0	8.3
2016	1072.1	567.6	5.6	8.8
2017	1338.5	678.2	6.1	8.7

资料来源：根据国家统计局公布的体育产业统计报告整理而成。

为满足服务功能融合发展、实现高质量服务的要求，国内大型体育场馆在功能改造方面主要采用以下方法：第一，优化体育核心功能，以提升群众健身体验、提升赛事竞技质量、提升使用效率和降低运营成本为突破口，合理引导国内大型体育场馆通过新增、维修、改造等方式，优化和提升体育核心功能。第二，完善多元服务功能，以群众需求为导向，围绕体育服务供给体系，完善餐饮、会务、住宿、停车场、体育用品和商业零售等配套设施建设，提倡新建体育场馆按照灵活分割、综合利用的要求，合理规划和布局建筑空间，实施多元服务功能的叠加、融合和互补。第三，提升智能化服务水平，通过信息化、智能化改造，构建大型体育场馆信息服务，创新服务模式，提高服务效率，最终以城市综合体为发展方向，实现健身服务、竞赛表演、文化娱乐、旅游休闲、商贸会展等综合功能的有效融合。

2. 优化大型体育场馆赢利模式

长期以来，服务功能单一导致我国大型体育场馆闲置问题严重、服务效益低下，盈利模式单一，主要依靠政府财政性资金维持日常运营。31家功能单一的大型体育场馆财政性收入占总收入的平均比重为47.23%，部分大型体育场馆甚至达到 60%以上，如淮北市体育中心、广州大学城体育中心、阆中市体育运动管理中心、唐山市体育中心和河北省体育馆。此外，物业租赁收入占经营性收入的平均比重超过 30%，部分大型体育场馆甚至超过 50%，如淮北市体育中心、新乡市体育中心、浙江黄龙体育中心、兰州市体育馆等。上述数据充分说明了服务功能单一导致国内大型体育场馆盈利手段匮乏，场馆运营管理主要依靠政府财政和物业租赁收入，自主经营的活动力、方式、手段相当匮乏，难以提供高质量的服务。

大型体育场馆服务功能融合发展已成为国外体育场馆运营管理的主要方式，通过服务功能融合发展，可以丰富体育场馆运营管理的盈利模式。黄昌瑞等研究发现，国外大型场馆盈利模式主要由租赁收入、无形资产收入、大型活动收入、多元配套服务收入、连锁经营收入五大要素构成，其中租赁收入是基本收入来源之一，但承租方的选择是围绕体育场馆大型活动举办的需要而进行的，并且场馆方与承租方在服务内容上合作可以获取更大的收益，而不仅仅是简单的获取租赁收入。此外，围绕举办大型活动的停车场、餐饮、酒店、购物等服务使大型体育场馆获取了高额利润。[1]对国内8家服务功能融合相对较好的大型体育场馆收入结构的调查显示，财政性收入占总收入的比重仅为2.76%，物业租赁收入占经营性收入的比重为22.93%。因为服务功能融合并形成了均衡发展、以体为主、以大型活动为主等多样化的盈利模式和融合发展方式，所以其盈利的手段、方法、模式明显强于服务功能单一的大型体育场馆，这充分说明服务功能融合能促使大型体育场馆优化盈利模式。

国内大型体育场馆服务功能融合实践的经验启示如下：第一，服务功能融合可以促进大型体育场馆经营效益的提升，如深圳湾体育中心、北京五棵松体育馆、南京奥林匹克体育中心等，基本上可以实现自主经营，并能形成较好的综合效益。第二，服务功能融合可以促进大型体育场馆优化盈利模式，根据体育服务功能、相关服务功能、配套服务功能三者之间的比例关系，分别形成均衡发展型、以体为主型和大型活动型发展方式，帮助国内大型体育场馆转变以财政收入和物业租赁收入为主要收入来源的盈利模式，优化收入结构。第三，服务功能融合可以提升大型体育场馆服务效率和空间利用率。服务设施与服务功能的融合、体育服务功能与相关功能的融合，形成以体育服务为核心、以内容合作为途径、重新布局和规划场馆服务内容的结构体系，扩大服务供给，从而达到提升服务效率的作用。2017年我国大型体育场馆收支情况表如表5-12所示。

---

[1] 黄昌瑞,陈元欣,何凤仙,等.美国大型体育场馆的盈利模式及启示[J].体育文化导刊,2017(12):126-131.

表 5-12 2017年我国大型体育场馆收支情况表（n=39）

序号	场馆名称	总收入/万元	总支出/万元	财政性收入/万元	经营性收入/万元	财政性收入占总收入的比重/%（平均数=2.76）	物业租赁收入/万元	物业租赁收入占经营性收入的比重/%（平均数=22.93）
1	北京五棵松体育馆	16000	12000	0	16000	0.00	3000	18.75
2	佛山岭南明珠体育馆	3504	3399	120	3384	3.42	565	16.70
3	江苏省五台山体育中心	10410	8915	872	9538	8.38	1837	19.26
4	深圳湾体育中心	25000	20000	2000	23000	8.00	5000	21.74
5	南京奥林匹克体育中心	11128	10712	168	10960	1.51	4684	42.74
6	上海虹口体育场	1950	1400	0	1950	0.00	600	30.77
7	合肥体育中心	3536	3336	0	3536	0.00	472	13.35
8	广州市体育馆	5000	—	40	4960	0.80	1000	20.16
1	恩施市体育中心	184	90	60	124	32.61	0	0.00
2	莆田市游泳健身馆	253.56	206.42	15	238.56	5.92	—	—
3	淮北市体育中心	1044.21	716.78	593.27	450.94	56.82	252.38	55.97
4	花都东风体育馆	135	—	20	115	14.81	—	—
5	济宁市体育中心	2800	2240	1600	1200	57.14	70	5.83
6	任城区文体中心	350	300	160	190	45.71	30	15.79
7	微山县体育中心	300	235	220	80	73.33	20	25.00
8	兖州市体育中心	600	626	427	173	71.17	—	—
9	广州大学城体育中心	4831.11	2975.92	3305.15	1525.96	68.41	410.67	26.91
10	广州亚运城综合体育馆	1795	1333	750	1045	41.78	67.2	6.43
11	新乡市体育中心	1218	1407	633	585	51.97	387	66.15
12	湖北洪山体育中心	1369	1369	350	1019	25.57	—	—

续表

序号	场馆名称	总收入/万元	总支出/万元	财政性收入/万元	经营性收入/万元	财政性收入占总收入的比重/%（平均数=47.23）	物业租赁收入/万元	物业租赁收入占经营性收入的比重/%（平均数=31.20）
13	徐州奥林匹克体育中心	3280	2871	2173	1107	66.25	498	44.99
14	贵港市体育中心	1100	2431.5	350	750	31.82	100	13.33
15	浙江黄龙体育中心	20608.07	17359.66	7090.27	13517.8	34.41	7099.02	52.52
16	莆田市体育场、莆田市综合体育馆	298.63	146.49	132	166.63	44.20	—	—
17	阆中市体育运动管理中心	280	283	192	88	68.57	—	—
18	江门体育中心	—	—	—	—	—	—	—
19	淄博市体育中心	1060	2030	160	900	15.09	260	28.89
20	世纪莲体育中心	2640	—	1000	1640	37.88	150	9.15
21	唐山市体育中心	2019.98	1952.83	1623.98	396	80.40	46	11.62
22	湖南省体育场	1620	1620	620	1000	38.27	—	—
23	桂林市体育馆	2131	2131	897	1234	42.09	638.8	51.77
24	安徽省体育馆	711.4	211	—	—	—	5.4	—
25	长沙贺龙体育中心	3652.59	3652.59	2101.82	1550.77	57.54	507.61	32.73
26	兰州市体育馆	1712.51	1513.6	544.15	1168.36	31.77	674.15	57.70
27	河北省体育馆	2341.3	2341.3	1539.55	801.75	65.76	314.23	39.19
28	北京工人体育场	—	—	—	—	—	—	—
29	河南省体育中心	4794.04	5117.02	2292.1	2501.94	47.81	1085.28	43.38
30	河北奥林匹克体育中心	3726.57	3209.41	3646.57	80	97.85	—	—
31	北京丰台体育中心	3057	3017	538	2519	17.60	922	36.60

3. 促进大型体育场馆服务功能转型升级

综合来看，大型体育场馆的建筑设施是服务功能融合的平台，体育服务功能、相关服务功能与配套服务功能的结构体系则是在内容上的创新，二者共同形成"平台+内容"的结合型发展模式。目前，国内大型体育场馆收入来源主要以政府供给为主，内容供给主要以服务出租为主，这与构建现代化产业体系和服务高质量发展的要求存在突出的结构性矛盾，因此通过服务功能融合推动体育场馆服务内容供给结构性改革刻不容缓。由于服务对象需求的变化，要加快体育服务功能与文化演艺、教育培训、商业配套等相关服务功能在产业价值链上的互相交融、组合、整合，重新构建体育服务功能、相关服务功能和配套服务功能的综合体系，形成具有多种模式的融合发展方式。从供需两端的关系来看，大型体育场馆服务功能融合是聚焦"需求端"、优化"供给端"的过程，以"需求端"消费升级倒逼"供给端"融合创新。居民生活消费升级的实质是对大型体育场馆服务内容要求的升级，以体育服务功能为核心，积极拓展相关服务功能和配套服务功能，推进体育场馆服务功能提质扩容、服务方式转型升级。以消费升级倒逼服务内容升级，以内容升级激发消费需求，从而进一步促进消费升级，因此二者是相互促进的。

党的十九大报告中指出，中国特色社会主义进入新时代，我国社会主要矛盾已经转化为人民日益增长的对美好生活的需要和不平衡不充分的发展之间的矛盾，在大型体育场馆领域突出表现为现有体育场馆服务功能与内容供给不能满足城乡居民消费结构升级的需要。大型体育场馆服务功能融合在某种程度上可以看成是一种服务内容供给的创新，这类创新既可以直接催生新的功能结构体系和内容体系，又作用于我国大型体育场馆服务内容供给的改造、优化和升级，促使大型体育场馆服务焕发新的活力。从竞赛表演、健身休闲、体育培训等体育服务的发展来看，体育服务功能与相关服务功能在产业价值链上的关键环节实现互补、延伸与渗透，使大型体育场馆服务具有更多的增值点，为消费者创造出内容丰富、品质优良的服务内容；从文化演艺、会议会展等相关服务内容来看，它们是大型体育场馆提质扩容的重要途径；从配套服务内容来看，将围绕体育服务形成更为紧密的产业关联；综合来看，三者之间的结构优化、融合发展将促进我国大型体育场馆服务功能转型升级。

4. 促进大型体育场馆机制创新

马克思理论表明，社会生产关系要与生产力的发展相适应。"生产力的和谐能够促进生产关系的和谐，生产关系的和谐又反作用于生产力的和谐"[1]，生产力是生产关系形成的前提和基础，生产关系是为适应生产力发展的要求而建立的生产力发展形式。长期以来，我国大型体育场馆主要为满足体育事业发展的要求服务，其服务供给主要以单一体育服务供给为主，并在此基础上形成了服务粗放、管理单一、封闭运行的事业管理运行机制。

由于国内经济、社会环境发生变化，大型体育场馆的服务功能转型升级、融合发展将促进机制创新。国内8家服务功能融合较好的大型体育场馆都采用了现代市场运营机制。调研数据显示，在22家采用事业管理运行机制的大型体育场馆中，有68.18%的大型体育场馆管理者认为，事业管理运动机制是制约服务转型升级的重要因素。生产力的发展决定了生产关系进一步的发展和变革，生产关系的发展必须以适应生产力的发展为前提。现阶段，文化演艺、教育培训、会议会展、餐饮、零售等服务内容的资源配置要素市场化程度日益突显，并逐步形成了具有同类特征的产业门类，成为国民经济和社会发展的组成部分。在服务功能融合的过程中，高度市场化的服务资源将成为大型体育场馆服务供给的生产要素，但这类生产要素的配置方式是由基础市场运行机制决定的，需要大型体育场馆配备相关的现代市场运行机制并与之对接。就体育核心服务要素配置而言，随着竞赛审批权的取消、职业俱乐部的改革和体育消费逐步成型，大型体育场馆已逐步由传统事业管理运行机制向现代市场运行机制转型。目前，我国绝大部分大型体育场馆仍采用事业管理运行机制，与多元服务融合需要的现代市场运行机制存在结构性矛盾。传统的事业管理运行机制已成为制约大型体育场馆发展的桎梏，对服务融合体系的构建和服务能力的提升产生阻碍作用，不能很好地适应现代体育场馆高品质服务供给的需要，因此必须对事业管理运行机制进行优化升级。

---

[1] 李松龄，杜彦瑾. 和谐社会的生产力与生产关系[J]. 求索，2006（3）：12-15，61.

党的十八大报告中提出深化改革是加快转变经济发展方式的战略思想。2013 年，国家体育总局等 8 部委提出"加快机制创新，建立现代企业制度"的任务要求。2014 年，国务院印发的《国务院关于加快发展体育产业促进体育消费的若干意见》中明确将体育场馆运营机制创新列为三大重点改革任务之一。中共中央办公厅、国务院办公厅于 2016 年印发《关于从事生产经营活动事业单位改革的指导意见的通知》，指出经营类事业单位改革的目标就是实施企业化转制，要求创新运行机制，激发内生活力，并提出了具体的任务和时间节点。党的十九大报告中进一步提出，现阶段要加快完善社会主义市场经济体系，逐步形成运行机制有效、微观主体有活力、宏观调控有度的经济体制，构建现代化经济体系。2018 年，国家体育总局也明确提出公共体育"功能改造"和"机制改革"的"两改"要求。综合来看，大型体育场馆的服务功能融合发展将进一步推动机制创新。

（二）大型体育场馆服务融合的外部影响

随着城市化进程和城市生活方式的集约化，大型体育场馆已成为城市建设新的标志和亮点，它宏大而紧凑的建筑空间、丰富而多元的服务内容、健康而富有激情的主题内涵已成为城市经济、社会、文化发展不可缺少的部分，进一步增强了城市的魅力。新时代，大型体育场馆服务功能融合将进一步突显其城市功能。

1. 拓展城市空间结构

城市的发展与其他事物的发展一样，都有一个由简单到复杂、由低级到高级的发展过程。城市建立之初，往往会选择有利的地点，城市空间结构较为简单。随着人口向城市迁移，用地功能竞争剧烈，城市内部出现了工业、商业、交通和居住区的布局结构，单一中心的空间结构不能满足城市发展的基本要求，这促进城市空间结构从单一中心向多中心转变。为了解释城市空间结构演进的复杂性，解决城市发展的实际问题，国外众多学者分别尝试从生态学理念、城市经济学理论、空间动力学理论等领域理解城市结构演进的过程，普遍认为"社会经济动力学机制是贯穿城市发展始终的集中与分散矛盾"[1]。伊利尔·沙里宁（Eliel

---

[1] 杨永春. 西方城市空间结构研究的理论进展[J]. 地域研究与开发，2003（4）：1-5.

Saarinen）认为，强迫性集中、投机性集中、文化集中等基本社会经济动因为城市集聚的动因[①]。城市空间的拓展表现出城市各种物质要素在空间范围内的分布特征和组合关系，反映出城市资源要素的配套情况和成熟度是影响城市多中心发展和城市居民迁移的重要因素。大型体育场馆是承载城市体育文化的重要物质基础，对于完善城市功能、提升城市服务和改善民生具有重要的意义，对城市空间拓展有重要的促进作用。例如，2015年柳州市提出"沿江发展，重点向东"的城市发展战略布局，全面建设柳东新区成为柳州城市建设的重大战略举措。虽然柳东新区的住宅、汽车产业园区、学校等基础设施投入使用，但人口聚集效应不明显。在此背景下，柳州市政府将配备多元功能的柳东体育公园场馆群作为柳东新区的重点配套设施，全面带动柳东新区基础设施建设和常住人口的聚集，加快城市新区快速成熟。此外，深圳市为了实现城市"北拓战略"，利用举办2011年深圳世界大学生运动会的机遇，将深圳世界大学生运动会体育中心建在龙岗区，加快龙岗新城区域发展，并通过不断完善世界大学生运动会体育中心的服务功能，提升新城区的生活品质，拓展深圳市的城市空间结构。

2. 促进城市人口聚集

城市是因人的聚集而形成的，因此人是城市形成的重要因素。城市发展不仅是建筑、空间和结构的发展，还是城市居民生活方式和生活范围的拓展。美国社会学家路易斯·沃斯（Louis Wirth）在其论文《作为一种生活方式的都市生活》中提出城市离不开"人口规模、人口密度及人口的异质性"[②]。由此来看，城市发展的根本问题是"人"的发展，除了城市物质方面的建设，城市应该更注重精神产品的供给，促使居民拥有健康的城市生活体验、理念和取向。城市居民愿意前往的城市并不一定是繁忙、沸腾、快节奏的大都市，也不一定是收入最高的城市，而是那些提供宜居生活的城市。国内学者通过对北京、上海城市人口聚集的个案研究，提出通过增添教育、医疗、休闲等服务设施是强化新城和外围集聚力的重

[①] 伊利尔·沙里宁. 城市：它的发展、衰败与未来[M]. 顾启源，译. 北京：中国建筑工业出版社，1986.
[②] 伊彩霞，冯岩. 路易斯·沃斯对城市概念的社会学建构——都市生活理论视角下的考察[J]. 世纪桥，2016（12）：88-89.

要建议。大型体育场馆正是承担城市体育、休闲、文化等服务功能的大型建筑设施，通过举办大型体育赛事、文艺演出等活动，可以满足城市居民精神文化享受的需要，提升城市生活品质，成为城市吸引居民和投资商的重要平台。从国内大型体育场馆综合体的区域环境来看，往往聚集大量的住宅、公寓，形成人口聚集效应，且周边住宅均价往往高于同类区域住宅价格。例如，"十二五"期间，徐州市政府提出"东拓战略"，将徐州东区打造成为名副其实的"城市新中心"，将徐州奥林匹克体育中心建在徐州东区，围绕徐州奥林匹克体育中心开发了大型楼盘，集聚人气。调研显示，深圳龙岗世界大学生运动会体育中心、南京奥林匹克体育中心的建成，以及其场馆服务功能的逐步完善和融合，成为吸引居民落户周边的重要因素。

3. 形成城市建筑集群

大型体育场馆服务功能融合表现为体育场馆建筑空间的聚集，包括主体建筑、配套设施、公共场地和景观建筑等设施，其本身就是一个建筑集群。不同类型的大型体育场馆需要不同的主体建筑、配套设施，不同的城市文化对大型体育场馆的建筑风格、结构、布局等要求也不尽相同，因此形成具有明显体育项目特征和城市风格的建筑集群。赛时，大型体育场馆建筑集群要满足体育赛事活动的专业要求，形成运动场地功能区、观众功能区、运动员功能区、竞赛管理功能区、场馆管理功能区、辅助设施功能区和配套设施功能区等建筑组合。在赛后利用阶段，大型体育场馆建筑设施应转化使用功能，立足于城市发展需要和市场环境要求，充分利用设施条件和空间布局提供多业态的服务供给，实现土地功能的混合利用。更为重要的是，大型体育场馆不是独立于城市其他建筑而独立存在的，其服务功能融合将促进体育场馆建筑设施与周边建筑设施的相互联系，建立一种相互依存、相互助益的能动关系，从而产生更大的功效。从城市产生和发展的历程来看，城市是人类聚居的产物，人类需求的发展促进城市的发展，人类聚集的城市融合了人类千差万别的兴趣、能力、需求，通过错综复杂且相互融合的载体来满足人们的生活需求。城市社会学家、城市规划学家和城市经济学家简·雅各布斯（Jane

Jacobs）在其著作《美国大城市的死与生》中提出，挽救现代城市的首要措施是必须认识到城市的多样性与传统空间的混合利用之间的相互支持[①]。人们在大型体育场馆观赏大型活动、开展身体锻炼之余，还有购物、餐饮、休闲、娱乐等多重需求，因此需要配置与之相配套的城市建筑来满足这些需求，并围绕大型体育场馆综合体形成建筑集聚，形成一个城市空间的缩影。大型体育场馆综合体的城市性、规模性和差异性特征，使其具有强大的城市空间整合能力和建筑聚合能力，成为增强城市活力、城市竞争力的重要手段。

4. 形成城市产业集聚

大型体育场馆是城市生活重要的载体，而服务功能融合将促使其具备承载城市商务、居住、购物、餐饮、休闲、文化、娱乐和会议会展等多功能融合发展的条件，并形成以体育服务为核心的产业集聚和融合效应。从产业经济学的视角来看，大型体育场馆服务功能融合形成的产业集聚不是简单的项目或产业的组合，而是通过有机的服务业之间的关联，形成一个以服务业为主导的产业集群。波特从竞争优势的角度研究产业集聚问题，认为产业集群可以通过3个方面获得竞争优势：第一，通过提高企业的生产力获得竞争优势，其主要原因在于关联产品的整体性；第二，集群有利于增强企业的创新能力，促进技术的创新与升级；第三，通过鼓励创立新企业，扩大并增强产业集群的竞争力[②]。从国内8家服务功能融合较好的大型体育场馆运营实践来看，体育服务业的高黏合性容易形成产业集聚现象，人流集聚将成为产业集聚的推动力量。服务功能融合的作用如下：一方面，大型体育场馆内部凝聚了大批体育及相关产业，形成内部产业吸附能力和融合发展效应；另一方面，大型体育场馆并不是孤立的建筑群，其体育服务与餐饮、购物、酒店等相关产业形成上下游的配套关系，其与周围城区建筑物和产业之间保持着密切的物质、信息和价值流交换，具有区位植根性特征和产业生态性特征。

---

① 简·雅各布斯. 美国大城市的死与生[M]. 金衡山, 译. 2版. 南京：译林出版社, 2006.
② 迈克尔·波特. 国家竞争优势[M]. 李明轩, 邱如美, 译. 北京：华夏出版社, 2002.

5. 促进城市更新发展

城市在发展进程中,不可避免地会出现老化或因需求变化而引起的不适应问题,如同生物机体成长过程中的"新陈代谢",城市发展也需要对其局部或整体进行有步骤的改造和更新。城市更新的实质是城市生态的更新、产业的更新和结构的更新,提升城市生活质量。城市更新是指对城市中已经不适应现代化城市生活的地区进行必要的有计划的改造[①]。近年来,北京、上海、广州和深圳等一线城市相继出台新的城市总体规划和城市更新行动计划,广州市还专门成立了城市更新局。城市更新已从传统的物质层面、拆旧建新式的粗放模式发展到城市有机更新的新阶段,生态环境、文化环境、产业结构、功能业态、社会心理等软环境成为城市更新的引爆点和重要内涵。从国外城市更新的发展经验来看,实现多元化服务功能融合的大型体育场馆已成为老城区复兴的催化剂。例如,萨克拉门托市为了复兴第五大街和第七大街之间的核心地块,提出很多方案,但效果不佳。2016年,配套酒店、商业等多元服务功能的萨克拉门托国王队的全新主场黄金一号球馆建成后,工作岗位总数增加了38%,有27家商店顺利开张,带动了整个区域的繁荣。据《纽约时报》报道,"全美范围内的十多个大城市市中心的老城区都在被重新规划修建,开发商放弃了郊区的土地,改而在市中心兴建全新的体育场馆,并将其和商场、住宅、写字楼等多功能商业空间相匹配,目的是把繁华带回城市的心腹地带"[②]。通过对大型体育场馆服务功能的改进,国内部分大型体育场馆逐步推动服务功能融合发展,同时促进城市更新升级。例如,深圳市政府计划投资60多亿元,将深圳市体育中心改造为城市综合体,围绕体育服务功能配套商业、商务、文化演艺等多项服务功能,并带动周边区域城市更新。

(三)大型体育场馆服务功能融合对城市影响的实证

广州天河体育中心位于广州市天河区,始建于1984年,毗邻广州东站,与中信广场相对,总占地面积为52万平方米,是广州最大的体育场地,在国内开创同

---

① 李德华. 城市规划原理[M]. 3版. 北京:中国建筑工业出版社,2001.
② KEITH S 欢迎来到市中心:美国的体育场馆,正在成为老城区复兴的绝妙催化剂[EB/OL].(2018-01-27)[2023-08-20]. https://baijiahao.baidu.com/s?id=1590711287368877596&wfr=spider&for=pc.

时建成体育场、体育馆、游泳馆三大场馆的先河。几十年来，广州天河体育中心直接带动了天河区的整体发展，其周边逐渐形成闻名全国的天河商圈，成为广州城市发展的重要推动力量。

20世纪80年代之前，以南方大厦、人民南路、十三行商圈为核心的越秀区、海珠区是当时广州市的核心地区。随着广州城市的发展，人口压力、交通压力成了广州旧城区中心亟待解决的问题，寻求新城市中心成为20世纪80年代广州城市空间发展的迫切需求。就当时的城市空间结构和地理条件而言，旧城区往西紧邻南海，空间不足；往南是珠江水域；往北是机场，只有往东发展才能符合城市发展的空间要求。广州市于20世纪80年代初获得六运会的申办权，面临主赛场建设的任务，为实现广州城市向东发展战略、举办六运会和解决广州体育场馆不足的问题，最终广州市提出在原天河机场位置建设广州天河体育中心。原广州市体育局局长刘江南认为，"1987年建成的天河体育中心对提升广州城市形象贡献最大，关键在于它突破了广州2000多年的城建格局，规定了新的城市中轴线，为广州新一轮城市发展打下了扎实基础"[1]。

广州天河体育中心建成后，首先带动了周边建筑设施的集聚效应，并形成产业的集聚效应。以广州天河体育中心为中心，周边1千米以内大型综合体建筑相继建成，引进了天河城、正佳广场、太古汇、中信广场、中国市长大厦等一大批城市综合体项目，如表5-13所示。围绕广州天河体育中心，周边配套了商业零售、商务办公、酒店公寓等服务设施，形成体育商圈的功能融合发展效应。其次，广州天河体育中心周边形成人口聚集效应。表5-14和表5-15的数据显示，天河体育中心周边集聚了一批房地产项目和楼盘，其中绝大部分住宅于2000年之前建成并投入使用，天河区人口统计数据反映出1990年和2000年是天河区体育人口快速增长的两个峰值点，与广州天河体育中心投入使用和周边住宅项目投入使用的时间点重合度较高。客观数据反映了广州天河体育中心对周边人口集聚有推动作用。

---

[1] 刘江南. 江南看体育[M]. 北京：北京体育大学出版社，2011.

表 5-13　天河体育中心周边主要大型建筑（部分）

建筑名称	建成年份	与广州天河体育中心的距离/m	建筑类型	功能
大都会广场	1996	西北 470	—	办公
祥龙大厦	1996	西北 490	甲级写字楼	办公、餐饮、公寓
中国市长大厦	1996	北 550	酒店+商务	办公、餐饮、公寓
天河城	1996	西南 630	商业综合体	餐饮、购物
中信广场	1997	北 420	当时"亚洲第一高楼"	办公、餐饮、公寓
越秀城建大厦	1997	西 470	5层裙楼+23层写字楼	办公、公寓
金利来大厦	1998	东 390	写字楼	办公
建和大厦	1998	西南 370	甲级写字楼	办公
高盛大厦	1999	西南 380	甲级写字楼	办公
南方证券大厦	2000	东 410	乙级写字楼	办公
新创举大厦	2000	西 340	商务综合体	办公、购物
财富广场	2003	东 400	商务综合体	办公
正佳广场	2005	南 600	商业综合体	餐饮、娱乐、购物
柏西商都	2007	西北 490	51层甲级写字楼+商场	办公、购物
佳兆业广场	2008	西北 460	商业综合体	办公、餐饮、购物
万菱汇	2010	东南 730	商业综合体	办公、餐饮、购物中心
太古汇	2011	东 850	商业综合体	办公、餐饮、购物中心
航海威斯汀酒店	2007	北 680	五星级酒店	酒店
粤海喜来登酒店	2011	西南 600	五星级酒店	酒店
圣丰索菲特大酒店	2011	西 960	五星级酒店	酒店
希尔顿酒店	2011	西北 900	五星级酒店	酒店

资料来源：百度地图、百度引擎、搜狗引擎等。

表 5-14　广州天河体育中心附近住宅（部分）

住宅	竣工年份	位置	居住人口（或户）/人（或户）
侨怡苑	1991	体育东	1188
怡侨大厦	1992	天河北	176
恒康阁	1993	天河北	250
名雅苑	1994	天河东	1012
紫荆小区	1995	林和东	468

续表

住宅	竣工年份	位置	居住人口（或户）/人（或户）
建丰大厦	1996	天河南	200
侨苑小区	1996	天河北	404
荟雅苑	1997	天河北	744
嘉怡苑	1997	天河北	207
朝晖苑	1997	天河北	480
华苑大厦	1998	天河直街	693
西雅苑	1998	体育西	714
祥龙花园	1998	天河北	408
侨景大厦	1998	天河北	304
天誉花园	1999	林和中路	200
中怡城市花园	2003	林和东路	1212
侨林苑	2003	天河北	1030
都市华庭	2004	天河北	544

资料来源：百度、搜狗、房天下等网络数据。

表5-15　1949—2018年天河区人口变化情况

年份	总人口/人	比上次普查增长	
		增加人数/人	增长率/%
1949	37000	—	—
1953	71729	34729	93.86
1964	159149	87420	121.87
1982	229276	70127	44.06
1990	430153	200877	87.61
2000	1109320	679167	157.89
2010	1432431	402644	
2017	1697900	265469	18.53

资料来源：由广州市天河区统计局数据整理而成。

更重要的是，在建筑集聚、产业集聚、人口集聚的基础上，以广州天河体育中心为核心，周边形成了150万平方米的天河商圈。天河商圈集中了22家购物中心、逾万家品牌商户，日均客流量150万人，节假日客流量超400万人，是中国面积最大的商圈之一。2016年，天河商圈内商品销售总额已达9500亿元①。到2017年，天河路商圈商品销售总额突破1万亿元大关，跻身国内首个万亿元级商圈②。广州天河体育中心与天河商圈主要业态和建筑形成良性互动，完善产业价值链，提升生活品质。调研显示，广州天河体育中心建成后，周边相继建设了网球学校、篮球城、体育东足球场、保龄球馆、棒球场、门球场等全民健身设施。广州天河体育中心年均举办大型活动80场以上，年均体育消费人次超过300万人（只统计进入广州天河体育中心场馆的消费人群），成为天河商圈发展的主要推动力。

---

① 佚名. 厉害了我的天河！天河路商圈或成内地首个万亿级商圈. [EB/OL]. （2017-10-21）[2023-09-23]. https://www.sohu.com/a/199374242_142115.

② 郭苏莹，钟晓宇. 顶流商圈"神仙打架"，广州谁最火？｜商圈出新彩 城市新活力[EB/OL]. （2023-07-28）[2023-09-23]. http://pc.nfapp.southcn.com/38/7938608.html.

第六章

我国大型体育场馆服务功能融合的实现

第一节 大型体育场馆服务功能融合的实现过程

一、大型体育场馆服务功能的产业价值链解构过程

从产业发展的演进过程来看,对具有可分解性的系统各部件进行创造性的分解和再整合,可以实现复杂系统的创新[1]。产业价值链理论揭示了大型体育场馆服务功能融合的实现过程,首先需要对原有产业价值链进行解构,然后实现重新构建,形成新的功能、价值体系。在产业价值链层面对大型体育场馆服务功能进行解构并不是最终目的,而是为了根据市场变化和需求驱动更好地实现新产业价值链的重构;而大型体育场馆服务功能产业价值链重构的目的也不是简单地进行经济活动重新排序,而是将原有体育服务、文化演艺等产业价值链相关活动、环节进行融合,创造更大价值。

从大型体育场馆服务供给过程来看,其产业价值链解构既存在纵向解构,又存在横向解构。首先将大型体育场馆服务产业价值链分解成若干模块,然后在技术、供需等动力推动的基础上,在特定的环节中将体育服务功能与相关服务功能按照一定的经济联系或技术关联进行创新融合,从而形成新的价值体系。

(一)纵向解构

吴金明在研究产业价值链的形成机制与价值传递过程中,提出"一对一的模式只能表现产业链价值发展的某一方面特征,不能完全概括产业链价值的内涵"[2],

---

[1] 胡晓鹏. 从分工到模块化: 经济系统演进的思考[J]. 中国工业经济, 2004 (9): 5-11.
[2] 吴金明, 邵昶. 产业链形成机制研究——"4+4+4"模型[J]. 中国工业经济, 2006 (4): 36-43.

产业链在价值传递过程中，形成多个维度的关系链。从产业价值链的视角来看，在大型体育场馆服务融合的实现过程中，往往会形成以某种服务业为主导、相关产业配套的产业融合模式，其产业价值链不再是简单的"一对一"的产业融合和价值创造，而是呈现较为复杂的"一对多"的网络结构。大型体育场馆服务功能融合受到建筑空间与服务内容的双重制约，建筑空间是服务融合的基础保障，服务内容则是服务融合价值实现的核心环节。两者之间相互依存、相互联系，共同形成一个整体。因此，从纵向来看，大型体育场馆服务产业价值链形成物质链和服务链两个维度。物质链主要是指大型体育场馆建筑、空间的形成，是服务融合的基础；服务链主要是指围绕体育服务形成的价值创造、分配与传递的关系链。

从横向来看，物质链和服务链中都存在"生产—流通—消费"过程中涉及的组织、环节形成的价值创造关系链，多元服务功能将在服务链中实现融合，共同形成一个多维结构的价值创造与传递过程。

从纵向来看，大型体育场馆服务功能融合的过程实质上是服务设施与服务功能的物质链与服务链之间的相互依存、相互衔接，其内部存在链式效应。两者之间存在大量的物质、技术、资源等方面的反馈关系，共同形成一个有机的多层次的融合体系。一旦两者之间缺乏联系，就不能形成有效的衔接，这种良性循环就会被打破，从而使大型体育场馆的价值不能完整体现。物质链是大型体育场馆服务功能融合价值实现的基础，服务链则是其价值实现的体现。

从国内大型体育场馆的状况来看，普遍存在物质链、服务链之间相互脱节的问题。大型体育场馆在前期规划建设过程中，过分追求美观而忽视后期服务供给的需要和实用性，过分追求城市地标效应而忽视空间的有效利用，仅仅实现单一体育服务功能而忽视多元服务融合的需要。在服务链方面，一方面受制于场馆建筑、空间、结构的局限性，难以实现多元服务功能融合发展；另一方面受制于僵化的运营机制，大型体育场馆运营效能不佳、服务能力不强，既不能提高场馆建筑空间的使用效率，又不能满足城市高质量生活品质提升的需求。物质链与服务链相互衔接是大型体育场馆服务功能融合实现的基本技术路径。

（二）横向解构

从横向上分解，大型体育场馆服务功能的产业价值链总体上可分解为供应、流通、消费3个环节，结合物质链、服务链有以下两种情况。

1. 物质链的横向解构

物质链的横向解构主要是指在大型体育场馆从发起、规划至移交给运营单位的全过程中，物质链的横向价值传递可以分解为发起、立项、投资、规划、设计、建造、移交、运营等主要环节，如图6-1所示。建筑结构和空间布局是服务功能融合的基础条件，也是优化物质链价值传递过程的基础。大型体育场馆物质链横向分解为3个环节、八大关键活动。体育行政部门为了举办某个特定的大型体育赛事，首先发起并提出要建设大型体育场馆，得到政府支持后由发改部门立项，由财政部门负责建设资金预算及投融资措施建议等工作；然后政府规划部门提出土地规划和建筑规划需求，交由设计单位完成建筑设计，由实施单位完成建筑建造，之后移交体育行政部门管理；最后体育行政部门成立事业单位或委托社会机构运营场馆。传统物质链的价值传递活动的每个环节都由一个主体完成，活动之间相互脱节，特别是在流通环节，规划、设计、建造3个主体之间存在利益博弈、缺乏衔接。更重要的是，对运营主体需求（消费需求）的忽视，导致大型体育场馆的价值无法体现，往往在大型赛事任务完成后，大型体育场馆无法根据需求提供多元服务，造成场馆闲置。

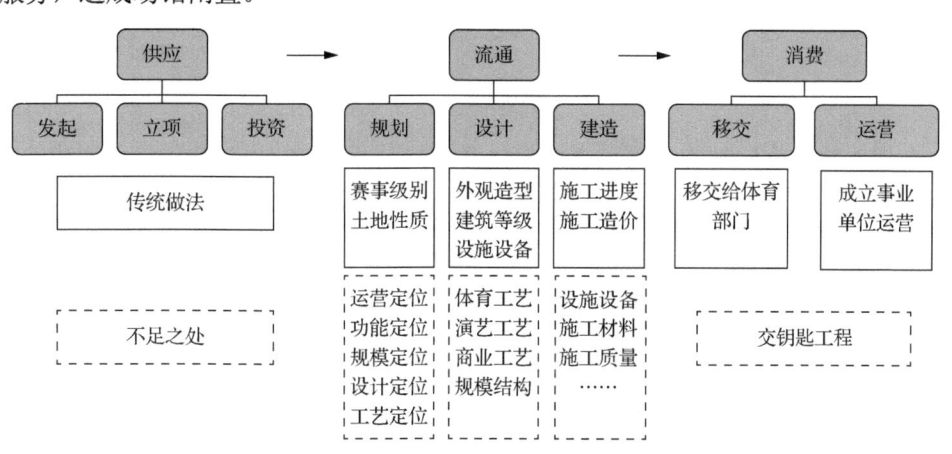

图 6-1 大型体育场馆物质链横向解构

服务功能融合的实现,首先要求场馆建筑符合多元服务功能融合的需求,其规划建设过程要满足后期运营服务的需求、服务功能融合的场馆物质条件。现代大型体育场馆运营管理在实现竞赛表演、文化演艺、教育培训、会议会展等多元服务功能融合的同时,必须在场馆的规划、设计、建造阶段奠定基础。通过对大型体育场馆物质链的横向解构可以看出,我国大型体育场馆在前期规划设计阶段,缺乏对服务功能融合需要和后期运营需求的认识,只是围绕某个赛事的级别、土地规划指标等要求进行规划,对场馆的功能定位、规模定位、设计定位、工艺定位和运营定位缺乏考虑,导致在前期规划过程中不能很好地结合后期运营过程中多功能融合发展的需要,客观上造成大型体育场馆建成后不适应服务功能融合发展的要求。在设计环节,由于规划环节缺乏有效定位和一般建筑设计单位的局限性,对场馆后期运营的体育工艺、演艺工艺、商业工艺等设计不足,场馆的空间结构不能满足后期多元服务功能融合发展的需要。在建造阶段,由于缺乏围绕运营需求的质量监管,在场馆建设过程中对材料、设备和施工质量的监管不足,导致后期服务功能融合难以实现。调研发现,部分大型体育场馆的大型文艺演出活动与配套商业服务无法实现有效融合,是因为不符合消防审核要求,而消防审核是根据场馆设计图纸进行审批的,在设计图纸中只注明功能用房可以用于裁判员工作室、技术官员室,没有注明可以用于其他用途,这导致后期教育、餐饮、商业零售等配套服务供给方不能办理营业执照。这反映出后期服务功能融合的实现与前期规划、设计和建造环节的优化具有密不可分的关联。

2. 服务链的横向解构

服务链的横向解构主要是指大型体育场馆服务功能的内容从供给到消费的一系列价值传递的过程,可分解为服务功能识别、服务功能定位、服务功能布局、服务资源引进、服务内容运营、服务内容营销、服务需求等关键环节,每个环节上都有不同的参与主体发挥其作用,并直接影响大型体育场馆整个产业价值链的传递,如图6-2所示。就服务融合来说,当需求方的要求发生变化时,会引进原有服务链的相关活动并发生融合,通过服务功能互补、渗透或延伸的方式形成服务功能融合现象。

第六章 我国大型体育场馆服务功能融合的实现

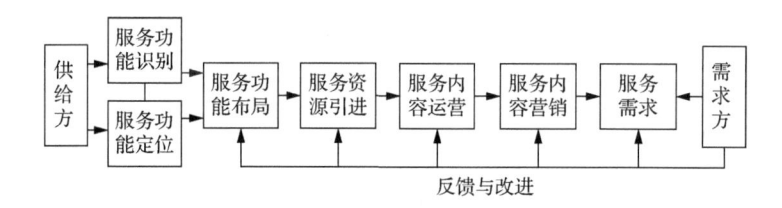

图 6-2 大型体育场馆服务链横向解构

二、大型体育场馆服务功能融合的产业价值链演进过程

产业价值链理论表明，大型体育场馆服务功能融合的过程实质上是以大型体育场馆为平台，体育服务功能与相关服务功能融合形成新的产业价值链的过程。长期以来，我国大型体育场馆采用政府统包统揽的封闭管理模式，大型体育场馆服务生产资金、要素等资源主要从政府部门获取，大型体育场馆的价值实现主要在于满足体育事业发展的行政需要。随着经济发展和居民消费需求的提升，大型体育场馆的服务功能由单一体育服务功能过渡到多元服务功能，未来将发展到服务功能融合，在不同的发展阶段呈现出不同的产业价值链。

（一）单一体育服务功能阶段的产业价值链

从产业价值链的视角来看，大型体育场馆服务业价值链主要由供应、流通和消费3个价值传递环节组成，内部由物质链、服务链组成，物质链主要是指场馆建筑由投入、规划、设计、建设到移交、运营的过程。服务链主要是围绕体育服务形成的价值创造、分配与传递的关系链。在中华人民共和国成立初期，我国大型体育场馆的建筑、施工、运营几乎全部由政府承担，场馆投入资金由地方政府财政负担，规划和设计由地方规划部门完成，场馆建成后移交给政府部门管理，场馆建筑（物质链）的价值传递过程是通过政府统包统揽完成的。这一时期的大型体育场馆服务供给主要是为了满足政府举办大型体育场馆和运动训练的需求。政府专门成立事业单位承担大型体育场馆服务供需之间的流通、组织、管理和实施等任务，保障大型体育场馆运行的基本资源配置。在服务价值传递的价值链上，该时期大型体育场馆主要以完成计划内的体育竞赛活动、运动训练等任务为主，服务功能较为单一，并且与其他相关服务功能的边界鲜明，场馆服务处于一种相对封闭的状态。单一体育服务功能阶段，政府是大型体育场馆服务资源的唯一供应商，而大型体育场馆也主要为体育行政部门或其他政府部门服务，其产业价值链处于简单、粗放、封闭和低价值创造阶段。单一体育服务功能阶段的产业价值链如图6-3所示。

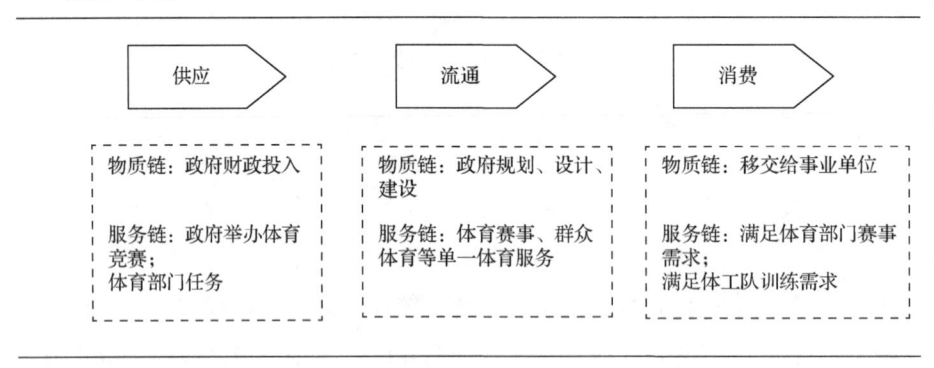

明确的产业边界

```
供应 → 流通 → 消费
```

供应：
物质链：政府财政投入
服务链：政府举办体育竞赛；体育部门任务

流通：
物质链：政府规划、设计、建设
服务链：体育赛事、群众体育等单一体育服务

消费：
物质链：移交给事业单位
服务链：满足体育部门赛事需求；满足体工队训练需求

明确的产业边界

图6-3　单一体育服务功能阶段的产业价值链

（二）多元服务功能阶段的产业价值链

改革开放以后，在发展观念转换、思想理念解放和理论、技术不断创新的基础上，特别是在体育产业发展观念的基础上，大型体育场馆形成服务社会化、功能多元化的发展趋势，场馆的服务功能由单一体育服务功能逐步向多元化服务功能发展，促进了大型体育场馆服务功能产业价值链的演进。从物质链来看，随着市场经济的发展和市场主体的成熟，政府虽然是大型体育场馆建设投入的主要来源，但并不是唯一的主体，少数侨胞、企业等将社会资源逐步投入大型体育场馆建设中，在场馆规划、设计、建造等过程中逐步产生规划单位、设计单位、建造施工单位，场馆建成后移交的对象也不仅仅是事业单位，还有企业性质的主体。大型体育场馆的资源供给主体和服务对象也发生变化，政府不再是大型体育场馆的唯一服务对象，体育消费的不断成熟使越来越多的个人或家庭成为大型体育场馆的服务对象，逐步形成了"政府+社会"的二元服务结构。为应对供需端的变化，传统的单一事业主体逐步发展成全额拨款事业单位、差额拨款事业单位、自收自支事业单位、事业企业双轨单位和企业单位等多元主体，大型体育场馆的投资、建设、运营呈现多元化的发展局面。大型体育场馆多元服务功能阶段的产业价值链如图6-4所示。

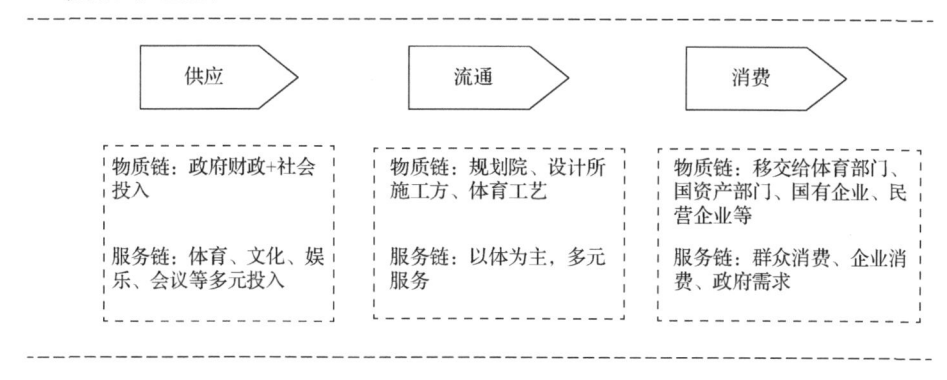

第六章 我国大型体育场馆服务功能融合的实现

模糊化的产业边界

```
供应 → 流通 → 消费
```

- 供应
  - 物质链：政府财政+社会投入
  - 服务链：体育、文化、娱乐、会议等多元投入
- 流通
  - 物质链：规划院、设计所、施工方、体育工艺
  - 服务链：以体为主，多元服务
- 消费
  - 物质链：移交给体育部门、国资产部门、国有企业、民营企业等
  - 服务链：群众消费、企业消费、政府需求

模糊化的产业边界

图 6-4　大型体育场馆多元服务功能阶段的产业价值链

更重要的是，随着市场经济的发展和社会资源的不断丰富，大型体育场馆服务产生了"以体为主，多种经营"的理念，服务链由传统的单一体育服务功能向多元服务功能转变。传统政府单一体育资源之外的文化、娱乐、商业资源逐步进入大型体育场馆服务体系，如商业性体育赛事活动、商业演出等。为了激发大型体育场馆的活力，我国大型体育场馆由全额拨款事业单位逐步转变为差额拨款事业单位、自收自支事业单位，在"以体为主，多种经营"理念的指导下，体育服务功能也不再是唯一的服务功能，体育服务功能的边界逐步模糊化，文化演艺、会议会展、教育培训、配套商业等相关服务功能的内容、企业、资源进入大型体育场馆服务的产业价值链。物质链、服务链在生产端、消费端的相关要素出现多元化的发展趋势，促使大型体育场馆服务产业价值链发生变化，如图 6-5 所示。

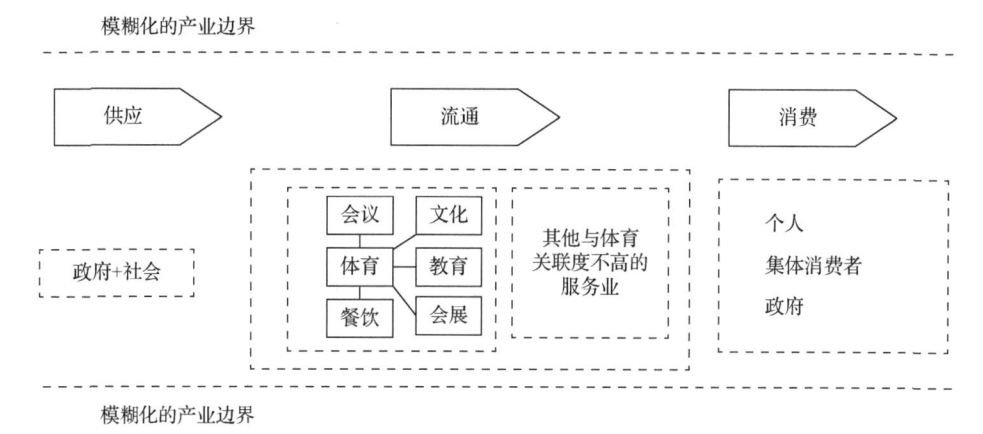

模糊化的产业边界

```
供应 → 流通 → 消费
```

- 供应：政府+社会
- 流通：会议、文化、体育、教育、餐饮、会展；其他与体育关联度不高的服务业
- 消费：个人、集体消费者、政府

模糊化的产业边界

图 6-5　大型体育场馆多元服务功能阶段的服务链

然而，由于体制、人员素质、服务方式、服务模式等原因，在多元化发展的过程中，多元服务功能的内容、业态与体育服务功能的结合、衔接存在一定的随机性或弱关联性。大多数大型体育场馆经营单位为了适应从全额拨款向差额拨款、自收自支事业单位的过渡，主要通过物业租赁方式获得经济补偿，对大型体育场馆服务业态布局缺乏整体规划和管理，更多考虑商户的承租能力，这导致大型体育场馆多元服务功能的内容五花八门。这一时期，物业租赁收入成为大型体育场馆的主要收入来源之一，场馆运营单位对服务功能的选择具有较强的随意性或弱链接性，注重商户的承租能力，对多元服务功能的具体内容和业态考虑不足，甚至有地方政府提出大型体育场馆"限期整改，收回门店，还馆于体、还馆于民"的要求，重新规划和布局大型体育场馆服务体系和产业价值链。调研发现，2002年建成的恩施市体育中心有35间功能用房没有发挥应有的作用，长期用作商业用途，一楼功能用房普遍装修成门店、仓储，二楼功能用房主要用于商户住宿，导致消防安全无法达标，引发了管理混乱的问题，严重影响该体育中心环境及功能。但是这一阶段大型体育场馆服务功能较以往封闭型的产业价值链有一定进步，我国大型体育场馆由单一体育服务功能逐步向多元化方向发展。

（三）服务功能融合阶段的产业价值链

党的十八大以来，我国经济取得新的成就，也发生了历史性变革，居民生活幸福感明显增强，个人和家庭的消费能力逐步提升，国内经济已逐步转向高质量发展阶段。这些变革从方向和方式上对中国体育发展提出了新的要求。在推动体育事业全面协调可持续发展的基础上，应突出体育在提高生活质量、促进经济发展、建设健康中国进程中的积极作用，特别是体育产业要成为促进经济转型升级和拉动消费的重要力量。在新发展背景下，大型体育场馆的服务功能迎来新一轮的变化，通过服务功能融合发展，实现服务转型升级和高质量发展。围绕大型体育场馆发展和服务提升的资源投入、配置要素、服务内容之间的关系进行局部变革或根本性调整。一方面，城市服务水平的提升要求大型体育场馆转型突显城市功能，承担提升城市生活品质和促进区域经济发展的作用；另一方面，随着体育产业与相关产业的融合程度逐步深化，体育产业成为国民经济社会发展和城市生活品质提升的重要内容，促进大型体育场馆服务功能融合创新、扩容提质。

大型体育服务功能融合首先是建立在服务功能与服务设施之间的融合，然后是围绕体育服务功能融合相关服务功能。服务功能融合促使大型体育场馆服务功能产业价值链进一步优化和发展。在物质链方面，一方面，社会资源投入大型体育场馆建设的比例逐步提高，并出现了一批专业的体育场馆建设投资主体、建筑规划主体、场馆设计主体；另一方面借鉴商业综合体、城市综合体等成功建设经验，大型体育场馆建设理念由"满足赛事"逐步向"满足运营"转变，逐步认识到前期规划设计与后期服务功能融合衔接的重要性，并产生了"规划、建设、运营一体化的"机制，优化了服务功能融合的技术路线，为后期大型体育场馆服务功能融合奠定了重要的物质基础。在服务链方面，与单一体育服务功能、多元服务功能阶段的产业价值链不同，服务功能融合强调体育服务功能与相关服务有机融合，形成有序融合的产业价值链。大型体育场馆也转型为以体育服务功能为核心、多元服务功能融合共享的城市综合体。通过体育产业与相关业态的有序融合，可以提升大型体育场馆的综合运营服务效益和效率。大型体育场馆服务功能融合阶段的产业价值链如图6-6所示。

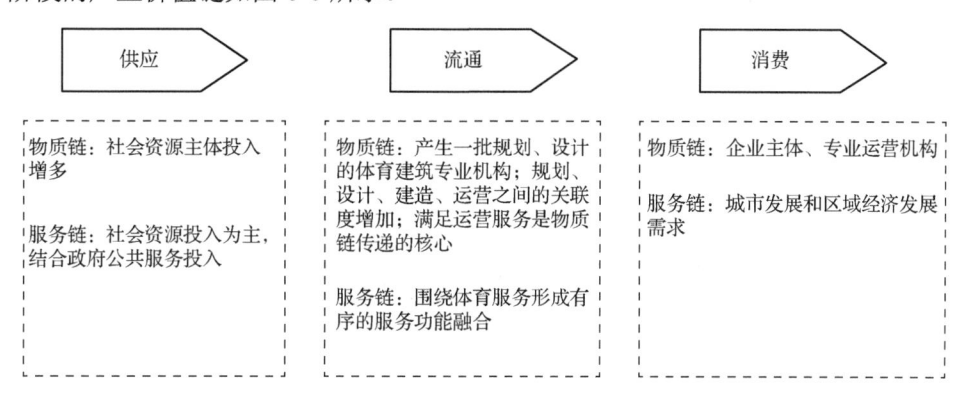

供应	流通	消费
物质链：社会资源主体投入增多 服务链：社会资源投入为主，结合政府公共服务投入	物质链：产生一批规划、设计的体育建筑专业机构；规划、设计、建造、运营之间的关联度增加；满足运营服务是物质链传递的核心 服务链：围绕体育服务形成有序的服务功能融合	物质链：企业主体、专业运营机构 服务链：城市发展和区域经济发展需求

图6-6 大型体育场馆服务功能融合阶段的产业价值链

从产业价值链理论来看，大型体育场馆消费主体和消费需求已呈现叠加和融合状况，传统的单一体育功能不能满足现代城市生活性消费的需求，有序融合后的产业价值链可以化解传统单一体育服务与消费需求升级叠加的结构性矛盾。体育服务功能与相关服务功能在各自产业价值链的关键环节产生融合现象，并重构为新的产业价值链体系，共同构建大型体育场馆服务功能融合体系。体育服务功能与文化演艺、会议会展、教育培训等服务功能之间，通过经济循环或市场共享融合在一起，各部分的活动组织有序、有机衔接，提高整体的使用效率，从而形成一个良性的有机体系，如图6-7所示。在大型体育场馆服务功能融合阶段，其产业价值链具有较强的协同性，场馆运营单位对服务内容、业态的选择，不仅考虑商户的履约能力，还考虑服务功能内部的协同性和消费需求的倾向。无论是在大型活动期间还是在日常运营阶段，大型体育场馆服务都充满生机和活力。例如，通过对深圳湾体育中心总经理兰小军的访谈发现，该场馆通过合理进行服务功能规划和布局，实现了体育服务功能与青少年培训、特色餐饮等服务功能的融合发展，吸引了17家培训服务机构和20多家配套餐饮、零售机构入驻，体育服务人次增加28%以上，这成为拉动深圳湾体育中心营收的重要因素。

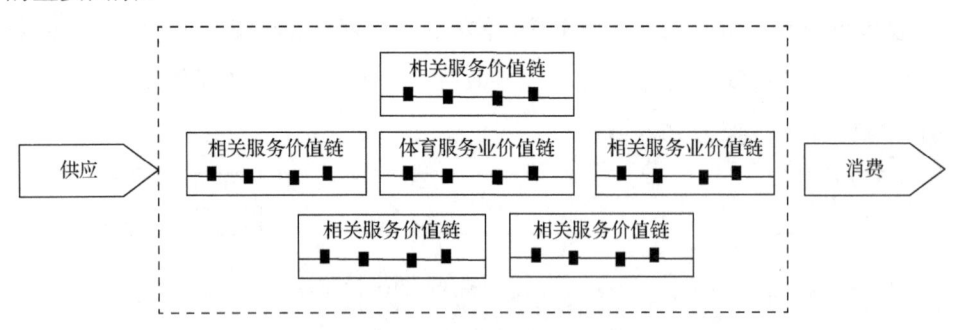

图 6-7　大型体育场馆服务功能融合阶段的服务链

　　大型体育场馆服务功能融合的产业价值链以体育服务功能为核心，与相关服务功能的产业价值链形成融合，并在大型体育场馆建筑空间内通过统一布局和规划，理顺各服务功能之间的协同关系，形成一个协同发展的新的价值创造和综合服务体系，使服务功能融合整体创造的价值远远高于单个服务功能价值的总和。

三、大型体育场馆服务功能融合的产业价值链重构过程

大型体育场馆服务功能融合的实现，需要对大型体育场馆产业价值链进行重构，识别场馆服务过程中价值创造、传递和实现的主要活动，建立体育服务功能与相关服务功能之间的融合点，提出体育服务功能与相关服务功能融合的具体路径。从大型体育场馆产业价值链的演进来看，大型体育场馆服务功能融合的实现过程实际上是产业价值链重构的过程，相关产业在大型体育场馆服务供给过程中，通过产业价值链的重构实现服务功能融合。

城市居民消费需求的叠加与融合及对高质量城市生活的追求，促使大型体育场馆由单一体育服务功能向多元服务功能融合转变。大型体育场馆要打破单一体育服务功能的壁垒，推动多元服务功能融合发展，促进资源要素充分地流动与重组，大型体育场馆服务功能融合的实现过程实质上是服务设施与服务功能的融合发展、优化衔接，以及体育服务功能与相关服务功能融合重构的过程。通过市场选择和消费需求审视、识别，将产业价值链条上主要的经济活动按照一定的方式进行价值系统重构，整合成新的产业价值链，从而实现大型体育场馆服务功能融合发展。

大型体育场馆服务功能融合主要是通过价值链上相关活动或环节的互补、渗透或重组来实现的，这意味着重新审视原有单一体育服务功能的产业价值链。一般来说，产业价值链应体现以消费需求为导向的经营理念[1]，因此大型体育场馆服务功能融合必须考虑消费市场、顾客需求等驱动因素的变化，需要从顾客消费需求的角度实现大型体育场馆服务功能融合。从消费的角度来看，群众在大型体育场馆参与体育赛事、全民健身、体育培训服务，既是体育消费的重要途径，也是居民生活型消费和城市消费的重要方面。体育运动是社会生活的重要方面，也是城市生活的重要内容，体育消费不能脱离生活性消费的需求而独立存在，体育服务功能也不能脱离其他城市服务功能而独立、封闭存在，这就要求在原有的大型体育场馆产业价值链基础上结合消费需求的变化进行重构。大型体育场馆服务功能融合实现过程主要分3个过程：服务功能融合物质基础形成过程、服务功能融

---

[1] 周超，孙华伟. 基于消费性服务业的价值链分析[J]. 江苏商论，2007（9）：71-73.

合价值创造过程和服务功能融合价值体现过程（图6-8）。

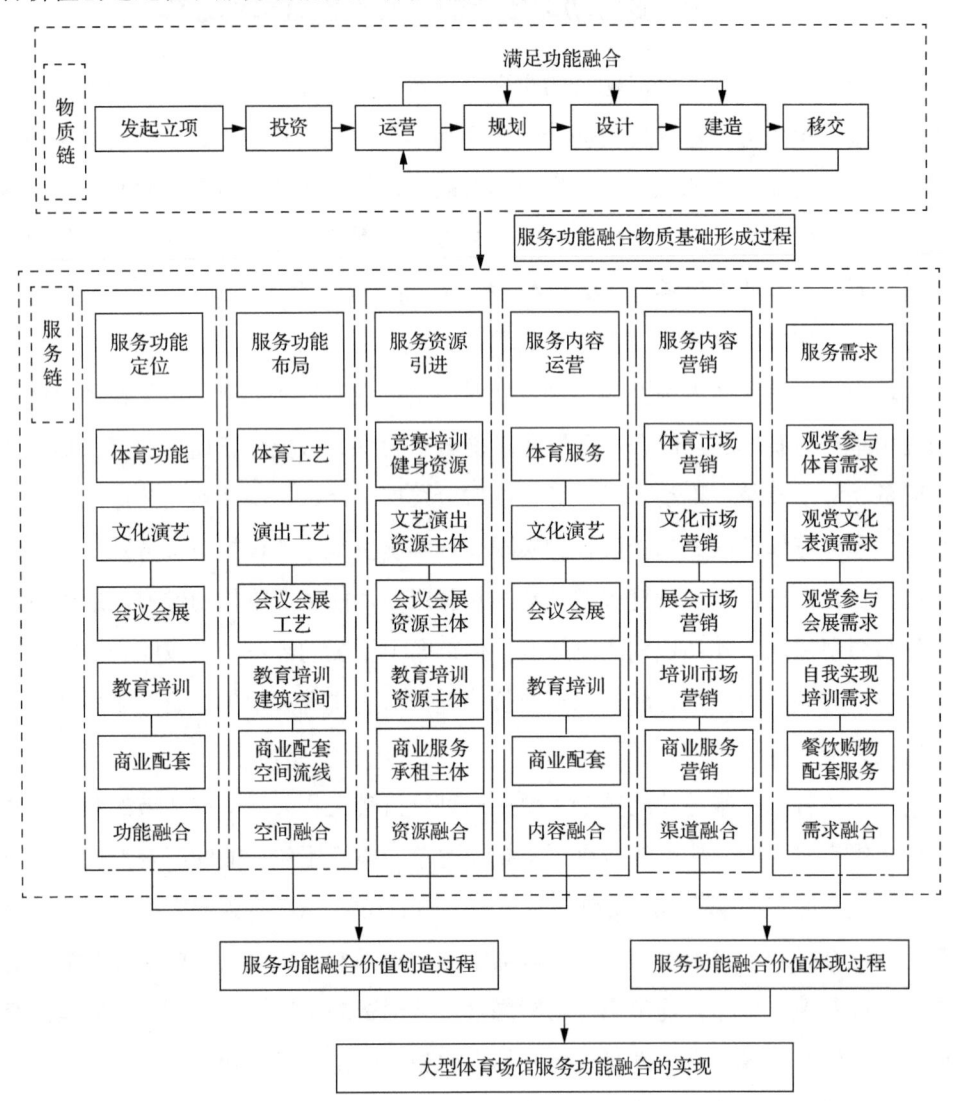

图6-8 大型体育场馆服务功能融合实现过程

从场馆设施与服务功能之间的融合来看，需要对传统大型体育场馆服务功能的物质链进行重新优化，实现场馆建筑与服务功能融合发展。提前考虑场馆的功能定位与空间布局的功能规划，形成服务融合发展的理念，并将其贯穿项目规划、建筑设计和建造施工中，为服务功能融合的实现奠定物质基础。这是大型体育场馆服务功能融合的技术路径保障。

体育服务功能与相关服务功能之间的融合主要包括服务功能融合价值创造过程与服务功能融合价值体现过程。服务功能融合价值创造过程主要包括4个环节：大型体育场馆的服务功能通过叠加、嵌入等方式，形成综合性服务功能，实现功能融合；大型体育场馆的建筑结构、工艺设计、人流设计满足竞赛表演、文化演艺、会议会展、教育培训、商业配套等多种服务功能供给的空间要求，实现空间融合；在大型体育场馆服务功能供给过程中，整合体育服务供给及相关服务供给的主体诉求，形成多元服务功能的资源融合；最终，大型体育场馆体育服务通过渗透、延伸或互补等方式融合文化演艺、会议会展、教育培训、商业配套等相关服务功能及要素，形成服务功能融合体系。

大型体育场馆服务功能融合的价值体现过程主要包括两个环节：体育服务功能与文化演艺、会议会展、教育培训、商业配套等营销方式或渠道形成融合，如利用APP服务软件实现品牌和渠道融合推广；从消费需求的角度看，大型体育场馆服务功能融合后，形成新的服务内容体系，实现需求融合。

第二节　大型体育场馆服务功能融合实现的技术路径

一、影响大型体育场馆服务功能融合实现的技术性原因

（一）规划设计建设运营前后脱节

大型体育场馆建筑运营是一项系统工程，从前期建筑到后期运营一般分为发起、立项、投资、规划、设计、建设、运营等重要环节。这是我国大型体育场馆从规划设计到运营管理的传统技术路径。

在实施过程中，前期规划部门通常从城市宏观规划的角度规划布局大型体育场馆，依据土地价值理论实施城市规划和布局。从土地的经济属性与土地利用价值的角度来看，大型体育场馆的经济属性不突出，运营开发难度较大，因此规划者常常把大型体育场馆规划在城市偏远地区。甚至部分城市以城市规划更新为由，将市中心的大型体育场馆拆除，选择在城市偏远地区新建大型体育场

馆，人为地造成体育场馆使用效率低下的问题。财政部门在大型体育场馆资金投入或投资过程中，仅仅提供财政性投入，满足体育竞赛要求，但对配套设施投入资金不足，导致场馆服务功能单一。因为大型体育场馆规划大、投入高，所以设计部门通常将大型体育场馆作为城市标志性建筑来设计，以获得"中国建设工程鲁班奖"为目标，盲目追求场馆设施"空间高、规划大、造型独特"，在建筑风格上标新立异，缺乏对体育工艺和赛后运营的考虑，导致大型体育场馆重外观而轻内涵，在空间结构上增加了后期服务功能融合的难度。在场馆施工过程中，存在施工单位不按图纸施工或偷工减料的问题。最后，将场馆移交给体育行政部门或相关管理部门，以事业管理机制进行运营管理。大型体育场馆的地理位置偏僻、场馆功能单一、场馆工艺不达标、场馆能耗成本高、场馆空间不适应服务功能融合的需求、二次改造资金不足、运行机制僵化等实际问题，使其在技术路径上与服务功能脱节。

从本质上看，我国大型体育场馆运营困难的主要原因是从前期规划到后期运营之间各环节相互脱节、条块分割。20世纪80年代，薛暮桥提出我国传统经济运行采用"行政管理方法管理经济"[①]，上一个环节完成后移交给下一个环节，相互之间缺乏融合机制。大型体育场馆建设应借鉴商业综合体、酒店综合体等成功的经验，形成以满足运营服务功能需要为主导的机制，使从前期规划设计到后期运营管理的各环节相互衔接，以运营为中心引导各项工作的开展，最终保障服务功能的实现。成功的商业综合体建设项目往往采用"运营前置"的方法，在规划设计阶段就考虑后期运营的需要，满足服务功能融合发展的需求，并将各环节融于一体。然而，从我国大型体育场馆规划运营的全过程来看，在场馆建设管理过程中，规划、设计、建筑、运营之间相互脱节、统筹不够、合力不足，最终引发场馆闲置的问题。从国外大型体育场馆的建设运营经验来看，运营是贯穿全流程的中轴线，投资、规划、设计、建造等环节都要为运营服务，避免因条块分割而使场馆难以运营的局面。

（二）部门利益博弈

大型体育场馆的建设运营涉及规划、国土、城建、财政、发改委、体育等相

---

① 薛暮桥. 关于经济体制改革问题的探讨[J]. 经济研究，1980（6）：3-11.

关行政部门，各部门之间有不同的职能分工，也存在不同的部门利益，这种部门利益的博弈是导致大型体育场馆运营管理问题产生的主要原因。卢梭（Rousseau）在《社会契约论》中提出行政官员的身上存在个人意志、行政官共同意志和人民的意志[1]，这种"行政官共同意志"是指部门利益。百度百科中的部门利益是指"有关的权力部门在从事立法、司法或行政行为的活动过程中，不适当地强化、扩大本部门及其成员的职权，巩固/扩大本部门的可控制资源的倾向"[2]。在现实生活中，政府部门作为行政职能机构，是公共资源的整合者和支配者，对公共资源的控制和职责权力的强化促使部门利益的形成。孙力认为，争夺规制权是部门利益博弈的直接动机，追求政绩是引发部门利益博弈的个体原因[3]。

市场经济的发展和政府职能的调整，引发行政部门利益结构的变化，部分地方政府行政部门为了维护和增加部门利益，想办法扩大资源控制范围。政府投资建设的大型体育场馆既是国有资产，又是公共体育设施，因此国有资产部门（或代表国资部门的城投公司）和体育部门都希望获得大型体育场馆的所有权。大型体育场馆建设运营工作复杂，涉及部门较多，在客观上要求相关行政部门共同协助工作、各司其职，但相关行政部门从本部门利益出发，过于强调、维护与谋取本部门利益，不能形成以运营为中心的一体化技术路径，加大了大型体育场馆后期实现服务功能融合的难度。城市规划部门根据城市规划布局，将市中心土地预留给更具经济价值的项目；财政部门根据资金预算拨付款项，缺乏对场馆配套设施的资金投入；设计单位根据城市风格和赛事级别完成建筑设计，追求城市地标效果。从表面上看，各部门的工作都符合自身的工作程序和要求，但最终移交给运营单位后，发现大型体育场馆选址、建筑、工艺、配套等方面存在问题，难以有效进行运营开发，需要政府加大补贴力度，从而形成"恶性循环"。

（三）综合决策机制的缺失

政府投资的大型体育场馆具有公共设施属性，由于投资额度大、社会关注度

---

[1] 卢梭. 社会契约论[M]. 何兆武, 译. 2版. 北京：商务印书馆，1982.
[2] 佚名. 部门利益[EB/OL]. (2022-07-11)[2023-08-20]. https://baike.baidu.com/item/%E9%83%A8%E9%97%A8%E5%88%A9%E7%9B%8A/9686707.
[3] 孙力. 我国公共利益部门化生成机理与过程分析[J]. 经济社会体制比较，2006（4）：91-95.

高，大型体育场馆建设、运营属于政府重大建设项目和经济项目，为防止决策的随意性、减少失误，需要建立科学的综合决策机制。为了规划公共体育设施的建设、使用，中央和地方政府相继颁布了一些规章、制度或条例。例如，2003年国务院颁布的《公共文化体育设施条例》中提出将全国公共文化体育设施的建设纳入国民经济和社会发展计划，"公共文化体育设施用地定额指标，由土地行政主管部门、建设行政主管部门分别会同文化行政主管部门、体育行政主管部门制定"，这说明大型体育场馆建设被纳入政府工作计划，发改部门、土地行政部门、建设行政部门、体育行政部门都要为大型体育场馆建设提供综合决策意见和服务。长期以来，我国大型体育场馆通常是为举办大型体育赛事而兴建的，由于赛事举办周期有限，在场馆前期建设过程中容易产生急功近利的情绪，容易出现"形象工程"项目、"政绩工作"项目。在项目决策过程中，决策者对眼前利益与长远利益的矛盾认识不清，客观上可能影响决策的科学性与合理性。

现有大型体育场馆项目缺乏综合决策，表现在以下方面：第一，服务功能融合的定位决策缺乏。在决策过程中，决策者主要关注大型体育场馆的投入资金和外形设计，过度注重建设标志性的城市形象建筑，如深圳世界大学生运动会体育中心的"钻石"造型、广州体育馆的下沉设计强调与自然风光紧密结合，缺乏对场馆功能定位、功能布局、内容选择与市场定位的决策。第二，体育核心功能的工艺决策缺乏。《公共文化体育设施》中要求"公共体育设施设计规范由国务院建设行政主管部门会同体育行政主管部门制定"，但在综合决策过程中体育行政部门的意见往往不具有决定性作用，处于弱势地位，导致部分大型体育场馆建成后存在工艺问题，不具备举办高水平体育赛事的条件，如竞赛场地规格不达标、活动人员流线混乱、功能用房不符合竞赛要求等。第三，服务功能的决策缺乏。承办综合性大型运动会是政府建设大型体育场馆的主要因素，但举办体育赛事不是大型体育场馆运营的唯一用途。决策者在决策过程中往往对大型体育场馆服务功能融合的空间结构和工艺要求较为缺乏，对配套功能和设施考虑不足，使场馆建筑空间设计和指标要求不符合服务融合的要求，导致大型文艺演出、会议会展、商业配套等服务供给存在问题。

二、大型体育场馆服务功能融合技术路径的优化方向

(一)建立一体化机制,避免前后脱节

产业价值链理论表明,物质链与服务链的相互衔接、场馆设施与服务功能的相互衔接是大型体育场馆服务功能融合实现的必要路径。场馆设施是"平台",服务功能是"内容","平台+内容"是大型体育场馆服务功能融合实现的基础。因此,要实现大型体育场馆服务融合,就必须在场馆建筑设施与服务功能融合之间形成相互衔接的技术路径。长期以来,我国大型体育场馆存在规划设计、建设施工和运营管理严重脱节的问题,导致场馆选择、空间规划、功能设计和体育工艺不能适应运营阶段服务功能融合发展的需求。从问题产生的源头分析,原因是大型体育场馆建筑设施与服务功能融合脱节,对场馆运营需要和服务功能融合的要求认识不足,在建设运营机制上前后脱节。

大型体育场馆规划、设计、建设与运营相互脱节的突出问题,引起政府和社会的高度关注。2014年,国务院在《国务院关于加快发展体育产业促进体育消费的若干意见》中,将"创新体育场馆运营机制"列为体育产业创新体制机制改革的三大任务之一,明确要求"推行场馆建设、运营管理一体化模式,将赛事功能需求与赛后综合利用有机结合"。在现代城市生活中,大型商业综合体成功的运行经验也为大型体育场馆服务功能融合提供了借鉴和参考,通过在规划设计、建设施工、运营管理等重要技术环节之间形成一体化的技术保障机制,实现服务设施与服务功能之间、物质链与服务链之间的有效衔接,有效保障后期服务功能融合的实现。新时代,在新一轮大型体育场馆建设高潮中,要实现大型体育场馆服务功能融合,形成"一体化"的技术路径保障机制。

(二)突显运营需求,统筹部门利益

由于长期以来大型体育场馆的规划、设计、建设主要以某一赛事为主导,以规划设计部门为主体,完全甩开了赛后承担场馆运营责任的部门和单位,所以规划和设计方案未能充分考虑服务功能融合发展的需要和城市新兴产业发展对大型

体育场馆服务功能融合的要求，导致大型体育场馆存在设计功能单一、空间利用不足、能耗需求过大、体制机制落后、运营效能不佳、服务能力弱化等问题，普遍处于闲置状态。在规划、设计、建设等前期阶段，忽视运营的需求，极大制约了我国大型体育场馆基础作用的发挥和社会效益、经济效益的提升，成为制约我国体育产业快速发展的巨大瓶颈。

产业融合理论表明，消费需求的变化会促进产业融合的形成。单元媛和赵玉林将产业融合区分为供给方驱动融合和需求方驱动融合[1]。在产业融合过程中，新的技术、产品和服务的产生在客观上也促进了供给方的服务升级。服务功能融合发展是运营需求方对大型体育场馆建设、规划提出的升级要求。大型体育场馆物质链与服务链的衔接，是建立在突显运营需求、满足服务功能融合要求基础上的衔接；规划、设计、建设、运营的一体化，是建立在以运营为主导的一体化机制上的。在规划建设阶段，以运营为中心、以满足运营需求为导向，是通过场馆服务功能融合实现技术路径优化的重要方向。

（三）完善规划定位，协助综合决策

随着地方政府对大型体育场馆的建设和投入不断加强，产生了场馆重复化、同质化的问题，很多场馆都是以"一场两馆"模式建设的。这些问题产生的本质原因是在规划建筑阶段，缺乏对大型体育场馆建设的重要研判，不能真正反映其核心竞争力。波特在比较优势理论、规模经济理论的基础上，认为要采用竞争优势理论来分析产业竞争力的问题，并提出了"钻石模型"理论。"钻石模型"理论以四大关键要素和两个辅助要素为支撑点，彼此相互作用，组成动态的竞争模式。钻石体系的四大要素为生产要素、需求条件、相关支持性产业，以及企业的战略、结构和竞争对手。两个辅助要素为政府与机会。波特的"钻石模型"如图6-9所示[2]。图中实线为关键要素的作用机制；虚线为辅助要素的作用机制。

---

[1] 单元媛，赵玉林. 国外产业融合若干理论问题研究进展[J]. 经济评论，2012（5）：152-160.
[2] 刘颖琦，吕文栋，李海升. 钻石理论的演变及其应用[J]. 中国软科学，2003（10）：139-144.

第六章 我国大型体育场馆服务功能融合的实现

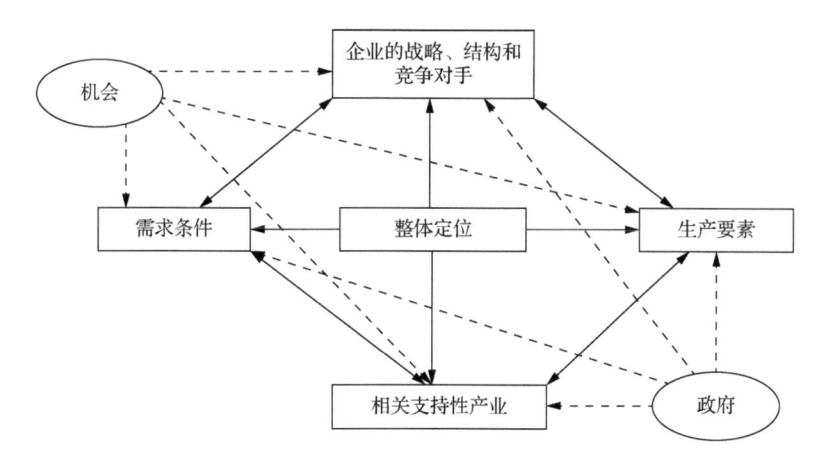

图 6-9 波特的"钻石模型"

波特的"钻石模型"已成为企业制定、分析区域竞争优势的宏观分析方法，成为战略管理的重要工具，也可用来对大型体育场馆核心竞争力进行高度概括。结合"钻石模型"，大型体育场馆服务功能融合的实现，在技术路径方面要符合6个发展要求，即符合城市发展定位的要求、符合区域规划的要求、符合产业价值链发展的要求、符合市场差异化竞争要求、符合消费者的要求、符合运营机构或主体经营开发的要求。企业的战略、结构和竞争对手与需求条件相互作用，结合市场需要条件及发展的机会，综合形成对大型体育场馆的市场定位；企业的战略、结构和竞争对手与生产要素相互联系，由此可以判断出大型体育场馆服务功能的差异性，形成对大型体育场馆的功能定位；大型体育场馆建设、开发过程中的人力资源、自然资源、资本资源等生产要素，与相关支持性产业相互联系，结合政府的政策导向和区域规划，形成对大型体育场馆的规模定位；消费者、商户对大型体育场馆空间、结构的建筑需求及相关产业的物质要求，结合形成对大型体育场馆的工艺定位。最终，在 4 种定位的基础上，突显运营需求，形成对大型体育场馆的运营定位，构成大型体育场馆规划建设"五定位模型"，如图 6-10 所示。图中实线为波特"钻石模型"作用机制；虚线为"五定位模型"作用机制。

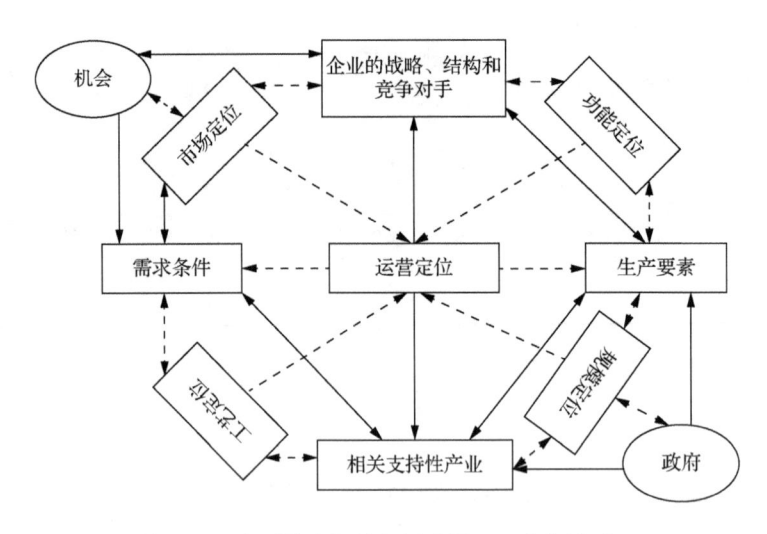

图 6-10　大型体育场馆规划建设"五定位模型"

市场定位是在市场调查的基础上，对大型体育场馆未来运营的市场环境、客户流量、区域消费指数等因素进行综合研判，分析未来项目发展的市场潜力，明确大型体育场馆的项目选址，避免因项目选址不合理而导致大型体育场馆运营管理困难。功能定位是对场馆运营的体育服务功能、相关服务功能及配套服务功能进行分析和预测，寻求与自身发展条件最适合的融合模式，在场馆建筑设计之前，先明确多元服务功能融合发展，避免因功能定位单一而造成大型体育场馆运营管理困难。工艺定位是提前考虑未来的目标消费人群、目标投资业主和目标经营商户 3 类核心消费群体，以及相关产业资源运行对内部环境、空间结构、工艺设计的物质要求，引导完善大型体育场馆的建筑设计，保证场馆的结构、空间、工艺符合运营管理和服务功能融合的需求，避免因场馆结构、工艺与运营需求不符合而造成大型体育场馆运营管理困难。规模定位在充分分析场馆未来赛事举办级别、容纳群众数量等生产要素特征，以及市场竞争、区域环境、城市规划等条件的基础上，深挖项目的特点和优势，判断大型体育场馆的规模体量、建筑形象、市场形象和社会形象，避免因盲目"贪大求全"而造成大型体育场馆运营管理困难。运营定位则是在以上 4 个定位基础上，结合运营机构的特质、资源等要素，对运营方式、运营内容、运营手段、运营期限和运营保障进行定位，将运营需求和服务功能融合的需要前置，避免场馆建筑与服务功能脱节的情况出现。借鉴"钻石模型",通过市场定位、功能定位、规模定位、工艺定位、运营定位,做好大型体育场馆规划建设的综合决策。

三、大型体育场馆服务功能融合实现的技术路径构建

(一)构建依据

城市公共基础设施是城市化发展的基础,是现代城市生活服务供给和城市运转的基本条件,大型体育场馆属于城市基础设施的范畴。工程总承包是建筑单位常用的组织实施方式,并根据市场的需求、业主单位的实践需要不断变化和发展,经过多年的发展逐步形成了"设计—采购—施工"(Engineering-Procurement-Construction,EPC)模式、"设计—施工"(Design-Build,DB)模式、"设计—招标—建造"(Design-Bid-Build,DBB)模式、"项目管理总承包"(Project Management Contract,PMC)模式和"交钥匙项目总承包"(Turnkey)模式等[1]。上述模式的特点在于能够有效提升项目建设的工程效率,减少施工过程中的交易成本,但是其与后期运营需求脱节,导致部分公共基础设施建成后使用功能和效率不能满足实际的需要。为破解这一问题,国内公共基础设施建设逐步引入"建设运营一体化"理念。张湄较早地在国内提出建设运营一体化的理念,他在黄浦江越江设施建设实践中提出,运营单位应在早期介入建设,实现建设运营无缝衔接的纵向一体化机制[2]。之后,建设运营一体化成为公共设施项目建设的主要技术路径,逐步应用于我国水利设施、航空设施、公交设施、大型水电设施等服务设施领域,它通过将前期规划建设与后期运营管理有效衔接,较好地解决了建筑设施与服务功能融合发展中的脱节问题,其中 DBO(Design-Build-Operation,设计—建造—运营)模式在政府公共服务设施建设过程中受到广泛关注。

DBO 模式随着政府投入城市基础服务设施模式的日益发展,成为近年来在欧美国家及中东部分地区出现的新的大型项目建设实施技术路径,主要用于城市公

---

[1] 吴连生,刘嘉男,刘福强. 国内外工程总承包模式发展现状研究[J]. 城市建设理论研究(电子版),2013(36):1-4.

[2] 张湄. 越江设施建设运营一体化管理[J]. 中国市政工程,2010(S1):90-91,97,153.

共基础服务设施项目的建设和运营。美国审计总署（General Accounting Office，GAO）和美国的PPP国家理事会（National Council for PPP，NCPPP）对DBO的定义是"政府或所属机构将某些城市基础设施项目的特许权转让给社会投资者，社会投资者独立或联合他方组建项目公司，负责项目的设计和建造，在项目建成后独立进行项目的管理和经营，并在项目的运营中获得投资回报和合理利润"[1]。此外，天津大学研究生张硕在其硕士论文中提出，DBO模式可以减少交易费用，优化项目全生命周期费用，提高项目运营[2]。DBO模式在国际上主要用于污水处理、高速公路、海水淡化、城市供水工程等领域。将城市公共基础设施的设计、建造、运营进行合理衔接，优化项目前期建设与后期运营的一致性是该模式的最大优势。目前，DBO模式在我国主要用于由政府直接投入或政府平台公司投入的公共服务设施（如高速公路、自来水厂、机场、城市轨道交通等）领域。DBO模式包括业主方、业主方代表、承包商三大责任主体，其中承包商可以是项目最后的运营单位，也可以是运营单位与设计、施工单位组建的联合体。该模式最大的特点在于强化运营，将运营需求提前融入建筑设计、建造施工环节，避免产生前期建设与后期运营脱节的问题。

（二）路径构建

大型体育场馆属于准公共产品，具有公益性和经营性双重属性，既是城市公共服务设施，又有一定的市场属性。近年来，我国大型体育场馆的投资方式和运营模式都发生了明显变化，国有资本、民营资本逐步进入大型体育场馆的建设与运营管理，传统的事业单位运营主体逐步转变为经营服务的企业主体，大型体育场馆服务功能融合的需求日益突出。大型体育场馆服务功能融合要求在前期建设阶段做好功能定位、工艺定位、规模结构定位、市场定位和运营定位，满足运营阶段服务功能融合的需求。因此，借鉴DBO模式，大型体育场馆服务功能融合实现的技术路径不仅包括设计、建设和运营3个环节，在大型体育场馆建设项目

---

[1] 孙剑，李启明，邓小鹏．DBO模式及其合同条件分析[J]．建筑经济，2008（8）：39-42．
[2] 张硕．基于交易费用理论的DBO承包模式研究[D]．天津：天津大学，2009．

正式立项、明确投融资方式之后，还要考虑运营的需求，通过确定运营主体或采用运营咨询顾问的形式，主导后续规划、设计、建造等相关环节的推进。在DBO模式的基础上，建立EBO技术路径，其中策动主要以满足场馆运营对多元服务融合的需要为导向，来启动前期场馆规划、设计等相关环节，以期从根本上避免出现我国大型体育场馆服务设施与服务功能脱节、物质链与服务链脱节的问题。

EBO技术路径与传统路径的对比如图6-11所示。

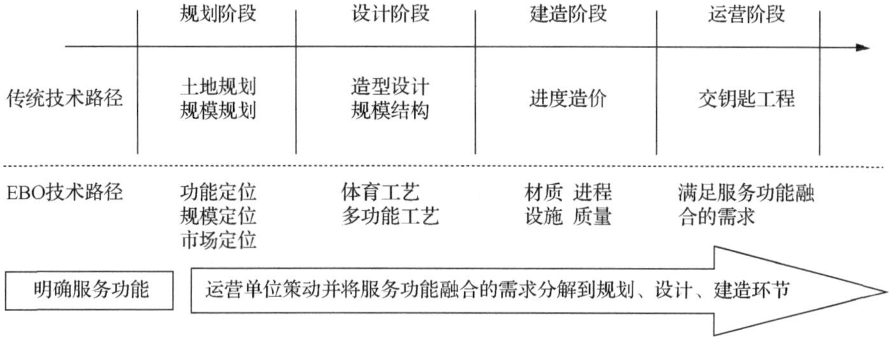

	规划阶段	设计阶段	建造阶段	运营阶段
传统技术路径	土地规划 规模规划	造型设计 规模结构	进度造价	交钥匙工程
EBO技术路径	功能定位 规模定位 市场定位	体育工艺 多功能工艺	材质 进程 设施 质量	满足服务功能融合的需求
明确服务功能	运营单位策动并将服务功能融合的需求分解到规划、设计、建造环节			

图6-11　EBO技术路径与传统路径的对比

大型体育场馆服务融合采用EBO技术路径，要实现两个层次的衔接：一是场馆设施与服务功能之间的衔接，将大型体育场馆前期规划建设过程与后期运营服务功能融合的需求相衔接；二是在物质链内部的规划、设计、建造、运营4个关键环节之间，形成以服务功能融合为主导的衔接机制，避免各环节相互脱节。综合来看，EBO技术路径有如下特征。

1. 突显融合需求

在EBO技术路径下，政府正式确定建设大型体育场馆后，首先确定运营单位或运营咨询单位，确立"功能融合、服务多元"的指导思想，从功能定位、规模结构定位、工艺定位、市场定位和运营定位5个方面把关规划、设计、建造等环节的要求，将大型体育场馆服务功能融合的相关要求分解融入规划、设计、建造等环节。然后，运营主体参与和引导后续环节的组织实施，将规划、设计、建造、运营衔接于一体，避免出现因条块分割、部门利益博弈等机制问题而导致服务功能融合的基础条件不能得到保障的问题。

2. 责权清晰稳定

在 EBO 技术路径下，形成业主方、业主方代表、承包商三大责任主体。业主方是政府或政府的平台公司，具有大型体育场馆所有权；业主方代表由体育行政部门代表或体育、财政、国资、规划、消防、公安、审计等部门代表联合组成，具有大型体育场馆建设、运营监管权，从不同角度监管项目进度与体育核心功能的保障；承包商由专业运营商或运营、设计、建造的联合体组成，具有项目运营权，融入服务功能融合发展的理念。通过所有权、监管权、运营权三权分离，使原本分散的责任主体保持一致性、相互制衡，有利于规划、设计、建造、运营环节之间的顺利衔接，保证了大型体育场馆物质链的稳定性。此外，承包商对大型体育场馆拥有较长期限的运营权，因此其积极性会有所提升，会将后期运营对服务功能融合的具体设想积极融入前期规划、设计、建造过程中，尽量避免因前期环节工程问题而导致不可挽回的运营问题。

3. 培养和吸引有实力的运营机构（承包商）

大型体育场馆服务功能融合不仅要求运营主体具备专业的体育经营管理能力，还要求其具备文化演艺、会议会展、教育培训、商业配套等多元服务资源整合能力，对运营主体的资源复合能力要求较高。在 EBO 一体化技术路径下，运营机构将承担或主导规划、设计、建造、运营各环节的组织实施，享有较高的自主权，这有利于培养和吸引有实力的运营机构，同时运营机构要承担大型体育场馆后期运营管理的责任。大型体育场馆服务功能融合对运营机构的资质、资金和资源整合能力提出了更高的要求，既要求运营机构有大型项目的组织管理能力，又要求其具备专业的大型体育场馆运营能力和丰富的多元服务整合能力。近年来，国内逐步形成佳兆业文体集团、珠江文体集团、中体产业集团、华熙国际、华润文体、保利集团等综合运营机构，这些机构都具备较强的资源整合能力，已具备实现 EBO 技术路径的组织管理和运营能力。此外，华体集团、爱奇体育、冠深文体集团、体育之窗等专业机构也在尝试与中建集团等建设单位组织联合体，以实现 EBO 技术路径。

4. 强化政府监管

公益性是大型体育场馆的本质特征,政府投入建设大型体育场馆设施的根本目的在于满足群众日益增长的体育文化需求,而服务功能融合要求大型体育场馆为满足群众生活需求提档升级,形成供给侧改革。EBO 技术路径并不意味着政府丧失主导权,而是强化政府的有效管理。首先,由政府及其平台公司投入建设的大型体育场馆,所有权属于政府,其性质属于公共服务设施,其公益性属性和公共体育服务功能有所保障,运营机构在运营期限结束后,还要将资产交回给政府。其次,由体育、财政、国资、规划、消防、公安、审计等部门代表联合组成业主方代表,在体育功能、资金使用、资产管理、城市规划、消防要求、安防要求、项目审计等领域对大型体育场馆的建设、运营进行全过程监管,并且在规划、设计和建设阶段将有关部门的要求融入规划、设计和建造中,避免场馆建成后无法实现服务功能融合发展。最后,项目完工后,政府与运营机构之间的关系不是传统的"上下级关系",也不是传统的行政管理关系。二者通过委托运营协议建立新型市场关系,有利于社会资源的入驻和服务功能融合的实现。

(三)实现路径

EBO 技术路径是对我国传统大型体育场馆建设运营模式的机制创新,也是对大型体育场馆服务功能融合产业价值链的结构优化,可实现场馆建筑与服务功能的融合发展,是后期运营阶段实现服务功能融合的保障机制。在 EBO 技术路径框架下,大型体育场馆建设资金由政府投入,可以保障场馆的公益属性、强化监管权和体育服务功能,可以提高运营机构积极性,避免因运营机构承担较高的投资风险而导致其在后期运营管理期间损害或改变体育服务功能。结合国内大型体育场馆建设管理的实际情况,可以形成两种实现路径。

大型体育场馆服务功能融合实现的 EBO 技术路径一如图 6-12 所示。通常大型体育场馆建设流程如下:体育行政部门为满足体育事业发展需要或大型体育竞赛需求向政府提出项目申请;政府对建设项目立项审批,要求体育行政部门与规划、财政、城建、国资、环保等部门提出意见,由发改部门正式立项;政府指定政府平台公司或其他部门、机构代表作为项目业主方代表,并通过公开招投标方式确定承包商(运营机构);业主方代表一方面征求体育、规划、财政、城建等部门的意见，与承包商沟通、协调，另一方面代表政府承担项目监管职能。目前，国内承包商（运营机构）有两类情况：一是具有较强的规划、设计、建造和运营综合实力，如保利集团、华润集团、佳兆业集团等；二是只具有较强的建设实力或场馆运营实力，如爱奇体育、体育之窗等。承包商（运营机构）包括独立综合性企业或联合体两类。承包商（运营机构）是 EBO 技术路径的主要执行者，承担大型体育场馆的运营规划、建筑设计、建造施工和运营管理任务。承包商（运营机构）拥有较长时间的运营权，因此会全面考虑后期运营服务功能融合的需求，提前做好运营规划和功能定位，并将服务功能融合的需求融入设计、建造环节，形成以服务功能融合为导向的技术路径。

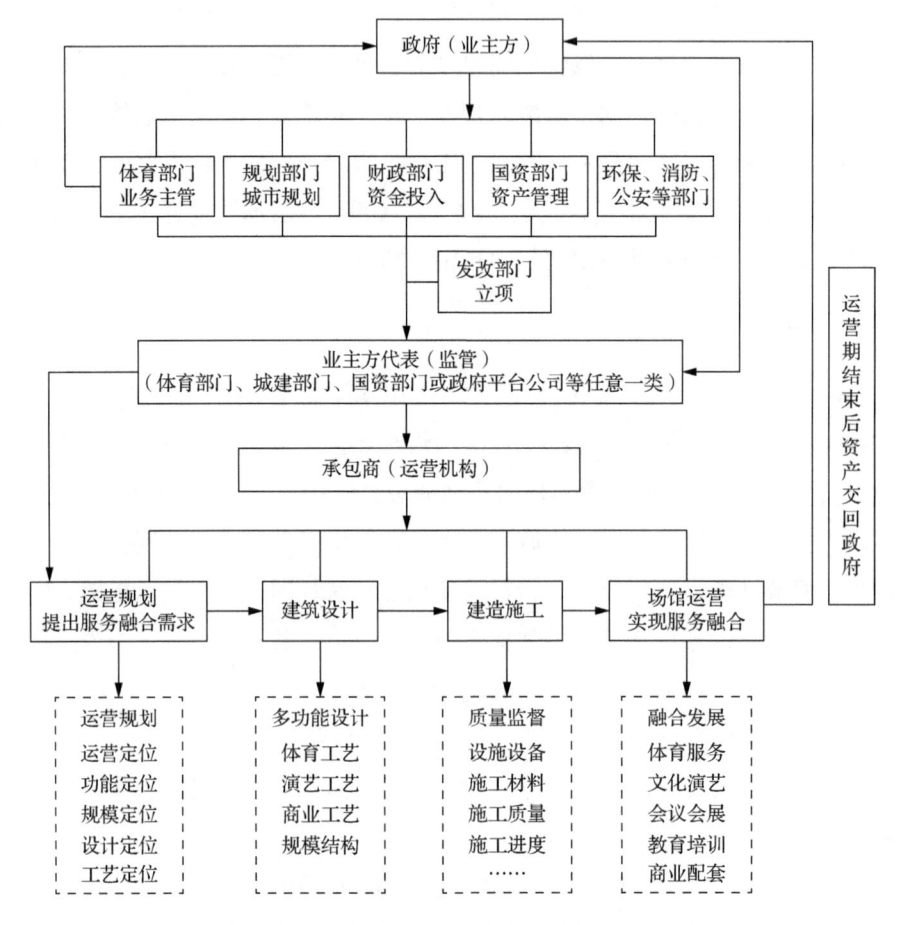

6-12　大型体育场馆服务功能融合实现的 EBO 技术路径一

2012年，保利华南实业有限公司与江门市滨江新区开发建设管理会签订了《江门市滨江体育中心特许经营项目特许权协议》，承担江门市滨江体育中心（建成后名为江门体育中心）设计、建设、运营任务，其中包括有8500座的体育馆、有25000座的体育场、有2000座的游泳馆和一座中型会展馆，总投资约30亿元，这是国内第一个在大型体育场馆领域应用DBO模式的典型案例。2017年正式建成投入使用后，该中心具有体育运动、休闲娱乐、商贸会展、旅游购物、文艺演出、教育培训等多元服务功能。江门体育中心的案例说明大型体育场馆与一般的文化设施、公共基础设施存在差异性，因此在建筑设计之前，应该做好功能规划，通过规划策动后续设计、建造和运营环节的实施，真正形成以运营为主导的大型体育场馆服务功能融合技术路径。

大型体育场馆服务功能融合实现的EBO技术路径二如图6-13所示（实线为技术路线，虚线为运营需求）。现实中，由于难以寻求合适的运营单位，政府将新建大型体育场馆直接交由政府平台公司建设和运营，如广州南沙体育馆的建设、运营直接交给南沙城投公司负责，广西柳东体育中心的建设、运营直接交给柳州市东城资产经营有限公司负责；或者进行大型体育场馆服务功能改造，实现服务融合发展，如深圳市计划投资60亿元，对深圳体育中心进行功能改造，项目具体交由深圳体育中心运营公司及其上级主管单位负责实施。基于上述因素，可以在局部实现EBO技术路径。首先，政府平台公司或现有场馆运营单位通过委托专业运营咨询机构或自主完成运营规划，做好功能定位、规模定位、工艺定位、市场定位和运营定位。目前，国内已形成了一批大型体育场馆专业运营咨询机构，如北京万馆体育文化产业有限责任公司、广东鸿天体育管理有限公司和中国体育场馆协会场馆运营和管理研究中心等。其次，将有运营规划的有关需求列入对建筑设计和建造施工的技术要求中，通过运营规划主导并策动设计、建造等环节的实施，检验和反馈设计、建造环节的落实情况，保障服务功能融合的实现。

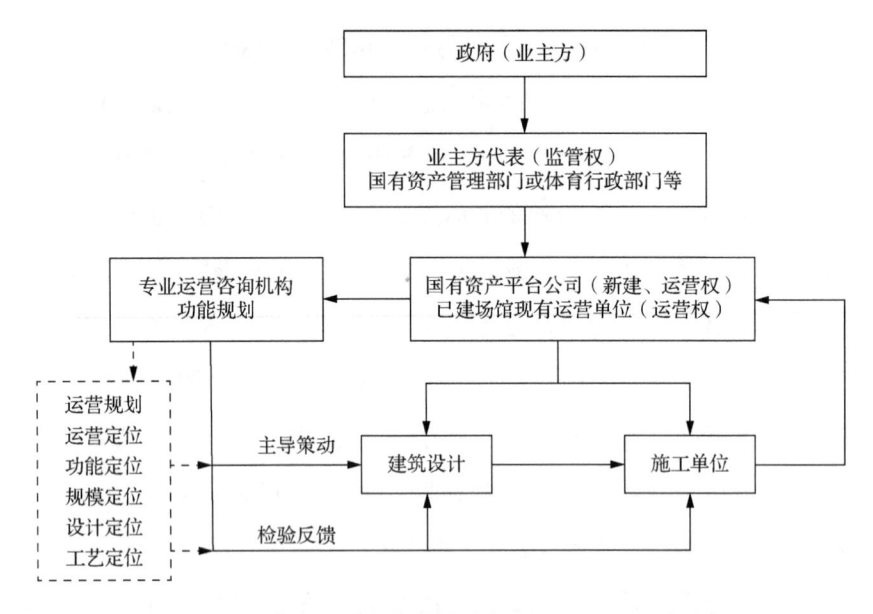

图 6-13　大型体育场馆服务功能融合实现的 EBO 技术路径二

第三节　大型体育场馆服务功能融合实现的保障措施

一、强化大型体育场馆服务功能融合的政策保障

建立健全政策保障，是推动大型体育场馆服务功能融合的重要保障举措之一。2013 年，国家体育总局等 8 部委下发《关于加强大型体育场馆运营管理改革创新 提高公共服务水平的意见》，为大型体育场馆服务功能融合提供了政策依据。但在实践过程中，现有大型体育场馆服务功能融合的政策主要以国家宏观政策为主，有待进一步完善和强化。

首先，要进一步强化现有政策的要求或配套方案。大型体育场馆服务功能融合存在一定的个性特征，因此要综合考虑经济基础、城市发展需要、消费水平、场馆设施等因素，明确大型体育场馆服务功能融合的功能定位、实现路径、工艺要求、经费保障，有序、合理地实现服务功能融合。2018 年，国家体育总局办公厅印发《关于在全国开展公共体育场馆"改造功能、改革机制"试点工作的通知》，该文件成为首个较为全面地提出场馆服务功能改造、实现融合发展的政策文件，但对服务功能融合实现的政策指导仍有待进一步细化。其次，要进一步强化现有政策的传导效果，通过政策引导大型体育场馆建设，以满足运营需要和服务功能融合发展为导向，将服务功能融合的要求融入场馆规划、设计和建设过程中，全面落实政策要求。各地建设大型体育场馆要紧扣国家相关政策的要求，将以满足赛事需求为中心的场馆建设理念向满足赛后运营服务功能融合的理念转变。最后，加强大型体育场馆服务功能融合的试点，选择若干有代表性的大型体育场馆率先进行实践、培育典型、总结经验，为全国大型体育场馆服务功能融合的逐步应用提供参考和借鉴。

二、明确大型体育场馆服务功能融合的方向保障

为避免大型体育场馆建筑设施与服务功能脱节、不能较好地实现服务功能融合，可以城市综合体为发展方向保障大型体育场馆服务功能融合的实现。从国外发展经验来看，大型体育场馆属于"城市综合体"的范畴，其具有建筑复合性、空间聚集性和功能多元化的特征，蕴含产业融合的基础物质条件。在规划、设计、运营、管理过程中，可以通过引入城市综合体的概念和产业融合的相关理论，使其具有更广泛的空间，产生更大的综合效益。

在城市生活服务高质量发展和居民需求升级的背景下，大型体育场馆服务功能融合的紧迫性和必要性越来越突出，以城市综合体为方向，实现服务功能融合成为我国大型体育场馆转型升级的新理念。大型体育场馆规模大、服务内容多、产业资源质量要求高，不适用一般建筑的发展理念，而城市综合体在服务要素与资源的集聚化、服务运作与投入的市场化、服务内容与空间结构的一体化、服务技术与方法的现代化、服务人才与机构的激励化等方面为大型体育场馆服务功能融合提供较好的启示和借鉴。在新的历史阶段下，城市综合体是我国大型体育场馆在传承基础上实现振兴与发展的新方式。以城市综合体为大型体育场馆服务功能融合的方向保障有以下几层含义：第一，在建设理念上，将大型体育场馆与城市生活、区域经济发展相融合，摆脱传统以竞赛为中心的体育建筑的局限性和单一性，将服务功能融合发展的需求与场馆建筑设计有机结合；第二，在建筑规划

上，参照城市综合体的经验，将服务功能融合的需求分解、融入场馆规划、设计、建设等相关环节；第三，在服务特征上，根据场馆区域经济环境和市场水平，形成不同特征的服务功能融合体系；第四，在运营管理上，以消费需求为中心，形成服务功能融合发展的动态供给体系。

三、创新大型体育场馆服务功能融合的运行机制保障

为避免传统事业管理运营机制制约大型体育场馆服务功能融合的实现，可创新大型体育场馆运行机制。大型体育场馆服务功能融合不仅要围绕体育服务功能形成服务功能融合发展的体系，还要运用现代企业机制建立能适应现代市场经济内在要求与社会生产资源配置的方式。在现代城市经济发展过程中，市场的主导作用和企业的主体作用愈加突出，无论是对多元服务资源要素的优化配置，还是对大型体育场馆服务产业价值链的重构和提升，都需要采用现代企业运行机制和市场化的运作方法。目前，我国部分大型体育场馆仍采用传统的事业管理运营机制，在场馆产权机制、运营决策机制、市场信息机制、人员机构激励机制、管理约束机制和运营风险机制等方面不能适应现代城市高效、快捷的市场要求，不利于高质量社会资源与大型体育场馆融合。

在我国大型体育场馆服务转向高质量服务功能融合发展的趋势下，运用现代企业运营机制不仅是解放和发展场馆资源要素、有效融入多元服务资源的内在要求，还是增强大型体育场馆综合效益、提升服务融合效率的基础支撑和根本保证。可通过国有独资、民营委托、混合所有制等多种形式实行现代企业制度和专业化运营机制创新，从而提升大型体育场馆服务功能融合发展的活力、创造力和竞争力。

四、丰富大型体育场馆服务功能融合的内容保障

为避免大型体育场馆服务功能单一、服务内容不足，可根据场馆建筑特征，围绕体育服务进行丰富和拓展，保障服务内容。在产业融合发展的潮流下，体育产业与相关产业双向融合，一方面体育产业发展需要融合相关产业配套服务，另一方面相关产业的发展也需要体育产业的拉动，大型体育场馆服务功能融合也是

如此。大型体育场馆服务功能具备开放性和综合性的特征，能够满足竞赛表演、文化演艺、教育培训、会议会展、商业配套等多种服务功能融合发展的需求。体育服务功能是大型体育场馆的核心功能和本质属性，在大型体育场馆运营管理过程中，无论是体育产业融合相关产业，还是相关产业融入体育产业，都必须围绕体育服务进行互补、渗透和延伸。

区别于传统意义上的"以体为主，多种经营"，新时代大型体育场馆服务功能融合是基于消费需求的升级和叠加，围绕体育服务核心内容，结合大型体育场馆建筑结构，形成有效融合体系，并不仅仅是简单的服务内容叠加。构建的服务功能融合体系在空间上满足了大型体育场馆3个层次的要求：一是体育场馆空间和工艺满足多种体育项目比赛或相关文化演艺、会议会展活动举办的需要；二是功能用房和配套设施满足相关服务业态运营的空间和工艺需要；三是场馆的室外公共空间与城市空间形成有效联系，满足城市协同发展的需要。构建服务功能融合体系将促进现有大型体育场馆服务功能的改造升级，以及优化传统大型体育场馆的经济收入结构，形成新的收入比例关系。

五、优化大型体育场馆服务功能融合的资金保障

国内部分大型体育场馆空间结构不合理、设施设备老化，不能适应群众消费升级的需求和高质量发展的要求，其服务功能融合的实现需要投入较大的资金，通过二次改造来实现。可以进一步多种措施优化资金保障体系，鼓励政府和社会以市场化方式共同设立体育场馆改造专项基金，探索"政府专项资金+社会资本""体育彩票公益金+社会资本""政府平台公司投入+社会资本""政府投入+社会基金"等多种形式。也可以通过场馆冠名等无形资源的开发，拓宽场馆引入社会资金的渠道，鼓励职业体育俱乐部参与大型体育场馆的服务功能融合改造。各地可根据实际情况，通过政府平台公司或基金机构，以专项投融资基金的方式实现服务功能融合。

六、完善大型体育场馆服务功能融合的人才保障

大型体育场馆的运营需要融合文化、娱乐、教育、零售、酒店等多元服务功

能，其运营管理离不开复合型精英人才的保障，既要求运营人才有全面的知识体系，又要求运营人才有综合全市场的技能和良好的职业素养。我国大型体育场馆长期以来形成了以退伍军人、退役运动员及其他人员为主体的运营管理队伍，在传统政府统包统揽的模式下，能较好地完成场馆日常管理工作。在高质量发展的经济体系下，我国大型体育场馆存在人员老化、思想僵化、高精尖人才少、人员结构不合理等突出问题，不能较好地满足大型体育场馆服务功能融合发展的需求。大型体育场馆服务功能融合不仅需要实现服务内容转型升级，还面临运营人才队伍转型升级的问题。建议在大型体育场馆运营管理中树立"融合人才观"，优化人才进入通道，统筹各类产业人才；以复合型精英人才为引领，构建人才梯次布局，完善人才结构，夯实人才基础；强化人才培训，拓展人才知识技能，完善人才激励机制和保障机制，优化人才生态环境。

第七章

研究结论与展望

第一节 研 究 结 论

（1）我国大型体育场馆存在服务功能单一、闲置严重、效益低下、服务功能融合程度低等问题，部分大型体育场馆在运营管理实践过程中，存在过度追求经济效益、过度追求体育唯一功能、过度追求日常健身开放的问题。调研结果显示，场馆规划选址、建筑设计、结构布局、功能定位、运营主体性质是制约我国大型体育场馆服务功能融合的五大因素。

（2）我国大型体育场馆服务功能的变迁分为中华人民共和国成立初期的满足单一体育功能阶段、转型时期的多元服务功能阶段和新时期的服务功能融合阶段，大型体育场馆在中华人民共和国成立初期单一体育功能阶段呈现出服务对象唯一性、服务方式粗放性、服务模式封闭性的特征；在转型时期多元服务功能阶段呈现出服务对象二元化、服务方式专业化和服务模式开放化的特征；在新时期服务功能融合阶段呈现出服务对象多元化、服务方式现代化和服务模式产业化的特征。

（3）我国大型体育场馆服务功能的基本内容包括竞赛表演、健身休闲、体育培训等体育服务内容，以及文化演艺、教育培训、会议会展、商业配套和城市服务等其他服务内容。

（4）从产业经济学的角度进行分析，非实物性、生产与消费的同步性、非贮存性是大型体育场馆服务功能的内容特性。对建筑条件的依赖性、服务供给的非独立性、服务供给的多变性是大型体育场馆服务功能的供给特性。生产要素的稀缺性和自然垄断性是大型体育场馆服务功能的市场特征。内容特性、供给特性与市场特性共同构成大型体育场馆服务功能融合的内在机理。产业融合理论表明，产业边界模糊化是大型体育场馆服务功能融合的理论基础，建筑设施是大型体育场馆服务功能融合的物质基础，服务创新是大型体育场馆服务功能融合的演进基础，它们共同构成了大型体育场馆服务功能融合的理论框架。

（5）大型体育场馆服务功能融合方式包括互补型融合、延伸型融合、渗透型融合。通过问卷调查法、专家访谈法，借助SPSS22.0数据统计软件进行研究，结果显示，大型体育场馆服务功能融合将形成"体育服务功能—相关服务功能—配套服务功能"的结构模型。研究表明，群众文体活动、大型文艺演出、会议会展、商务办公、教育培训、体育用品专卖、体育康复、文化艺术培训、停车场、公共电汽车客运、城市轨道交通、快餐、彩票销售（包括体彩）与体育服务具有较强的融合度；咖啡馆、茶馆、酒店、正餐、游乐园、体育博物馆、便利店与体育服务具有中度融合度；百货零售、超级市场、其他零售、歌舞厅、电影院、洗浴保健和酒吧与体育服务融合度较弱或不融合。

（6）大型体育场馆服务功能融合是指以大型体育场馆设施为基础，以体育服务功能为核心，融合文化、教育培训、会议会展、商业配套等多元服务功能于一体，满足城市居民生活需求，并与城市空间和城市功能产生互动联系的价值创造和实现过程。

（7）实证研究表明，大型体育场馆服务功能融合将形成"均衡型""以体为主型""以大型活动为主型"的多元化融合发展方式。服务功能融合在加快大型体育场馆功能改造、优化大型体育场馆盈利模式、促进大型体育场馆服务功能转型升级、促进大型体育场馆机制创新4个方面形成影响，也有利于拓展城市空间结构、促进城市人口聚集、形成城市建筑集群、形成城市产业集聚、促进城市更新。

（8）产业价值链理论表明，大型体育场馆服务功能融合实现过程的实质是其产业价值链的解构和重构过程。大型体育场馆产业价值链纵向解构将形成物质链和服务链，其中物质链横向解构可分解为发起、立项、投资、规划、设计、建造、移交、运营等主要环节，服务链横向解构可分解为场馆服务功能识别、场馆服务功能定位、场馆服务功能内容布局、服务资源引进、服务内容运营、服务内容营销、服务需求等关键环节。大型体育场馆服务功能融合的实现过程由服务功能融合物质基础形成过程、服务功能融合价值创造过程、服务功能融合价值体现过程

3个阶段组成。

（9）大型体育场馆服务功能融合的实现在技术上存在规划、设计、建造、运营前后脱节，部门利益博弈，综合决策机制的缺失三大核心问题，需要从建立一体化机制、避免前后脱节，突显运营需求、统筹部门利益，完善规划定位、协助综合决策3个方面进行技术路径优化，并创新构建EBO一体化大型体育场馆服务功能融合实现的技术路径。

（10）为保障大型体育场馆服务功能融合的实现，提出强化大型体育场馆服务功能融合的政策保障，明确大型体育场馆服务功能融合的方向保障，创新大型体育场馆服务功能融合的运行机制保障，丰富大型体育场馆服务功能融合的内容保障，优化大型体育场馆服务功能融合的资金保障，完善大型体育场馆服务功能融合的人才保障。

第二节 研 究 展 望

可进一步增加调查对象的数量，完善和丰富大型体育场馆服务功能融合的研究方式。大型体育场馆服务功能融合与区域经济发展环境具有较强的联系，不同经济发展环境将形成差异化的服务功能融合方式。当前国内大型体育场馆服务功能融合实践刚刚起步，服务功能融合较好的是位于经济发达城市市中心或次中心区域的大型体育场馆。因此，本书的实证研究主要围绕北京五棵松体育馆、佛山岭南明珠体育馆、深圳湾体育中心、江苏省五台山体育中心、南京奥林匹克体育中心、合肥体育中心、上海虹口足球场和广州体育馆展开，场馆数量有限，并且主要集中在经济较发达的城市。待服务功能融合的理念更好地应用于国内大型体育场馆运营管理的实践过程后，可选择更多的样本进行实证研究，并可根据城市经济水平、场馆地理位置进一步探讨、分类和演绎大型体育场馆服务功能融合的发展方式。

可进一步拓展研究范围，参考、借鉴国外经验，拓展我国大型体育场馆服务功能融合的研究思路。国外大型体育场馆在服务功能融合发展方面为国内大型体育场馆服务功能转型升级提供了较好的借鉴。本书主要以国内大型体育场馆为调查对象，重点对国内大型体育场馆服务功能的变迁、理论、模型、实证进行研究。待时机成熟，可对国外大型体育场馆进行深入调查研究，发现国外大型体育场馆服务功能融合的规律与经验，进一步拓展本研究的视野与样本量。在此基础上，进一步丰富和完善大型体育场馆服务功能融合的理论与实证研究。

可进一步拓展研究内容，通过对大型体育场馆服务功能融合与区域经济发展关系的研究，探索服务功能融合对外部影响的效益。本书着重对大型体育场馆建筑内部的体育服务功能与相关服务功能的融合现象进行理论与实证研究，并较为完整地提出了服务功能融合的模型、实现过程与技术路径。但随着研究的进一步深入，作者深刻感受到服务功能融合不仅体现在大型体育场馆建筑内部，还体现在大型体育场馆与区域经济发展之间的融合关系中。由于精力、经费、时间的限制，作者仅完成了大型体育场馆内部体育服务功能与相关服务功能融合的研究，对大型体育场馆与区域经济社会发展融合的效益研究有待进一步深入。未来可运用投入产出法对大型体育场馆与区域经济社会发展的融合进行深化研究，进一步拓展和丰富服务功能融合的外部效益。

综上所述，本研究未来可重点围绕上述设想，进一步深化大型体育场馆服务功能融合研究，为完善大型体育场馆服务功能融合理论体系、推动我国大型体育场馆服务功能转型升级做出持续性贡献。

参 考 文 献

外 文 文 献

[1] ROSENBERG N. Technological change in the machine tool industry: 1840—1910[J]. The journal of economic history, 1963, 23:414-446.

[2] ATHREYE S, KEEBLE D. Technological convergence,globalization and ownership in the UK computer industry[J].Technovation,2000,20(5):227-245.

[3] YOFFIE D B. Competing in the age of digital convergence[J]. California management review, 1996, 38(4): 31-53.

[4] LIND J. Convergence: History of term usage and lessons for firm strategies[R]. Stockholm: Center for Information and Communications Research,2004.

[5] EVANS P B, WURSTER T S. Strategy and the new economics of information[J]. Harvard business review, 1997, 75(5): 70-83.

[6] WIRTZ B W. Reconfiguring of value chains in converging media and communications markets[J]. Long range planning, 2001, 34(4):489-506

[7] HACKLIN F, ADAMSSON N, MARXT C. Margareta Nl design for convergence: managing technological partnerships and competencies across and within industries[C]//Engineers Australia. International conference on engineering design. Melbourne: Engineers Autralia, 2005.

[8] HINCH T D, Sport tourism: A framework for research[J]. International journal of tourism. research 1, 2001, 3(1): 45-58.

[9] WENNER L A. Media, sport, and society[M]. CA:Sage Publication, 1989.

[10] MELANIPHY, JOHN C. The impact of stadiums and arenas[J]. Real estate issues, Winter, 1996(21): 36-39.

[11] JAMES B. Stadia development as a catalyst for regeneration[J]. Journal of leisure property, 2002, 2(4): 305-316.

[12] TIMOTHY S C. Sports facilities as urban redevelopment catalyst[J]. Journal of the American planning association, 2004, 70(2): 193-209.

[13] SIEGFRIED J, ANDREW Z. The economics of sports facilities and their communities[J]. Summer, 2000, 14(3): 95-114.

[14] ROGER G N, ANDREW Z. Sports, jobs and taxes: The economic impact of sports teams and stadiums[M]. Washingto: Brookings Institution Press, 1997.

[15] BARUCH A, KIPNIS. Clusters and complexes of medium-sized urban manufacturing systems: Two case studies in brazil[J]. The professional geographer, 1983, 35(1): 32-39.

[16] WITHERSPOON R, ABBETT J P, GLADSTONE R M. Mixed-use development: New ways of landuse[M]. USA: ULI Press, 1976.

[17] EBERBAND H Z. Multi-use architecture in the urban context[M]. USA: VNR, 1985.

[18] PETER R, HUGH S. Urban regeneration: A handbook[M]. London: SAGE Publications, 2000.

[19] SHEINA S G, MINENKO E N, SAKOVSKAYA K S. Complex assessment of resource-saving solutions efficiency for residential buildings based on sustainability theory[J]. Materials science forum, 1984, 138(1): 870-876.

[20] SUHA R, SAEHOON K. Investigation of urban places in seoul digital industrial complex (G-Valley)[J]. IOP conference series: Earth and environmental science, 2018, 213(1): 1-7.

[21] EBENEZER H. Garden cities of tomorrow[M]. London: Nabu Press, 2010.

[22] LOUIS S. The tall office building artistically considered[M]. New York: George Wittenborn, 1947.

[23] Ricardo. On the principles of political economy and taxation[M]. Batoche Books: Kitchener, 2001.

[24] DAVID L, HUFF. A probability analysis of shopping center trade areas[J]. Land eeonomics, 1963(2): 81-90.

[25] REILLY W J, Methods of the study of retail relationgships[J]. University of texas, bulletin, 1929(11): 2944.

[26] DAVID J, TEECE. Economies of scope and the scope of the enterprise[J]. Journal of economic behavior & organization, 2006, 1(3): 223-247.

[27] BAUMOL W, PANZAR J, WILLIG R. Contestable markets and the theory of industry structure[M]. San Diego: Harcourt Brace Jovanovich, 1982.

[28] WERNERFIELT B. A resource-based view of firm[J]. Strategy management Journal, 1984, 5(2): 171-180.

[29] MARGARET A, PETERAF. The corner stones of compet itive advantage:are source-based view[J]. Strategic management journal, 1993, 14(3): 171-191.

[30] KARP D, YOELS W. Sport and urban life[J]. Journal of sport and social issues, 1990, 14(2): 77-102.

[31] HILL T P. On goods and services[J]. The review of income and wealth, 1977(23): 315-338.

[32] GUMMESSON E. Service management: An evaluation and the Future[J]. International journal of service industry management, 1994, 5(5): 77-96.

[33] FISHER A G B. The clash of progress and security[M]. London: Macmillan, 1935, 4(13): 25-28

[34] CARLAND J. INNOVATION: THE soul of entrepreneurship[J]. Small business institute® journal, 2011(1): 78-99.

[35] SASSER W E, OLSEN R P, WYCKOFF D D. Management of service operations[M]. Boston: Allyn & Bacon, 1978.

[36] LOVELOCK C H. Service marketing and management[M]. New Yersey: Prentice Hall, 1999.

[37] EDGETT S, PARKINSON S. Marketing for service industries[J]. The services industries journal, 1993, 13 (3): 19-39.

[38] GUMMESSON E R P. Services marketing self-portraits: introspections,reflections, and glimpses from the experts[M]. Chicago:American Marketing Association, 2000.

[39] MARSHALL A. Principles of Econanics[M]. London: Macmillen, 1920.

[40] STEVENS, GRAHAM. Integrating the supply chain[J]. Internstional journal of physical distribution and material management, 1989, 19(8): 3-8.

[41] HARRISON, J S, HALL E H, NARGUNDKAR R. Resource allocation as an outcropping of strategic consistency: Performance implications[J]. Academy of management journal, 1994, 36(5): 1026-1051.

[42] KOGUT B. Designing global strategies: Comparative and competitive value-added chains[J]. Sloan management review, 1985, 26 (4): 15-28.

[43] LAMMINMAKI D, GUILDING C. A study of Australian bade credit manegement outsourcing practies[J]. Australian acoounting review, 2004(3): 44-57.

[44] PORTER M E. Competitive advantage: Creating and sustaining superior performance[M]. New York: The Free Press, 1985.

[45] MALHOTRA A. Firm strategy in converging industries:an investigation of US commercial bank responses to US commercial-investment banking convergence[D]. Maryland: Doctorial Thesis of Maryland University,2001.

[46] ALWIN, DUANE F. Feeling thermometers versus 7-point scales: Which are better?[J]. Sociological methods research, 1997, 25 (3): 318-340.

[47] FLYNN R B, GOLDFINE B. Facility planning for physical education, recreation, and athletics[M]. Dubuque:Kendall Hunt Publishing Company, 1999.

[48] MEZGAR, KOVACS G. Coordination of SME production through a cooperative network[J]. Journal of intelligent manufacturing, 1998 (9): 167-172.

[49] KATZY B R, Dissel M.A tool set for building the virtual enterprise[J].Journal of intelligent manufacturing, 2001, 12(2): 121-131.

[50] ZHAO J, CHEUNG W M, YOUNG R I. A consistent manufacturing data model to support virtual enterprises[J]. International journal of agile management systems, 1999, 1(3): 150-154.

[51] MJOEN H, TALLMAN. Control and performance in international jointventures[J]. Organization science, 1997(8): 257-274.

[52] PETERSEN S A, DIVITINI M, MATSKIN. An agent-based approach to modeling virtual enterprises[J]. International journal of production planning & control, 2001, 12(3): 224-233.

[53] CARDIFF RESEARCH CENTRE. The economic impact of the millennium stadium[R]. Cardiff: Cardiff Research Centre, 1998.

[54] DENNIS C, BRAD R H. The stadium gambit and local economic development[J]. Regulation, 2000, 23:15-21.

[55] CSL. Economic and fiscal impacts of community venues and Houston sports[R]. Houston: CSL, 2003.

[56] PETER A G, BRUCE K J, JOHN C W. Public funding of professional sports of stadiums: Puilic choice or civic pride?[J]. Eastern economic journal, fall, 2004, 30(4): 515-526.

[57] PHILLIP A, MILLER. The economic impact of sports stadium construction: The case of the construction industry in st. louis, MO[J]. Journal of urba affairs, 2002, 24 (2):159.

[58] MAASSOUMEH, DASIMAH, MOHD. Sports facilities development and urban generation[J] . Journal of social sciences, 2009, 5(4): 460-465.

[59] WALKER D, HAMPSON K. Procurement strategies: A relationship-based approach[J]. London: Blackwell, 2003, 12(6): 1314-1315.

[60] STATTON, DAVID B. Minor league baseball stadiums and the decision-making process of local Southern California governmental agencies: Whether or not to build using taxpayers' dollars[M]. California: California State University, 1999.

[61] LEE H Y, HACKMAN S, DAVID. Strategic and operational factors' influence on the management of building maintenance operation processes in sports and leisure facilities, Hong Kong[J].Journal of retail & leisure property, 2009, 8(1): 25-37.

[62] CIESLAK, THOMAS J. Match day security at Australian sport stadia: A case study of eight venues[J]. Event management, 2009 13(1): 43-52.

[63] MELLO J A C D, SILVA S A P D. Sports gym manager's competences[J]. Motriz-revista de educacao fisica, 2013,19(1): 74-83.

[64] COOPER L. Location-allocation Problems[J]. Operations research, 2003, 11: 331-343.

[65] JOHN G, MARGARET G. Olympic cities-city agendas, planning, and the world's games: 18962012[M]. London: Routledge, 2007.

[66] TRACY H, NEWSOME, JONATHAN C. Changing intra-urban location patterns of major league sports facilities[J].The professional geographer, 2000, 52(1):105-120.

[67] RICHARD B F, BERNIE G. Facility planning for physical education, recreation, and athletics[M]. Dubuque: Kendall Hunt Publishing Company, 1999.

[68] DANIELSON, MICHAEL N. Home team: Professional sports and the American metropolis[M]. Princeton, NJ: Princeton University Press, 1997.

[69] HANNS M, WESTERBEEK. Is sponsorship retention dependent on the geographic location of the sports facility?[J]. Journal of marketing communications, 2000 (6): 53-68.

[70] BACHELOR, LYNN W. Stadiums as solution sets: Baseball, football and the revival of downtown Detroit[J]. Policy studies review, 1998, 15(1): 89-101.

[71] RAYMOND J, KEATING. Sports pork: The costly relationship between major league sports and

government[M]. Washington, D.C.: Cato Institute, 1999.

[72] FRANK P J. American sports empire: How the leagues breed success[M]. New York: Praeger Publishers, 2003.

期 刊 论 文

[1] 张功让，陈敏姝．产业融合理论研究综述[J]．中国城市经济，2011（1）：67-68．

[2] 郁明华，陈抗．国外产业融合理论研究的新进展[J]．现代管理科学，2006（2）：36-38．

[3] 复生．计算机与通信技术的融合——改变社会的动力[J]．高技术通讯，1992，2（1）：6．

[4] 宋直元．谈谈通信和计算机技术的融合[J]．计算机与通信，1994（1）：5-6．

[5] 周振华．产业融合中的市场结构及其行为方式分析[J]．中国工业经济，2004（2）：11-18．

[6] 肖赞军．产业融合进程中传媒业市场结构的嬗变[J]．新闻大学，2009（3）：102-107．

[7] 马健．产业融合理论研究评述[J]．经济学动态，2002（5）：78-81．

[8] 龚雪．产业融合背景下零售业演化与创新研究[D]．成都：西南财经大学，2014．

[9] 陈柳钦，叶民英．技术创新和技术融合是产业融合的催化剂[J]．湖湘论坛，2007（6）：40-42．

[10] 韩顺法，李向民．基于产业融合的产业类型演变及划分研究[J]．中国工业经济，2009（12）：66-75．

[11] 宋怡茹，魏龙，潘安．价值链重构与核心价值区转移研究——产业融合方式与效果的比较[J]．科学学研究，2017，35（8）：1179-1187．

[12] 陈宪，黄建锋．分工、互动与融合：服务业与制造业关系演进的实证研究[J]．中国软科学，2004（10）：65-71，76．

[13] 毕博．打造融合发展新格局——北京现代制造业和现代服务业融合与发展研讨会侧记[J]．投资北京，2005（7）：32-33．

[14] 钟若愚．产业融合：深圳服务业发展的现实路径选择[J]．深圳大学学报（人文社会科学版），2007（1）：33-37．

[15] 王波．养老模式与现代服务业的融合[J]．工会理论研究（上海工会管理干部学院学报），2007（6）：36-38．

[16] 马健，葛扬，吴福象．产业融合推进上海市生产性服务业发展研究[J]．现代管理科学，2009（6）：5-6．

[17] 刘徐方．现代服务业融合研究[D]．北京：首都经济贸易大学，2010．

[18] 肖建中．现代农业与服务业融合发展研究——基于浙江实践分析[D]．武汉：华中农业大学，2012．

[19] 李燕燕．我国体育产业融合成长研究[D]．武汉：武汉体育学院，2014．

[20] 孙彦，李春玲，周健．体育产业的融合发展研究[J]．商场现代化，2009（14）：264-265．

[21] 张锐．大众传媒与体育产业的融合——MSNBC世界杯报道的传播取向[J]．中国记者，2002（8）：32-33．

[22] 高山. 良性互动 相得益彰——论体育产业与新闻媒介的融合[J]. 新闻爱好者, 2002（10）: 16-17.

[23] 程林林. 体育的产业融合现象探析[J]. 成都体育学院学报, 2005（3）: 22-25.

[24] 王艳, 刘金生. 体育产业融合与产业发展——我国体育产业发展的新视角[J]. 成都体育学院学报, 2009, 35（7）: 7-10.

[25] 杨强. 体育产业与相关产业融合发展的内在机理与外在动力研究[J]. 北京体育大学学报, 2013（11）: 20-24.

[26] 杨强. 体育与相关产业融合发展的路径机制与重构模式研究[J]. 体育科学, 2015, 35（7）: 3-9, 17.

[27] 朱志强, 刘石. 对我国大型体育场馆规划管理的研究[J]. 哈尔滨体育学院学报, 2000（3）: 6-9.

[28] 罗普磷. 我国大型体育娱乐场馆的概念分类与管理对策的探讨[J]. 西安体育学院学报, 2003（6）: 9-11.

[29] 王国尊. 大中型公共体育场馆管理运营模式研究——福州市公共体育场馆改革剖析[D]. 福州: 福建师范大学, 2006.

[30] 陈元欣, 王健. 国外关于体育场馆建设促进城市发展的观点、争议与启示[J]. 上海体育学院学报, 2011, 35（3）: 14-19.

[31] 唐东方, 张建武. 大型运动会对区域经济发展的影响[J]. 体育科学, 2002, 22（5）: 49-52.

[32] 欧阳静仁. 基于体育场馆建设与城市优化发展的互动分析[J]. 辽宁体育科技, 2009, 31（3）: 13-14.

[33] 陈志敏. 体育场馆在城市化发展中的功能和作用[J]. 考试周刊, 2010（27）: 118.

[34] 林显鹏. 体育场馆建设在促进城市更新过程中的地位与作用研究[J]. 城市观察, 2010（6）: 5-23.

[35] 杨风华. 公共体育场馆服务的有效供给——民营化及政府职能研究[D]. 北京: 北京体育大学, 2007.

[36] 徐华, 赵国雄. 充分发挥体育场馆多功能的作用[J]. 广州体育学院学报, 1985（2）: 102-105.

[37] 王菁, 吕树庭, 刘江南. 深圳市公共体育场馆的现状及多功能开发的研究[J]. 广州体育学院学报, 2003（3）: 1-3.

[38] 陈元欣. 综合性大型体育赛事场馆设施供给研究[D]. 武汉: 华中师范大学, 2008.

[39] 曾庆贺, 马书军, 陈元欣, 等. 大型体育场馆市场化供给的可行性分析[J]. 北京体育大学学报, 2009, 32（4）: 17-20.

[40] 曾晓红. Kavaklidere城市综合体土尔其, 安卡拉[J]. 世界建筑导报, 2000（Z1）: 22-25.

[41] 董贺轩, 卢济威. 作为集约化城市组织形式的城市综合体深度解析[J]. 城市规划学刊, 2009（1）: 54-61.

[42] 王栋帧. "合"当代城市建筑综合体研究[D]. 上海: 同济大学, 2008.

[43] 陈可石. 城市设计新理念在新城建设与城市综合体建设中的运用[J]. 中共杭州市委党校学报, 2008（6）：38-41.

[44] 杨云川, 苏军. "慢城"理念下的新农村综合体规划探讨——以黄龙溪新农村综合体总体规划为例[J]. 四川建筑, 2013, 33（2）：20-21.

[45] 牛韶斐. 紧凑城市理念下地铁站综合体设计研究[D]. 成都：西南交通大学, 2014.

[46] 孔俊婷, 陈昊, 武明明. 浅析城市商业综合体永续发展的设计理念[J]. 建筑知识, 2014, 34（10）：132.

[47] 丁宏, 金世斌. 江苏发展城市体育服务综合体的路径选择[J]. 体育与科学, 2015, 36（2）：34-37.

[48] 朱海艳. 旅游产业融合模式研究[D]. 西安：西北大学, 2014.

[49] 钟晟. 基于文化意象的旅游产业与文化产业融合发展研究——以武当山为例[D]. 武汉：武汉大学, 2013.

[50] 佚名. 城市综合体类别[J]. 上海经济, 2015（1）：10.

[51] 杨俊宴, 章飙, 史宜. 城市中心体系发展的理论框架探索[J]. 城市规划学刊, 2012（1）：35-39.

[52] 杨荣南, 张雪莲. 城市空间扩展的动力机制与模式研究[J]. 地域研究与开发, 1997（2）：1-4.

[53] 吴启焰, 朱喜钢. 城市空间结构研究的回顾与展望[J]. 地理学与国土研究, 2001, 17（2）：46-50.

[54] 潘安敏, 陈松岭, 李文辉. 城市资源系统的形成与演变[J]. 经济地理, 2009, 29（12）：1963-1966.

[55] 王鹏鹏. 通道树型交通体系运用于城市建筑综合体的适应性研究——以成都为例[D]. 成都：西南交通大学, 2013.

[56] 陈亦非. 城市功能复合的形成机理研究[D]. 成都：西南交通大学, 2011.

[57] 张玉庆, 臧学英. 滨海新区和天津城市功能定位的理论依据与实践意义[J]. 港口经济, 2009（11）：12-15.

[58] 郭金喜. 传统产业集群升级：路径依赖和蝴蝶效应耦合分析[J]. 经济学家, 2007（3）：66-71.

[59] 翟斌庆, 伍美琴. 城市更新理念与中国城市现实[J]. 城市规划学刊, 2009（2）：75-82.

[60] 邹颖, 卞洪滨. 对中国城市居住小区模式的思考[J]. 世界建筑, 2000（5）：21-23.

[61] 逯百慧, 王红扬, 冯建喜. 哈维"资本三级循环"理论视角下的大都市近郊区乡村转型——以南京市江宁区为例[J]. 城市发展研究, 2015, 22（12）：43-50.

[62] 杨军, 何邕健. 关于城市规划本质的再思考[J]. 城市, 2009（10）：35-37.

[63] 宋昆, 高峰. 功能主义的现代诠释[J]. 建筑师, 2006（1）：91-96.

[64] 黄鹤. 文化政策主导下的城市更新——西方城市运用文化资源促进城市发展的相关经验和启示[J]. 国外城市规划, 2006（1）：34-39.

[65] 陈占祥. 马丘比丘宪章[J]. 国际城市规划, 1979（1）：1-14.

[66] 吴良镛. 世纪之交展望建筑学的未来——国际建协第 20 届大会主旨报告[J]. 建筑学报, 1999（8）：6-11.

[67] 刘昌寿, 沈清基. "新城市主义"的思想内涵及其启示[J]. 现代城市研究, 2002（1）：55-58.

[68] 康琪雪. 西方竞租理论发展过程与最新拓展[J]. 经济经纬, 2008（6）：12-14, 46.

[69] 侯丽敏, 郭毅. 商圈理论与零售经营管理[J]. 中国流通经济, 2000（3）：25-28.

[70] 刘颖琦, 吕文栋, 李海升. 钻石理论的演变及其应用[J]. 中国软科学, 2003（10）：139-144, 138.

[71] 薛娟娟, 朱青. 城市商业空间结构研究评述[J]. 地域研究与开发, 2005（5）：21-24.

[72] 侯锋. 西方商业地理学的基本内容[J]. 经济地理, 1988（1）：72-76.

[73] 陈章武, 李朝晖. 范围经济：获得竞争优势的一种思路[J]. 经济管理, 2002（12）：18-24.

[74] 王磊. 城市综合体的功能定位与组织研究[D]. 上海：上海交通大学, 2010.

[75] 秦萌. 城市综合体的功能定位与空间布局研究[D]. 西安：西北大学, 2012.

[76] 陈思宇. 城市综合体的功能组合与配比研究[D]. 长沙：湖南大学, 2013.

[77] 黄杉, 武前波, 崔万珍. 国内外城市综合体的发展特征与类型模式[J]. 经济地理, 2013（4）：1-8.

[78] 罗志鹏. 我国商业地产开发策略分析[J]. 中国房地产, 2014（6）：50-61.

[79] 方可. 简·雅各布斯关于城市多样性的思想及其对旧城改造的启示——简·雅各布斯《美国大城市的生与死》读后[J]. 国外城市规划, 1998（1）：49-52.

[80] 陈维杰. 社区型城市综合体组合融资模式研究[D]. 广州：中山大学, 2010.

[81] 牛化琼. H 市高新区城市综合体的 PPP 融资模式研究[D]. 石家庄：河北科技大学, 2016.

[82] 郭敏, 刘聪, 刘买如, 等. 我国体育场地建设的发展历程及其启示[J]. 北京体育大学学报, 2009, 32（2）：12-16.

[83] 陈元欣, 王健, 刘聪. 新中国成立以来我国体育场馆供给的历史回顾[J]. 西安体育学院学报, 2013, 30（4）：411-418, 428.

[84] 孙葆丽. 中华人民共和国开基创业时期的群众体育[J]. 北京体育大学学报, 2002（1）：7-9.

[85] 王钊, 谭建湘. 广州市公共体育场馆公益性开放财政补贴措施研究[J]. 体育学刊, 2018, 25（6）：73-78.

[86] 丛湖平. 试论体育产业结构及产业化特征[J]. 浙江大学学报（人文社会科学版）, 2000（4）：154-158.

[87] 鲁建华. 拱墅区全力打造"零遗漏全方位"居家养老服务综合体[J]. 中国民政, 2009（9）：51-52.

[88] 王立华. 西湖区倾力打造城乡一体化养老服务综合体[J]. 政策瞭望, 2011（11）：47-49.

[89] 费淑梅. 以"社区服务综合体"为模式的矿区社会管理实践[J]. 大庆社会科学, 2012（6）：79-81.

[90] 刘波, 丁中文, 唐建阳, 等. 以农村科技服务综合体为突破口, 推进农村社会化服务体系建设[J]. 福建农业学报, 2012, 27（5）：555-558.

[91] 陈敏，史荣. 创新公共图书馆服务，打造公共文化服务综合体[J]. 四川图书馆学报，2013（2）：20-22.

[92] 王家宏，蔡朋龙，陶玉流，等. 我国城市体育服务综合体的发展模式与推进策略[J]. 武汉体育学院学报，2017，51（7）：5-13.

[93] 蔡朋龙，王家宏，李燕领，等. 城市体育服务综合体的内涵、功能定位与长效机制[J]. 南京体育学院学报（社会科学版），2016，30（6）：63-68，78.

[94] 滕苗苗，陈元欣，何于苗，等. 我国城市体育服务综合体的发展：进程·困境·对策[J]. 首都体育学院学报，2018，30（2）：113-116.

[95] 佚名. 罗斯托的经济成长阶段论[J]. 前线，1997（9）：58-59.

[96] 孙群郎. 西方发达国家后工业社会的形成及其成因[J]. 社会科学战线，2003（6）：158-162.

[97] 张丽伟. 新常态下中国经济增长阶段界定——基于罗斯托的经济成长阶段论[J]. 新丝路（下旬），2016（7）：42-44.

[98] 胡家祥. 马斯洛需要层次论的多维解读[J]. 哲学研究，2015（8）：104-108.

[99] 何金廖，张修枫，陈剑峰. 体育与城市——德国城市绿色空间与大众体育综合发展策略[J]. 国际城市规划，2017，32（5）：44-48.

[100] 植草益. 信息通讯业的产业融合[J]. 中国工业经济，2001（2）：24-27.

[101] 杜伟. 关于技术创新内涵的研究述评[J]. 西南民族大学学报（人文社科版），2004（2）：257-259.

[102] 于刃刚，李玉红. 论技术创新与产业融合[J]. 生产力研究，2003（6）：175-177.

[103] 庄丽娟. 服务定义的研究线索和理论界定[J]. 中国流通经济，2004，18（9）：41-44.

[104] 孟旭，张树青. 关于服务定义研究视角的探讨[J]. 商业时代，2009（15）：17-18.

[105] 陶纪明. 服务业的内涵及其经济学特征分析[J]. 社会科学，2007（1）：21-28.

[106] 刘志彪，周勤，欧阳良钻. 南京市发展现代服务产业的研究[J]. 南京社会科学，2001（S2）：29-36.

[107] 刘有章，肖腊珍. 湖北现代服务业的发展现状及对策研究[J]. 中南财经政法大学学报，2004（3）：33-38.

[108] 朱晓青，林萍. 北京现代服务业的界定与发展研究[J]. 北京行政学院学报，2004（4）：41-46.

[109] 王志明，张斌，方名山. 现代服务业的内涵界定与分类[J]. 上海商业，2009（6）：6-10.

[110] 徐国祥，常宁. 现代服务业统计标准的设计[J]. 统计研究，2004（12）：10-12.

[111] 夏青. 现代服务业演化机制与效应研究[D]. 徐州：中国矿业大学，2010.

[112] 许道友. 信息通讯产业融合下的产业边界和市场结构分析——以电信、广播电视、出版三大产业融合为案例[J]. 科技和产业，2007（9）：9-14.

[113] 代明，殷仪金，戴谢尔. 创新理论——1912—2012 纪念熊彼特《经济发展理论》首版100周年[J]. 经济学动态，2012（4）：143-150.

[114] 王慧敏. 旅游产业的新发展观：5C模式[J]. 中国工业经济，2007（6）：13-20.

[115] 李江帆. 第三产业的产业性质、评估依据和衡量指标[J]. 华南师范大学学报（社会科学版），1994（3）：1-9，13，124.

[116] 曲立. 服务关键特性与服务业经营特点分析[J]. 商场现代化，2006（22）：60-61.

[117] 李迎君. 基于产业特性视角的服务业创新特点研究[J]. 北方经济，2012（2）：26-27.

[118] 吴金明，张磐，赵曾琪. 产业链、产业配套半径与企业自生能力[J]. 中国工业经济，2005（2）：44-50.

[119] 李万立. 旅游产业链与中国旅游业竞争力[J]. 经济师，2005（3）：123-124.

[120] 姚齐源，宋伍生. 有计划商品经济的实现模式——区域市场[J]. 天府新论，1985（3）：1-4，11.

[121] 蒋国俊，蒋明新. 产业链理论及其稳定机制研究[J]. 重庆大学学报（社会科学版），2004（1）：36-38.

[122] 龚勤林. 产业链延伸的价格提升研究[J]. 价格理论与实践，2004（3）：33-34.

[123] 龚勤林. 产业链接通的经济动因与区际效应研究[J]. 理论与改革，2004（3）：105-108.

[124] 郑学益. 构筑产业链 形成核心竞争力——兼谈福建发展的定位及其战略选择[J]. 福建改革，2000（8）：14-15.

[125] 李心芹，李仕明，兰永. 产业链结构类型研究[J]. 电子科技大学学报（社科版），2004（4）：60-63.

[126] 郁义鸿. 产业链类型与产业链效率基准[J]. 经济与管理研究，2005（11）：25-30.

[127] 贺轩，员智凯. 高新技术产业价值链及其评价指标[J]. 西安邮电学院学报，2006（2）：83-86.

[128] 张铁男，罗晓梅. 产业链分析及其战略环节的确定研究[J]. 工业技术经济，2005（6）：77-78.

[129] 吴金明，邵昶. 产业链形成机制研究——"4+4+4"模型[J]. 中国工业经济，2006（4）：36-43.

[130] 刘贵富. 产业链基本理论研究[D]. 长春：吉林大学，2006.

[131] 吴海平，宣国良. 价值链系统构造及其管理的演进研究[J]. 上海管理科学，2003（1）：37-39，43.

[132] 肖淑红. 中国体育产业价值链管理模式研究[D]. 北京：北京体育大学，2003.

[133] 潘成云. 解读产业价值链——兼析我国新兴产业价值链基本特征[J]. 当代财经，2001（9）：7-11，15.

[134] 杜义飞，李仕明. 产业价值链：价值战略的创新形式[J]. 科学学研究，2004（5）：552-556.

[135] 张琦，孙理军. 产业价值链密炼机理及优化模型研究[J]. 工业技术经济，2005（7）：111-113.

[136] 王延青. 产业价值链理论研究及其在我国互联网电话产业的应用[D]. 哈尔滨：哈尔滨工业大学，2008.

[137] 胡晓鹏. 从分工到模块化：经济系统演进的思考[J]. 中国工业经济，2004（9）：5-11.

[138] 周超，孙华伟. 基于消费性服务业的价值链分析[J]. 江苏商论，2007（9）：71-73.

[139] 黄昌瑞，陈元欣，何凤仙，等. 美国大型体育场馆的盈利模式及启示[J]. 体育文化导刊，2017（12）：126-131.

[140] 李松龄，杜彦瑾. 和谐社会的生产力与生产关系[J]. 求索，2006（3）：12-15，61.

[141] 杨永春. 西方城市空间结构研究的理论进展[J]. 地域研究与开发, 2003（4）：1-5.

[142] 伊彩霞, 冯岩. 路易斯·沃斯对城市概念的社会学建构——都市生活理论视角下的考察[J]. 世纪桥, 2016（12）：88-89.

[143] 鲍磊. 多样性、复杂性与自然化——读《美国大城市的死与生》[J]. 博览群书, 2005（9）：104-107.

[144] 周振华. 论信息化中的产业融合类型[J]. 上海经济研究, 2004（2）：11-17.

[145] 马健. 产业融合识别的理论探讨[J]. 社会科学辑刊, 2005（3）：86-89.

[146] 赵尔烈, 于淑华. 中日零售业结构与业态的比较[J]. 商业经济研究, 1996（2）：39-42.

[147] 夏春玉. 零售业态变迁理论及其新发展[J]. 当代经济科学, 2002（4）：70-77.

[148] 胡昕宇. 亚洲特大城市轴核结构中心区空间与业态定量研究[D]. 南京：东南大学, 2016.

[149] 王国平. 业态与现代经济发展[J]. 科学发展, 2012（5）：3-11.

[150] 伍业锋. 产业业态：始自零售业态的理论演进[J]. 产经评论, 2013, 4（3）：27-38.

[151] 郭榍东, 郑永琳. 休闲绿道资源与服务业态共生发展模式研究[J]. 旅游论坛, 2016, 9（5）：40-46.

[152] 孙力. 我国公共利益部门化生成机理与过程分析[J]. 经济社会体制比较, 2006（4）：91-95.

[153] 陈元欣, 王健. 我国公共体育场（馆）发展中存在的问题、未来趋势、域外经验与发展对策研究[J]. 体育科学, 2013, 33（10）：3-13.

[154] 单元媛, 赵玉林. 国外产业融合若干理论问题研究进展[J]. 经济评论, 2012（5）：152-160.

[155] 吴连生, 刘嘉男, 刘福强. 国内外工程总承包模式发展现状研究[J]. 城市建设理论研究（电子版）, 2013（36）：1-4.

[156] 张湄. 越江设施建设运营一体化管理[J]. 中国市政工程, 2010（S1）：90-91, 97, 153.

[157] 孙剑, 李启明, 邓小鹏. DBO模式及其合同条件分析[J]. 建筑经济, 2008（8）：39-42.

[158] 张硕. 基于交易费用理论的DBO承包模式研究[D]. 天津：天津大学, 2009.

<h2 style="text-align:center">著 作 文 献</h2>

[1] 张磊. 产业融合与互联网管制[M]. 上海：上海财经大学出版社, 2001.

[2] 周振华. 信息化与产业融合[M]. 上海：上海三联书店, 上海人民出版社, 2003.

[3] 厉无畏, 王振. 中国产业发展前沿问题[M]. 上海：上海人民出版社, 2003.

[4] 于刃刚, 李玉红, 麻卫华, 等. 产业融合论[M]. 北京：人民出版社, 2006.

[5] 戴维·希伯里, 谢恩·奎克, 汉斯·韦斯特比克. 体育营销学[M]. 燕清联合, 译. 2版. 北京：清华大学出版社, 2004.

[6] 伯尼·帕克豪斯. 体育管理学——基础与应用[M]. 秦椿林, 李伟, 高春燕, 等译. 3版. 北京：清华大学出版社, 2003.

[7] 谭建湘, 霍建新, 陈锡尧, 等. 体育场馆经营与管理导论[M]. 北京：高等教育出版社, 2014.

[8] 韩冬青, 冯金龙. 城市·建筑一体化设计[M]. 南京：东南大学出版社, 1999.

[9] 龙固新. 大型都市综合体开发研究与实践[M]. 南京：东南大学出版社, 2005.

[10] 《中国大百科全书》总编委会．中国大百科全书（建筑、园林、城市规划）[M]．北京：中国大百科全书出版社，2004．

[11] 中国社会科学院语言研究所词典编辑室．现代汉语词典[M]．6 版．北京：商务印书馆，2012．

[12] 李小健．经济地理学[M]．2 版．北京：高等教育出版社，2006．

[13] 戈登·柴尔德．城市革命[M]．北京：中国历史博物馆考古部，1991．

[14] 马克思，恩格斯．马克思恩格斯全集[M]．中共中央马克思、恩格斯、列宁、斯大林著作编译局，译．北京：人民出版社，1979．

[15] 刘易斯·芒福德．城市文化[M]．宋俊岭，李翔宁，周鸣浩，译．北京：中国建筑工业出版社，2009．

[16] 刘丽娟．城市综合体新兵入门[M]．北京：中国建筑工业出版社，2015．

[17] 陆亨伯，庄永达，刘遵嘉．公共体育场馆民营制度选择与效益评价研究[M]．北京：人民体育出版社，2015．

[18] 中国体育年鉴编辑委员会．中国体育年鉴（1979）[M]．北京：人民体育出版社，1981．

[19] 崔乐泉，杨向东．中国体育思想史（近代卷）[M]．北京：首都师范大学出版社．2008．

[20] 谭华．体育史[M]．北京：高等教育出版社，2005．

[21] 约瑟夫·熊彼特．经济发展理论——对于利润、资本、信贷、利息和经济周期的考察[M]．何畏，易家洋，张军扩，等译．北京：商务印书馆，1990．

[22] 苏东水．产业经济学[M]．2 版．北京：高等教育出版社．2005．

[23] 夏征农．辞海（1999 年版缩印本）[M]．上海：上海辞书出版社，2002．

[24] 张润彤，朱晓敏．服务科学概论[M]．2 版．北京：电子工业出版社，2015．

[25] 杨蕙馨．产业组织理论[M]．北京：经济科学出版社，2007．

[26] 李美云．服务业的产业融合与发展[M]．北京：经济科学出版社，2007．

[27] 弗兰克·凯尔奇．信息媒体革命——它如何改变着我们的世界[M]．上海：上海译文出版社，1998．

[28] 亚当·斯密．国民财富的性质和原因的研究[M]．郭大力，王亚南，译．北京：商务印书馆，1994．

[29] 芮明杰，刘明宇，任江波．论产业链整合[M]．上海：复旦大学出版社，2006．

[30] 迈克尔·波特．竞争优势[M]．陈小悦，译．北京：华夏出版社，2005．

[31] 伊利尔·沙里宁．城市：它的发展、衰败与未来[M]．顾启源，译．北京：中国建筑工业出版社，1986．

[32] 迈克尔·波特．国家竞争优势[M]．李明轩，邱如美，译．北京：华夏出版社，2002．

[33] 李德华．城市规划原理[M]．3 版．北京：中国建筑工业出版社，2001．

[34] 刘江南．江南看体育[M]．北京：北京体育大学出版社，2011．

[35] 卢梭．社会契约论[M]．何兆武，译．2 版．北京：商务印书馆，1982．